LEAN IN

女性、仕事、リーダーへの意欲

シェリル・サンドバーグ
川本裕子=序文
村井章子=訳

nbb
日経ビジネス人文庫

何でもできると信じさせてくれた両親と

すべてを可能にしてくれた夫に捧ぐ

LEAN IN
Women, Work, and the Will to Lead
BY
Sheryl Sandberg
with Nell Scovell

Copyright ©2013 by Lean In Foundation
All rights reserved.
Japanese translation rights arranged with LI Org. LLC
c/o William Morris Endeavor Entertainment LLC., New York
through Tuttle-Mori Agency, Inc. Tokyo.

Book Design
ALBIREO

DTP
ARTISAN COMPANY

序文 日本語版に寄せて

川本裕子（早稲田大学大学院教授）

本書の著者は、新興企業フェイスブックの最高執行責任者（COO）を務め、世界でいま最も脚光を浴びている女性の一人であり、将来を嘱望されるシェリル・サンドバーグ氏です。タイトルの「LEAN IN（リーン・イン）」は、一歩踏み出せというメッセージです。

日本でも、女性がもっと社会で活躍すべきだという声が上がって久しく時が経っています。しかし、結婚や出産をしても社会の中で働きたいと考える女性は多いものの、現実にはそうなっていません。特に経済・政治の意思決定への参加度合いは国際的に見てきわめて低い状態が続いています。女性の参政権では欧米より二〇年遅れた日本でしたが、最近ではむしろ世界との差が開いています。

半世紀前には男性一三％、女性二％だった大学進学率が、直近では男性も女性もほぼ半分となったのは大きな進歩です。しかし、学業は立派におさめても、「女は家庭」という考えを支持する意見は、女性も含め四割に上っています（内閣府調査）。

働いても「職場の花」で、結婚や出産で職場を去る女性は多く、労働市場に残っても、育児と両立しにくい長時間労働の慣習、保育所などのインフラの未整備、職場や家族の理解・協力不足など、女性が働く日本の環境はきわめて厳しいのです。専業主婦に有利な税制や年金の仕組みなど、女性のキャリア持続にネガティブな効果を持つ制度も、いつまで経っても改革されません。待機児童の問題などは何度対策が叫ばれても進歩が見られず、待機児童だった子供が成人して自分の子供をもつ年齢となり、その子もまた待機児童になっているといった笑えない話も多くあります。

一九九〇年代はじめの中学校の家庭科共修化以降の世代から、男女の役割分担意識が取り払われつつあるという指摘もあります。社会の変化には大いに期待したいと思いますが、一方で、働きつづける女性が少なく、「シングルインカムとダブルインカムでは家計の生涯所得もまったく違い、人生のチャレンジの機会の幅も違う」という具体的イメージを、若い世代の男女が持ちにくいという問題もあります。

高齢化の負担増が懸念され、一人でも多くの働き手が必要ないま、家計と税金から巨額の教育投資をつぎ込んだ女性が外で働かないという現実は、とても「もったいない」ことです。しかし、日本の政治経済の指導層には基本的に伝統的家族観が根強く、本気で社会を変えようとする危機感は感じられません。

本書はそのような環境にいる日本の女性に、「一歩前に踏み出す」勇気と、社会で生きていくうえでの知恵を授けてくれると思います。たしかに、シェリルさんの生きているアメリカと前述のような日本では環境は大きく違いますし、「シェリルさんほど才能と精神力と健康と富に恵まれていればできても、私には無理」と感じてしまう、という指摘もあるかもしれません。また、やる気と力があっても、どうしても自分ではコントロールできない場面に遭遇し、自分が社会から一歩下がらざるを得ない時が人生にはあるのも事実です。

ただ、華やかなキャリアを築いているシェリルさんの苦労も本質的には世界共通で、シンプルなものなのだと思います。それを彼女の実際の経験に基づき、飾ることなく失敗談も含めて読者と共有して、これからの糧にしてほしいとする書きぶりは人間味たっぷりで、何とも元気な気持ちになれます。

私も子供たちを育てながら仕事をしてきましたが、本書の「キャリアは梯子ではなくジャングルジム」「仕事と家庭は二項対立ではない」という言葉などには、大いに共感を覚えました。最近、日本の就活をする女子学生は「幻の赤ちゃん」を抱いて就職活動をしているという記事が話題になりました。「幻の赤ちゃん」とは、子供も夫も、恋人さえいない段階から仕事と家庭が両立できるかを心配しながら就職活動をしているという意味です。本書では、アメリカでも遭遇するこうした心配に対して、「そんなことを早々と心配する必要はないし、ほんとうに辞めなければならないときまで辞めないで」と優しく語りかけています。

社会学者などの応援も得て、現実を統計的な数字や理論で多面的に考察していることも本書の説得力を増しています。その意味では、これから女性を本格的戦力として育成しようとしている企業経営陣や、国や自治体の政策として推し進めようとしている当局者にも大変に参考になるでしょう。また、企業社会の様々な場面での上司・同僚・部下とのあるべき関係や、発言の仕方などが経験とともに語られ、リーダーシップ論・コミュニケーション論としても有益です。企業経営者や、パートナーの活躍をサポートしたいと思っている男性たちにとっても、女性と一緒にどのような問題に直面し、解決していくのかという海図を与えてくれるでしょう。また、彼女自身はメモワール（回想録）ではないと言っていますが、著名な人たちがたくさん出てきて、「私の履歴書：四二歳まで」といった読み物としても、興味深く読めると思います。

本書のタイトル「ＬＥＡＮ　ＩＮ」（一歩踏み出す）は主に企業社会の中の女性に向けた

メッセージです。これをもっと広く政治経済社会全般にわたる提言とできるのかは、日本の現状に即して考えると大変重要な論点です。日本の国の資源配分は中高年層に偏っていて、社会保障費の多くを占めるのに、育児支援などは数パーセントに過ぎません。「若い世代の育成を」「将来世代にツケを残すな」とかけ声は大きくても、巨額の財政赤字は解決の糸口も見られず、結局、社会保障費のほとんどが中高齢者に向かっている現実は放置されたままです。限られた国家の資源を社会保障と産業振興やインフラ整備にどう配分すべきか、という構造問題もあります。こうした問題について、シェリルさんがどう考えるのか、機会があればぜひ伺ってみたいと思います。

本書は「社会的に成功して影響力をもつ」ことを勧めていますが、一方で「人生には高い地位よりもめざす価値のあることがたくさんある」ことも否定していません。その意味では、それぞれの女性が自分の考えや立場にかかわらず、コミュニティや家族の問題など、何かに「一歩踏み出す」時の勇気を与えてくれる本ではないかと思います。人々が外の障壁にも自分の中の障壁にも行く手を阻まれずに進んでいけるよう、経験を共有し、励まし合い、助言し合いたい、というシェリルさんの言葉に心から賛同します。

二〇一三年六月

目次

序章　内なる革命

二〇〇四年の夏、私は最初の子供を妊娠した。グーグルでオンライン・セールス&オペレーション担当副社長をしていた頃である。グーグルに加わったのはその三年半ほど前、まだ社員数百人ほどのスタートアップの時代で、古ぼけたオフィスビルに間借りしていた。だが妊娠四カ月になる頃には社員数千人を抱える企業に成長し、本社は広大な敷地に移転し、無数のオフィス棟を構えるようになる。

妊娠中は大変だった。つわりは三カ月ほどで終わる人が多いというのに、私の場合は臨月まで毎日続いた。おまけに三〇キロも太ってしまい、足は靴のサイズが二回りも大きくなるほどむくんで見苦しいことこのうえない。自分の目でその不格好な足を見ようと思ったら、コーヒーテーブルの上にでも載せなければならない始末である。たいそう感性ゆたかなグーグルのエンジニアは、この私に「クジラ」とあだ名を付けた。

ある朝、例によってトイレでひとしきり苦闘した私は、クライアントとの重要なミーティングに駆けつけなければならない羽目に陥る。急拡大中のグーグルでは駐車場不足が深刻な問題になっており、その日ようやく見つかったスペースもオフィスから遠く離れていた。私はダッシュで駐車場を横切った――正確に言えば、あり得ないほどのろいふだんの妊婦歩きよりいくらか速いどたどた歩きで横切った。そんなことをしたせいで吐き気はますますひどくなり、会議室にたどり着いたときには、セールストーク以外のものが口から出ませんように、と真剣に祈っていたものである。その夜、当時ヤフーで働いていた夫のデーブに思わず愚痴をこぼすと、いいことを教えてくれた。ヤフーでは、玄関にいちばん近い駐車スペースを妊娠中の女性社員のために確保しているという。

翌日、創業者のラリー・ペイジとセルゲイ・ブリンに会うために、私は勢いよく、つまりよたよたと彼らのオフィスに乗り込んだ。途方もなく大きな部屋で、玩具やがらくたや服がそこら中に散らばっている。その一角でヨガをやっているセルゲイを発見すると、さっそく、妊婦専用の駐車スペースを用意すべきだと主張した。それも、いますぐに。セルゲイは私を見上げ、いままでそんなことは考えてもみなかったと言って、即座に同意してくれた。

妊婦には駐車場の配慮が必要だということに、実際に自分が妊婦になるまでなぜ気づかなかったのか――このことに、私はいまにいたるまで困惑している。グーグルで高い役職に就いている女性の一人として、私にはそうした配慮をする責任があったのではないか。だがセルゲイと同じく私も、そんなことは考えてもみなかった。妊娠した他の女性は、特別な配慮を要求しようとも思わずに黙って我慢していたにちがいない。あるいは、強く主張する自信がなかったか、地位が低かったのかもしれない。たとえ鯨のように見えようと、妊婦が高い地位に就いて初めて事態が変わったのだった。

アメリカでも世界の多くの国々でも、女性を取り巻く状況はかつてよりはるかに改善されている。連綿と続く先行世代の女性たちの肩に私たちは乗っているからだ。いまやあたりまえのように享受している権利も、獲得するために闘った女性たちがいた。たとえばアニタ・サマーズは、一九四七年にエコノミストとしてスタンダード・オイルに採用された。アニタは、元財務長官にして長年私が師と仰ぐラリー・サマーズの母上である。契約時に上司は彼女にこう言ったという。「君と契約できてうれしく思っている。男並みに優秀な頭脳を男より安く雇えたんだからね」。このときアニタは光栄だと思ったそうだ。男にひけをとらない頭脳をもっていると男から言われるのは、当時はものすごい褒め言葉だったのである。それなら給料を同じにしてくれと要求するなど、考えもしなかったという。

世界を見わたして他国の女性と比べれば、私たちはなおいっそう感謝しなければならない気持ちになる。女性に基本的人権を認めない国が、まだいくつもあるのだ。全世界では、少女を含めて四四〇万人もの女性が売春に従事させられている。[*1] アフガニスタンやスーダンのような国では、女の子はほとんど教育を受けられないし、妻は夫の所有物として扱われる。また強姦された女性は一族の恥だとして家から放り出される例が後を絶たない。中には、強姦の被害者が「道徳の罪」を犯したとして刑務所送りになるケースもある。[*2] こうした許し難い取り扱いを受けている女性に比べれば、私たちは何世紀も先を歩んでいる。

だが、もっと悪い状況があるからといって、よりよい状況を求めてはいけないということにはならない。婦人参政権運動が街頭で繰り広げられていた頃、望まれていたのは男女が真に平等の世界だった。それから一世紀が過ぎたいまもなお、その理想は遠い。

はっきり言おう。世界を動かしているのは、やはり男である。男女を問わずすべての人にかかわる決定が下されるとき、女性の声は男性よりずっと少ない。世界に一九五ある独立国のうち、女性が元首を務める国は一七カ国にすぎない。[*3] 世界の議会に占める女性議員の割合は、二〇%程度である。[*4] 二〇一二年一一月に行われたアメリカの議会選挙では、女性は史上最多の議席を獲得したが、それでも全体の一八%にとどまった。[*5] 日本の国会では女性議員の比率は一三%である。[*6] いずれにせよ、五〇%にはほど遠い。

実業界では、女性がトップを務める比率はさらに低くなる。フォーチュン五〇〇社で最高経営責任者（CEO）を女性が務める企業は、わずか四%だ。[*7] アメリカでは上級執行役員の一四%、取締役の一七%が女性だが、この数字は過去一〇年間ほとんど変わっていない。[*8] 有色人種の女性が占める比率は一段と低く、上級執行役員の四%、取締役の三%、連邦議会議員の五%にとどまっている。[*9] ヨーロッパの場合には、女性の取締役は全体の一四%である。[*10] 一方日本では、経営執行委員会の女性の割合はわずか一・一%にすぎず、大企業の会長を務めている女性は一人もいない。これは、女性の経営参加率としては先進国の中で最低の数字である。[*11]

給与水準の改善ペースも鈍い。一九七〇年のアメリカでは、男性の給与一ドルにつき女性の給与は五九セントだった。女性たちが抗議し、闘い、かつ猛烈に働いた結果、二〇一〇年にはこれが七七セントになった。[*12] 二〇一一年のイコール・ペイデイ(均等賃金の日)に活動家のマーロン・トーマスは皮肉なジョークを飛ばしたものだ。「四〇年かけて一八セントか。卵一ダースはその間に一〇倍に値上がりしているのに」。[*13] 経済協力開発機構(OECD)加盟国を見ると、女性の賃金は平均して男性より一六%低い。日本の場合、正社員で比較すると女性の賃金は男性より二九%も低く、OECD加盟国の中では男女格差がきわめて大きい国の一つとなっている。[*14]

この残念な現状を私自身も最前線で目の当たりにしてきている。私は一九九一年に大学を卒業して働いたあと、一九九五年にビジネススクールを卒業して改めて就職した。どちらの就職時にも、男女比はほぼ半々だった。上級職に就いているのは大半が男性だったけれども、それは過去の差別の名残だろうと思っていた。いわゆる「ガラスの天井」はほとんどすべての産業でなくなっており、私たちの世代が「長」の付く地位で半数を占めるようになるのも時間の問題だと考えていたのである。だが実際には、年を経るごとに女性の同僚は減っていった。部屋の中にいる女は私一人というケースがめずらしくなくなった。

唯一の女として行動していると気まずいことが多い。しかしそれは、隠されていた問題がひょっこり明らかになる瞬間でもある。フェイスブックの最高執行責任者（COO）に就任して二年後、最高財務責任者（CFO）が突如退任し、私が資金調達にもかかわることになってしまった。ずっと業務畑にいて財務の経験は乏しかったので、資金調達には慣れておらず、冷や汗をかき通しの日々が続く。そんな中、私たちのチームはニューヨークへ飛んでプライベート・エクイティ・ファンドに第一回のプレゼンテーションをすることになった。ミーティングが行われたのは、まるで映画に出てくるようなマンハッタンを眺望する瀟洒《しょうしゃ》なオフィスである。私たちは事業内容を説明し、質問に答えた。まずまずうまくいったと思う。そこで誰かが休憩にしようと言い出し、私は相手先のシニア・パートナーの一人に女性用のトイレはどこかと訊ねた。相手はぽかんとして私を見つめた。完全にうろたえている様子である。「こちらのオフィスに移られたばかりなのですか」と訊いてみると、いやもう一年になる、という返事である。「まる一年のあいだ、女性が商談に来たことは一度もなかったかしら」と私。「なかったと思う」と彼。「それとも、トイレに行きたくなったのはあなたが初めてなのかも」

働きはじめてからすでに二〇年以上が過ぎたが、状況はさほど変わっていない。いまや女性の革命は行き詰まっているという事実を認めなければならない。[*15] 男女平等の約束は実現されていないのである。

ほんとうに男女が平等の世界では、国家元首と企業経営者のおおむね半数は女性で、世帯のおおむね半分では男性が家事・育児を担当していることだろう。そういう世界のほうがきっといまよりいいだろうと私は思う。経済学の法則も、多様性に関するさまざまな研究も、人類が持ち合わせているすべての資源と能力を活用できるなら、社会全体はよりよい成果を挙げられるようになると教えている。伝説的な投資家ウォーレン・バフェットは、心広くもこう認めた——人口の半分しか相手にしなくてよいのでこれほど成功できたのだ、と。私たちの世代の投資家も、彼とほぼ同じく有利な立場を享受している。どんな世界でも、大勢が参加するほど記録は破られやすくなるし、その成果は全員に恩恵をもたらすことになるはずだ。

リーマ・ボウイーは、リベリアで女性たちの非暴力抵抗運動を組織して内戦終結に尽力し、その功績が評価されて二〇一一年にノーベル平和賞を受賞した女性である。リーマは授賞式の前夜、私の家で開いた出版記念パーティーに参加してくれた。みんなで彼女の自伝『祈りよ力となれ』の出版をお祝いしたのだけれど、その夜はすこしほろ苦いものとなった。招待客の一人が「リベリアのような国で内戦の恐怖や集団レイプに苦しむ女性たちを助けるには、私たちアメリカの女性はどうしたらいいでしょうか」と質問したところ、リーマは単刀直入にこう答えたのである。「もっと多くの女性が権力のある地位に就くことです」。リーマと私は生まれも育ちもまったくちがう。それでも私たちが達した結論はまったく同じだった。指導的な役割を果たす女性がもっと増えて、女性が抱える問題やニーズをもっと強く主張できるようになれば、すべての女性が置かれた状況は改善されるにちがいない。*16

結論が出たとなれば、残された質問は明らかだ。では、どうやって？　女性がトップに就くことを阻む障壁をどうやってぶち破るのか。女性は職場でさまざまな障害物に直面している。陰に陽に現れる男尊女卑の思想、性差別、そしてセクシャル・ハラスメント……。育児休暇をはじめ、子供を育てながら仕事を続けるために必要な制度を用意している職場はきわめて少なく、そのことが女性にとって仕事と育児の両立をむずかしくしている。男性はメンターやスポンサー（くわしくは5章を参照されたい）の後押しを得て順調に出世していくが、女性は男性より努力して実力を示さなければならない。これはけっして女のひがみや被害妄想ではない。二〇一一年のマッキンゼー・レポートにも、男性は可能性《ポテンシャル》を買われて昇進するが、女性は過去の実績で昇進すると書かれている。[*17]

社会に築かれた自分の外の障壁に加えて、女性は自分の中の障壁にも行く手を阻まれている。私たち女性は大望を掲げようとしない。それは自信がないからでもあるし、自ら名乗りを上げようとせず、一歩踏み出すべきときに引いてしまうからでもある。私たちは自分の内にネガティブな声を秘めていて、その声は人生を通じて囁きつづける――言いたいことをずばずば言うのははしたない、女だてらにむやみに積極的なのは見苦しい、男より威勢がいいのはいただけない……。私たちは、自分に対する期待を低めに設定する。相変わらず家事や育児の大半を引き受けている。夫やまだ生まれてもいない子供のために時間を確保しようとして、仕事上の目標を妥協する。男性の同僚に比べると、上の地位をめざす女性は少ない。いやいや他の女性のことをあげつらっているわけではない、私自身が同じ過ちを犯してきた。いやいや、ときにいまも犯している。

女性が力を手にするためには、この内なる障壁を打破することが欠かせない――これが、私の主張である。その一方で、制度的な障壁を取り払わない限り女性は上に行けないと主張する人もいる。これはニワトリとタマゴの関係と言えるだろう。ニワトリは、こうだ。女性が指導的な役割を果たすようになれば、外の壁を打ち倒すことができる。役員のオフィスに乗り込んでいって、妊婦用の駐車スペースをはじめ必要なことをすべて要求できるだろうし、もっといいのは私たち自身がトップになり、女性が抱える問題を確実に解決していくことである。タマゴは、こうだ。女性が指導的な役割を果たせるようにするためには、まず外の壁を取り除く必要がある。ニワトリとタマゴ、どちらも正しい。だから、どちらを先にやるべきかについて哲学的な議論をするくらいなら、両方から攻めたほうがいいだろう。いずれにせよ、どちらも同じぐらい重要である。私としては女性にニワトリ側から攻めてほしいと思うけれども、タマゴ側から行く女性にも声援を惜しまない。

内なる障壁は軽視されがちで、話題に上ることもめったにない。私自身、職場での不平等については何度となく耳にしてきたし、仕事と家庭の両立がいかに困難かは繰り返し聞かされたけれども、自分から身を引いてしまう傾向についてはほとんど聞いた記憶がない。こうした内なる障壁にもっと注意を払うべきだと思う。理由の一つは、この障壁は自分でどうにかできるからだ。私たちは、自分の手で今日にでもこの壁を打ち壊すことができる。いまこの瞬間にだって始められるのである。

自分が本を書くことになるとは、思いもよらなかった。私は研究者ではないし、ジャーナリストでも社会学者でもない。だが大勢の女性と話し、彼女たちの悪戦苦闘に耳を傾け、自分の悩みも聞いてもらううちに、あることに気づいた。これまでに先行世代の女性たちが勝ち得たものだけでは十分ではない、いやそれすら手からこぼれ落ちかかっているということである。だから私は声を上げることを決意した。1章では、女性が直面しているさまざまな問題を明らかにする。続く章では、私たちが自分でできることに焦点を合わせていく。自信をつけること（2章）、パートナーにもっと家で活躍してもらうこと（8章）、実行不能な基準を決めないこと（9章）……。こうした複雑で根深い問題に完璧な答えを出せる、などと言うつもりは毛頭ない。私にできるのは、統計データを掲げ、学問的な研究を援用しつつ、私自身の目にしてきたことや学んだ教訓を紹介することである。

本書は、私自身の人生で起きたことに言及してはいるけれども、けっして回想録ではない。本書は自己啓発の本でもない。が、あなたの役に立てばとてもうれしい。キャリア開発のノウハウ本でもない。ただし、そのためのアドバイスはいくつか含まれている。フェミニスト宣言の書でもない――まあたしかに、そうとられても仕方のないところもあるが、私としては女性を力づけるとともに男性にも訴えかける本であってほしいと思っている。

どういう本であるにせよ、自分の領域でトップに就く可能性を高めたい、全力でゴールをめざしたい、そう考える女性のために私は書いている。そこには、人生とキャリアのあらゆるステージにいる女性が含まれる。社会に出たばかりの人から、一時休職中だがまた職場に戻りたいと考えている人まで、すべての女性だ。また、女性が、たとえば同僚、妻、母、娘がどんな問題を抱えているのか理解したい、そして平等な世界を築くために自分の役割を果たしたいと考えている男性のためにも、私は書いている。

本書は、一歩踏み出すための本である。自分の目標に向かって果敢に進むための本である。高い地位に就き力をもつ女性が増えることが真の平等の実現に欠かせない要素だと私は考えているが、その一方で、成功や幸福の定義が一つではないことも理解しているつもりだ。すべての女性が仕事上の成功を望むわけではないし、すべての女性が子供をほしがるわけではないし、すべての女性が両方を求めるわけでもない。女性がみな同じ目標をもつべきだなどとは、考えたこともない。地位や権力に興味のない女性はたくさんいる。それはけっして、意欲や覇気がないからではない、それぞれに生きたい人生がある。この世界への偉大な貢献は、夫の世話をすることでもあるだろうし、一人の子供を育てることでもあるだろう。私たちは一人ひとり自分の人生、自分の価値観、自分の夢に沿ったゴールを決め、針路を定めなければならない。

大多数の女性が家計のやりくりや家族の世話に追われていることも、よく承知している。本書の一部が、いつどこでどれだけ働くかを選ぶ余地のある幸運な女性に最も役立つことは認めよう。しかし他の部分は、あらゆる職場、あらゆる共同体、あらゆる家庭で女性が直面する状況に当てはまると考えている。より多くの女性がトップに立つようになれば、すべての女性の機会を拡げ、より公正な処遇を得られるようにできるはずだ。

数人の女性、とくに企業で働く女性から、この種の問題で公に発言するのは控えたほうがよいとアドバイスされた。それでも私は声を上げた。私の発言の多くは、男も女も狼狽させたようである。私の主張は女性が自らを変えることに偏っており、現在の制度的な問題をないがしろにしていると批判する人々が一部にいることは承知している。それどころか、私が弱者をムチ打っていると非難する人々もいる。だがそれは誤解だ。問題解決のカギを握るのは女性のリーダーだというのが私の信念である。また一部には、他の女性を鼓舞するより私自身が乗り出すほうがはるかに話は早いと言う人もいる。あなたは金持ちなのだから必要な助力は何でも得られるだろうというのだ。だが私が本書を書くのは、グーグルやフェイスブックで働く前に知っていたら私自身の役に立ったはずのアドバイスをしたいからでもある。それは、さまざまな状況に置かれた女性たちの心にきっと響くと信じている。

これまでにたくさんの批判を受けたし、これからももっと多くの批判を耳にすることだろう。それは覚悟しているが、できれば私のメッセージをプラス面から判断してもらえたらうれしい。この問題はすべての人にかかわるのだから、議論を避けては通れない。より多くの女性に夢を追い求めるように励まし、より多くの男性に職場でも家でも女性を支えるように呼びかけることは、もっとずっと前にしなければならないことだった。

内なる革命を起こすなら、消えかかっていた革命の炎は再び燃え上がるだろう。男女がより平等な世界への変化は、一人から始めることができる。女性一人ひとりが一歩踏み出すことによって、私たちは真の平等という大きな目標に近づくと信じている。

1

怖がらなければ何ができる？

私の祖母、ロザリンド・アインホルンは私より五二年早く、一九一七年八月二八日に生まれた。ニューヨークの貧しいユダヤ人家族が住む区画のごみごみした狭いアパートで暮らし、親族一同も隣近所に住んでいた。男の子たちは両親にも叔父叔母にも名前で呼ばれたが、祖母も姉も妹もみな「お嬢ちゃん」で済まされていた。

アメリカが大恐慌に見舞われると、祖母は家計を支えるために高校をやめさせられた。祖母が布の花飾りをつくって下着に縫い付け、それを母親が売ってわずかな利益を得るためである。男の子に高校をやめさせようとは誰も考えもしなかった。一家が経済的・社会的に這い上がるという切実な願いは、男の子が高等教育を受けることに懸かっていたからである。これに対して、女の子の教育はまるで重視されていなかった。まず金銭的に、女は収入にさほど貢献できないと考えられていたし、文化的にも、男は立派な学問を修めることが期待されたのに対し、「お嬢ちゃん」は家庭を上手に切り盛りできればよいとされていた。ただ幸運にも祖母は、高校の先生が復学するよう両親を熱心に説得してくれたおかげで、最終的には高校を終えただけでなく、カリフォルニア大学バークレー校を卒業することができた。

大学を出た祖母は、五番街のデイビッズで本やアクセサリーを売る仕事に就く。祖母が結婚退職すると、デイビッズではその穴を埋めるのになんと四人も雇わなければならなかったという伝説が残っている。数年後、祖父（つまり祖母の夫）の塗料事業が行き詰まると、祖母が乗り出し、祖父が尻込みしてできなかった改革を断行して一家を破産から救う。祖母は四〇代になってからも、再び経営の才を発揮した。乳がんと宣告されたのだが、病気を撃退してのけ、病院に払う治療費を工面するために新種の商売を始めたのだ――車にイミテーションの時計を積んで売って回る商売だった。そして、最終的にはアップルもうらやむようなもうけを手にした。祖母ほどエネルギーと決意に満ちた人を私は知らない。ウォーレン・バフェットが「人口の半分しか相手にしなくてよかった」と言ったとき、すぐに祖母のことを思い出したものである。あと半世紀遅く生まれていたら祖母の人生はどれほどちがったものになっていただろう、と考えずにはいられない。

祖母は女の子を一人（私の母である）と男の子を二人産んだが、男女の分け隔てなく教育熱心だった。私の母はペンシルベニア大学でフランス文学を学び、一九六五年に卒業している。当時、女性にとって有望と考えられる職業は二つあった。教師か看護師である。母は教師になる道を選び、博士課程に進んだが、結婚し私を妊娠した時点で中退した。なにしろその頃は、一家を養うのに妻の助けを必要とするのは、夫として甲斐性がないと考えられていた時代である。母はやむなく専業主婦になり、ボランティア活動にいそしむようになった。何世紀も続いてきた役割分担は相変わらず生きていた。

こうしたわけで伝統的なスタイルの家庭で私は育ったのだが、両親は私にも妹にも弟にも同じく高い期待をかけ、学校でいい成績をとること、それぞれに相応の家事を手伝うこと、課外活動に積極的に参加することを望んだ。弟と妹はスポーツチームに入ったが、かけっこでいつもビリになる私は、スポーツはどうにもだめだった。それでも、男の子にできることは女の子でもできると信じて育ち、あらゆる職業の機会は私にも開かれていると信じて疑わなかった。

私が大学に入学したのは一九八七年の秋である。クラスメートは男女を問わずみな勉強熱心だったと思う。当時、自分の将来のキャリア形成が男子学生とちがったものになるだろうと考えた記憶はないし、仕事と子育ての両立が話題になった記憶もない。私を含めて女子学生はみな、自分たちは仕事と子供の両方を手に入れられると思っていた。男子学生も女子学生も、授業で、大学のさまざまな活動や行事で、そして就職活動で、正々堂々とかつ激しく競争した。祖母の時代からたった二世代隔てただけで、競争の場は平等になったように見えた。

だが大学を卒業してから二〇年以上経ったが、私が思っていたほど大きな進歩は実現していない。男のクラスメートは、ほぼ全員が専門職に就いている。女のクラスメートの一部はフルタイムの仕事をしているが、それとほぼ同数が専業主婦で、まさに私の母と同じように主婦業のかたわらボランティア活動をしている。この状況は、アメリカ全体の縮図でもある。高等教育を受けた女性のかなりの数が家庭に入り、労働人口から脱落しているのだ[*1]。その結果、教育機関も企業も男に投資するほうがよいと考えるようになっている。統計的に見て、男のほうが職場にとどまる率ははるかに高いからだ。

ロックフェラー財団の理事長のジュディス・ロダンは、アイビーリーグの大学で学長を務めた最初の女性である。そのロダンが、私くらいの年齢の女性を対象にした講演で、次のように語った。「私たちの世代は、あなた方に選択肢を与えるために、懸命に闘ってきました。私たちは、選択肢を勝ち取ることが大切だと信じていたのです。ですが、働くのをやめるという選択肢をあなた方のこんなにも多くが選ぶとは、考えていませんでした」[*2]

いったい何が起きたのだろうか。私たちの世代は、男女平等が推進される時代に育った。そして、この勢いがずっと続くと考えていた。いまにして思えば、私たちはもの知らずの青臭い理想主義者だった。仕事上の野心と個人的な願望の折り合いをつけるのは、想像していたよりずっとむずかしかった――仕事が最大限の時間を要求するまさにそのときに、私たちは生物学的な欲求から子供を産むことを望んだ。だが夫が家事と育児を分担しないなら、妻はフルタイムの仕事を二つ抱えたのと同じ状況に陥る。それなのに職場は、子供をもつ親のために柔軟な制度を用意するほどには進化していない。私たちは、こうした現実のどれも予想していなかった。そして驚き、うろたえた。

私たちの世代があまりに無知だったとしたら、続く世代はあまりに現実的である。私たちは知らなさすぎたが、いまの女の子たちは知りすぎている。彼女たちは「機会均等」の恩恵に浴した最初の世代ではないが、機会が必ずしも仕事上の成功につながるわけではないことを知っている最初の世代である。いまどきの女の子たちの多くは、自分の母親が職場で、家庭で、すべてをこなそうと奮闘しているのを目の当たりにして育った。そして、何かをあきらめるしかないと考えている。その「何か」は、だいたいは仕事なのだ。

女性が責任ある地位に就く能力を備えていることに、疑いの余地はない。学校では、女が男を圧倒する傾向にあり、アメリカでは学位取得者の約五七%、修士の六〇%は女性が占めている。[*3] この傾向は日本でも顕著で、学位取得者の約六三%は女性である。OECD加盟国では、女性の七四%が少なくとも高校を卒業するのに対し、男性は六六%にとどまっている。[*4] この女性のめざましい成績を見て、一部の人々は「男の終焉」を心配するほどだ。[*5] だが、先生の言うことをよく聞き、手を挙げて指されてから話すお行儀のよさは、学校では評価されても職場ではそうでもない。[*6] 出世や昇進は往々にして、リスクテークや自己主張に左右される。だがこれらは、女の子がやらないように言われつづけてきたことだ。女性の立派な学業成績が必ずしも高い地位に結びつかない一つの原因は、ここにあるのかもしれない。高学歴の労働者を供給するパイプラインは、入口では女性がたくさんいるのに、半ばを過ぎて幹部職に近づく頃には、圧倒的に男性で占められている。

この現象にはさまざまな原因があるが、重要な一つとして、トップをめざす意気込みに男女で大きな差があることが挙げられよう。もちろん、仕事に関して男性と変わらない高い目標を掲げる女性は大勢いる。だがデータを掘り下げてみると、どの点から見ても、上の地位をめざす気持ちは男のほうが強いことがわかる。マッキンゼーが一流企業の社員四〇〇〇人以上を対象に二〇一二年に行った調査では、男性回答者の三六％がCEOになりたいと答えたのに対し、女性はたった一八％だった。[*7] 困難だがやりがいがあり責任の重い仕事に魅力を感じる人の比率も、男性のほうが女性より高い。[*8] めざす地位が上になるほど男女の差は顕著になるが、じつは出世の階段の一段目から、両者の差は確実に存在する。大学生を対象に行われたある調査では、卒業後三年以内にマネジャー・レベルになりたいと答えた人の比率は、やはり男性のほうが高かった。[*9] また専門職に就いている高学歴の男女を対象に行われた別の調査でも、自分を野心的だと思う人の比率は、男性が女性を上回っている。[*10]

だが次の世代では、変化が始まると期待してよいかもしれない。二〇一二年に行われたピュー・リサーチセンターの調査によると、一八～三四歳の若い男女のあいだで初めて、「高報酬の地位または専門職における成功」が人生において重要関心事だと答えた人の比率で、女性（六六％）が男性（五九％）を上回ったのである。[*11] 二〇〇〇年代に成人を迎えたミレニアル世代（一九八〇年から二〇〇〇年に生まれた人々）を対象に最近行われた調査でも、女性が男性に匹敵する比率で自分のことを野心的だと答えている。[*12] これはたしかに希望のもてる兆候だが、それでもこの年代でさえ、上の地位をめざす意欲にはなお差がある。たとえば「どんな仕事に就くとしても、そこでトップの座をめざす」という選択肢に同意した人の比率は、男性のほうが高い。また、自分の性格として「指導力がある」「先見性に富む」「自信がある」「リスクをとる勇気がある」と表現した回答者の比率も、男性のほうが高かった。[*13]

高い地位をめざす男が多ければ、彼らがそれを手に入れるのは当然である。そのほかに女が乗り越えなければならない障害が多いことを考えれば、なおのことだ。この傾向は、社会に出るだいぶ前から始まっている。作家のサマンサ・エトゥスは娘が通っている幼稚園の卒園アルバムを夫と一緒に見ていたところ、質問コーナーがあるのに目を留めた。そこでは子供たち一人ひとりが「大きくなったら何になりたい?」という質問に答えている。エトゥスは、大統領と答えた男の子は数人いるのに、女の子は一人もいないことに気づいた[14](ちなみにこの子たちが大人になっても同じ傾向を示すことが、最近のデータで確認されている)[15]。中学生になっても、大人になっても、将来の職業で「トップになりたい」と答える比率は男子生徒のほうが高い[16]。また一流大学五〇校で学生会長を務める女子学生は、全体の三分の一にとどまっている[17]。

男には仕事に対して野心をもつことが期待されるが、女の場合には選択肢の一つにすぎず、それどころか好ましくないとされることも多い。「彼女は野心家だ」というのは、全然褒め言葉ではないのだ。ものすごく積極的で強烈にがんばり屋の女性は、社会的なふるまいを定めた暗黙のルールに違反していると言っても言いすぎではない。男は野心的でエネルギッシュで上昇志向であることが称賛の対象になるが、女がそうだと社会で損をすることも少なくない。女性の社会的成功は、犠牲を伴うのである[18]。

社会がさまざまな面で進歩したにもかかわらず、女性は若い頃から結婚のことで陰に陽にプレッシャーをかけられる。私が大学に入学すると、両親は勉強のことと同じぐらい、いやそれ以上に結婚についてうるさく言った。「いい男」が全部とられてしまう前にしっかり最上の男をつかまえるのが賢い女だという。私は素直にこのアドバイスに従い、デートのたびに相手が夫にふさわしい男性かどうか品定めした（だがこんなことを一九歳のときにするのは、デートをぶち壊しにするだけだから、絶対にやめたほうがいい）。

卒業時に、指導官のラリー・サマーズから留学してはどうかと奨められた。私は断ったが、その理由たるや、外国ではいい夫は見つかりそうもないというものだった。代わりに、若い優秀な男性がどっさりいるワシントンへ行って政府関係の仕事に就いた。この作戦はうまくいき、社会人一年目にしてすばらしい男性を見つけて結婚することができた。二四歳だった私は、結婚はしあわせな生活を送る最初の必要条件だと思い込んでいたのである。

だが人生は筋書き通りにはいかない。私は、人生の大事な決断をするには未熟すぎた。結婚生活はあっという間に破綻し、二五歳にははやくも離婚まで経験することになってしまった。そしてそれは、プライベートだけでなく社会的にも大変な失敗だと感じられた。これから仕事でどんなに結果を出そうと、私の背中には「バツイチ」と大書されていて、仕事上の成功などかき消してしまうだろう……（それから一〇年ほど経ってようやく、もたもたしていると「いい男」がみないなくなってしまうわけではないことがわかった。私は賢くなり、そしてデーブ・ゴールドバーグとしあわせな結婚をした）。

外交問題評議会の「女性と外交政策」プログラムで副議長を務めるゲイル・スマク・レモンにも、やはり仕事より結婚を優先するよううるさく言われた経験がある。「二七歳のとき、特別研究員としてドイツへ行くチャンスをもらった。ドイツ語を学びながら、現地のウォール・ストリート・ジャーナル紙で働くという、どう考えても夢のような話だ。この経験は、大学院への進学でもその後の仕事でも役に立つにちがいない。ところが女友達は口をそろえて、ボーイフレンドと一年も離れて暮らすなんて、信じられないという。親戚からも、そんなことをしたら一生結婚できなくなると脅された。当時のボーイフレンドと一緒にバーベキューパーティーに行ったら、上司が私を脇に呼び、あんないい男は世界中どこを探したっていないんだぞ、と言った」とアトランティック誌に書いている。こんな具合に仕事上の野心に否定的な反応を示されるうちに、多くの女性は「野心をけがらわしいものだと思うようになる」とゲイルは指摘する。[*19]

野心がなくたってかまわないじゃないか、と言う人は少なくない。そもそも女が男ほど野望を抱かないのは、もっと質の高いもっと意味のある目的を見据えているからだ、というのだ。この主張を却下するつもりはないし、議論するつもりもない。人生にはたしかに高い地位よりめざす価値のあることがたくさんある。子供を育てることもそうだし、個人的な達成感を追求することもそうだ。社会貢献や慈善活動もある。それに、仕事に熱意をもって取り組み多大な時間とエネルギーを注いでいても、社長になろうとは思わない人も大勢いる。トップになることだけが影響力をもつ方法ではない。

そのうえ、男と女には生物学的なちがいもある。私は二人の子供を母乳で育てた。残念ながら、これは夫にはどう逆立ちしてもできない芸当である。性差に伴って、女のほうが子育てに向いていて男のほうが野心追求型になりやすい性質を備えている、ということはあるのだろうか。あるかもしれない。とはいえ今日では食物を得るために狩りをする必要はないのだから、リーダーになりたいという欲求が芽生えるかどうかは、社会的・文化的な要因や環境に大きく左右されると考えられる。男に何ができて何をすべきか、女に何ができて何をすべきか、といったことには、多分に社会的な期待が反映されている。

男の子と女の子は、生まれ落ちたときからちがう扱いを受ける。[20] 両親は男の赤ちゃんより女の赤ちゃんにたくさん話しかける傾向がある。[21] 母親は男の赤ちゃんには早く力強くハイハイすることを期待し、女の赤ちゃんにはあまり期待しない。[22] 女の子には男の子より助けが必要だと考えて、女の子には手を差し伸べ抱きしめてやるし、男の子には一人遊びをするのを見守るといった対応をしがちである。[23]

世の中にあふれているメッセージはもっとあからさまだ。子供服のジンボリーでは、男児向けには「パパみたいにカッコいい」服、女児向けには「ママみたいにステキ」な服を用意していると宣伝する。[24] 同じ年にJCペニーは「アタシはかわいい妹、だから宿題はお兄ちゃんがやってくれる」と大書したティーンエイジャー向けのTシャツを売り出した。[25] これらは一九五一年の出来事ではない、二〇一一年に起きたのである。

さらに悪いことに、これらのメッセージは表面的な女らしさを発揮することに少女を駆り立て、リーダーになる意欲をくじくだけではない。こうしたメッセージが氾濫する世の中では、女の子がリーダー的な行動をしようものなら「男まさり」のレッテルを貼られることになりがちだ。男の子が先頭に立って命令しても、「いばっている」とはめったに言われない。男の子がそうするのはあたりまえなので、周囲は驚きもしないし反感も抱かないからだ。子供時代に「ボス」と呼ばれていた男の子はいたけれど、それはけっして悪口ではなかった。

私自身の子供時代のボスぶりは、一つ話のようになっている。どうやら小学校時代の私は親分然として弟のデービッドと妹のミッシェルを従え、独り言を長々と聞かせ、最後には「よしっ」と気合いを入れていたらしい。近所の子たちのあいだでも最年長だったので、私は演出家気取りでみんなに劇を演じさせたり、お店屋さんごっこの店主を務めたりしていたようだ。その話を聞くとみんな笑うけれど、私はいまでもすこしばかり子供時代のふるまいを恥ずかしく思ってしまう（女性はそう思うべきではないという本を書いているのだから、そんなふうに思ってはいけないのだ——いや、そんなふうに思うからこそ、この本を書いているのかもしれない）。

三〇代になってからも、子供時代の話は弟妹が私をからかう格好のネタになっている。デーブと私の結婚式では、デービッドとミッシェルがこの爆笑ネタで愉快なスピーチをしてくれた。それは、こんな具合に始まる——「みなさん、こんにちは。ここにおいでの方の中には、ボクたちのことをシェリルの弟と妹だと思っている方もいらっしゃるでしょうね。でもそれはまちがいです。ボクたち、ほんとうは、シェリルの最初の子分なんです。子分1号、子分2号ってところですね。はじめ、一歳と三歳だったボクたちは、足手まといのただのチビでした。何かをやれと言われても、何もできないし、する気もない。ボクたちがすることと言ったら、朝刊によだれを垂らすことぐらいでした。でもシェリルは、そんなボクたちに可能性を見出していたんでしょう。保護者としてボクたちを守り、育ててくれたんです」。ここでみんな笑い出す。ミッシェルが先を続ける。「私たちの知る限りでは、シェリルが子供として遊んだことはありませんでした。ほかの子たちの遊びの指揮をとっていたんです。そうそう、シェリルは大人のことも監督していました。両親が長い旅行に出かけるときには、祖父と祖母が子守りに来てくれるのですけど、そしたらシェリルは抗議したんです。これじゃ私、デービッドとミッシェルだけじゃなくて、おじいちゃんとおばあちゃんの世話までしなくちゃならないじゃないの。こんなのフェアじゃないわ、って」。笑いは最高潮に達する。

私も一緒になって笑ったけれど、その年になってもまだ、心の中のもう一人の私はこう感じていた——小学生の女親分なんて、わあ、いやだ、恥ずかしい。

ごく小さいうちから、男の子は率先して責任を引き受け、自分の意見をはっきり言うよう促される。先生は男の子によく話しかけるし、よく質問したり、指したりする。男の子のほうも先生によく話しかけ、先生もよく耳を傾ける。女の子が同じようにすると、先生は「ちゃんとルールを守って、手を挙げ、指されてから話しなさい」と叱ることが多い。[*26]

この習慣がいまだに続いていることを、私は最近思い知らされた。エグゼクティブが集まる小さなディナーの席上で、ある招待客が休憩もなしに延々とスピーチを続けたのだ。こうなったら、割り込んで質問をするか、何らかの方法で注意を引くかしない限り、中断させる方法はない。四人の男性が割り込み、そのつど招待客は丁寧に質問に答え、再び話を続けた。私が質問をすると、招待客は吠えた。「最後までちゃんと聞いて。あなた方はマナーがなっていない」。その後、数人の男性が話を遮ったが、それは許され、私と同じように質問しかけた女性のエグゼクティブは、またしてもこっぴどく非難された。食事が終わってから、男性CEOの一人が脇に呼んで言ってくれた。「女性だけが黙らされたことには気づいていたし、君の気持ちはよくわかるよ。自分はヒスパニックなので、何度も同じような目に遭ったことがある」

ことは、権威のある人間が女性を黙らせるだけにとどまらない。若い女性は何が「適切」なふるまいか、社会的な手がかりを読み取って、自分から黙ってしまう。「ママみたいにステキ」にしていれば報われると考え、ママみたいに子育てにいそしむようになるのだ。一九七二年にリリースされたアルバム“Free to Be... You and Me”（何にだってなれる、男の子も、女の子も）は、子供時代の私の宝物だった。中でも大好きだった曲は、「ウィリアムの人形」である。五歳の男の子が渋るパパにお人形を買ってとおねだりする歌だ。それから四〇年が過ぎたというのに、いまだに玩具産業はステレオタイプから抜け切れないらしい。二〇一一年のクリスマス直前に、ライリーという四歳の女の子の動画が全米を席巻した。ライリーはおもちゃ屋さんに足を踏み入れてすっかり憤慨する。なぜって、「女の子にはどうしてもピンクのものを買わせようとしているんだもの。男の子がほしがるものは、女の子には買わせたくないみたい」。その通り。ライリーが主張するように、「女の子の中には、スーパーヒーローが好きな子もいるし、お姫さまが好きな子もいる。男の子の中にも、スーパーヒーローが好きな子もいるし、お姫さまが好きな子もいる。なのにどうして女の子にはピンクしかなくて、男の子にはブルーしかないの?」[*27]。四歳の女の子が社会の期待をぶち破るには、こんな反乱もどきの行動が必要なのである。ウィリアムはいまだに人形を買ってもらえないし、ライリーはピンクの海に溺れている。私はいま、「何にだってなれる」のアルバムを子供たちに聴かせている。この子たちのそのまた子供の時代になったら、このメッセージが古くさくなるといいなあ、と思いながら。

子供時代に刷り込まれた男女のステレオタイプは、生活のさまざまな場面で強化され、ついには自己実現的な予言と化す。ほとんどの組織でトップの座に就くのは男だとなれば、女にはそれは期待されなくなるし、したがって女がそれをめざさない理由の一つになる。報酬にしても、そうだ。男のほうが一般に女より多く稼ぐとなれば、人々は女の稼ぎが少ないのをあたりまえと思い、したがって女の稼ぎは少なくなる。

事態を一段と悪化させるのは、ステレオタイプ・スレット（固定観念の脅威）と呼ばれる社会心理学的現象である。社会学者によれば、集団内の女性がネガティブなステレオタイプに気づくと、そのステレオタイプに従って行動しがちだという。たとえば、男は理数系が女より得意だとされている。すると、理数系の試験の前に自分が女であることを再認識させられるだけで、たとえば解答用紙の冒頭に性別の記入欄があるだけで、女生徒の成績は悪くなるという。[*28] ステレオタイプ・スレットは、女が科学技術分野に進むことをためらわせ、コンピュータ・サイエンスを学ぶ女性がひどく少ないことの主因にもなっている。[*29] フェイスブックのインターンに来た学生が言っていたが、「うちの大学のコンピュータ・サイエンス学科には、女の数よりデーブって名前の男のほうが多い」らしい。

働く女性のステレオタイプは、だいたいにおいて魅力的でない。大衆向けに描かれるワーキング・ウーマンと言えば、仕事熱心のあまり家庭をめちゃめちゃにしてしまうか（映画『ワーキング・ガール』のシガニー・ウィーバーしかり、『あなたは私の婿になる』のサンドラ・ブロックしかり）、仕事と家庭を両立させようとしてつねに急いでいたり、罪の意識に駆られたりしている（『ケイト・レディが完璧《パーフェクト》な理由《ワケ》』のサラ・ジェシカ・パーカーはその典型だ）。そして、こうしたキャラクターはフィクションの中から現実の世界に忍び込んでくる。女性が幹部職を務める組織で働くミレニアル世代を対象に調査したところ、その女性幹部のようになりたいと答えた人はわずか二〇%にすぎなかった。[*30]

このうれしくないステレオタイプは、ほとんどの女性が働かざるを得ない現状では、とりわけなげかわしい。アメリカでは、子供をもつ女性の約四一%が一家の主な稼ぎ手で、世帯収入の大半を稼いでいる。さらに二三%は、稼ぎ手の一人として世帯収入の四分の一以上に貢献している。[*31] 自分の収入で家族を養う女性の数は急速に増えており、世帯主がシングルマザーの世帯は一九七三年には一〇世帯に一世帯だったのが、二〇〇六年には五世帯に一世帯になった。[*32] この数字は、ヒスパニックやアフリカ系アメリカ人の世帯では大幅に高くなる。ヒスパニックの子供の二七%、アフリカ系アメリカ人の子供の五二%はシングルマザーに育てられているのだ。[*33] ヨーロッパでも、女性が主な稼ぎ手になるケースが増えている。[*34]

アメリカは、子育てと仕事の両立を支援する面で、他国に大きく立ち後れている。世界の先進国の中で、有給の産前・産後休暇（産休）を法制化していないのはアメリカだけである。[*35]ファミリー・バリューズ・アット・ワークの理事長を務めるエレン・ブラボーによると、ほとんどの「女性はほしいものがすべて手に入ると期待するどころか、すべてを失うのを恐れている。仕事、子供の健康、家計の安定、そうしたものすべてだ。その原因は、よい社員でいることと親の責任を果たすことの両立があまりに困難だということにある」[*36]

多くの男性にとって、仕事で成功しプライベートも充実させることはあたりまえの前提になっている。だが女性にとっては、両方を求めるのはうまくいっても困難で、下手をすれば不可能だ。家庭と仕事の両立はむずかしいというメッセージは巷にあふれている。二兎を追えばつねにせき立てられ、ふしあわせになるだけだ、だからどちらかを選びなさい、と女性は絶えず言われる。この問題が「ワーク・ライフ・バランス」と名付けられていること自体、両者が真っ向から対立するという印象を与える。この二項対立で、誰がライフを捨てられるだろうか。となれば必然的に、ワークが押し出されることになる。

だがうれしいことに、女性は仕事と家庭を両立できるだけでなく、両立させてなお成功し、成長できる。二〇〇九年にシャロン・ミアーズとジョアンナ・ストローバーが『五〇対五〇を手に入れるには』を出版した。同書では政府が行った調査、社会科学的調査、そして独自の調査を総合的に検討した結果として、両親がともに仕事をもてば子供も親も結婚生活そのものもすべてうまくいくと結論づけている。家計と育児の責任を半分ずつ負担すれば、母親の罪悪感は薄れ、父親はより家庭経営に参加するようになり、子供たちは力強く成長することを、膨大なデータがくっきりと示しているのだ。[*37] ブランダイス大学のロザリンド・C・バーネット教授は、ワーク・ライフ・バランスに関する研究を総合的に検討した結果、複数の役割をこなす女性のほうが悩みは少なく精神的充足感は高いことを発見した。[*38] 会社勤務などの雇用労働に従事する女性は、金銭的保障、結婚生活の安定、健康の向上に加え、生活満足度もおおむね高いなど、大きな見返りを手にしている。[*39]

仕事も家庭も愛している女性の映画を作るのは、すこしもドラマチックではないし、おもしろくもおかしくもないかもしれない。だがそのほうが現実をよりよく反映した映画になるだろう。有能なプロフェッショナルとしあわせな母親として、あるいはさらに、しあわせなプロフェッショナルと有能な母親として女性を描いた映画を作ってほしいものである。ネガティブなイメージのほうが笑いをとるにはいいかもしれないが、さまざまな障害物は乗り越えられないのだと脅して、女性を不必要に恐れさせている。私たちの文化はいまだに女性を縮こまらせる——「ケイト・レディ」は「完璧《パーフェクト》」じゃないとだめなのだ。

女性が直面する障害物はたくさんあるが、その頂点に君臨するのが「恐れ」である。みんなに嫌われる恐れ、まちがった選択をする恐れ、世間のネガティブな関心を引く恐れ、力量以上のことを引き受けてしまう恐れ、非難される恐れ、失敗する恐れ……。そして極めつきは、悪い母親、悪い妻、悪い娘になる恐れである。

こうした恐れがなくなれば、女性は仕事上の成功と家庭生活の充実をためらわずに追求できるだろう。どちらかを自由に選んでいいし、もちろん両方を選ぶことだってできる。フェイスブックでは、社員が進んでリスクをとれるような文化の育成に力を入れている。たとえば、オフィスの壁という壁にはリスクテークを促すポスターが貼ってある。「運は勇気ある者に味方する」、「とりあえず始めよう、大胆に」という具合。私が好きなのは「怖がらなければ何ができる?」だ。[*40]

二〇一一年に、バーナード・カレッジのデボラ・スパー学長から招かれて卒業式でスピーチをすることになった。バーナード・カレッジは、コロンビア大学(ニューヨーク)に併設された名門女子大学である。このとき初めて、リーダーをめざす男女の意欲の差について公の場で話すことにした。壇上に立ったときは、かなりナーバスになっていたと思う。巣立っていく女子学生たちに、野心をもってほしい、と私は語りかけた。夢を追い求めるだけでなく、自分が進む分野でリーダーになろうと思ってほしい、と。こんなことを言えば、私と同じような選択をしないと言って同性を責めているように聞こえかねないことは百も承知だった。だが、責めるつもりなどない。すべての人に選択の自由がある、もちろんだ。だが女性が高みをめざすことを力づける必要もある——そう信じているだけである。大学の卒業式でこれを言わなかったら、いったいいつ言えるだろう。

希望に燃えて輝く若い女性たちに話しかけるうちに、私自身が涙をこらえなければならなかった。なんとか最後まで話しつづけ、こうスピーチを結んだ。

「より平等な世界を実現する明るい希望は、みなさんに託されています。ここにいるすべての卒業生が、この壇上に上って卒業証書を受け取り、今晩たくさんのお祝いをしたあと、キャリアへの道をまっすぐに進んでほしいと願っています。仕事をする中で、何かしら好きなことがきっと見つかるでしょう。それを力いっぱい楽しんでください。あなたにふさわしい仕事を見つけ、その世界でトップになることをめざしてください。

今日、このステージから一歩踏み出すとき、社会人としてのみなさんの生活が始まります。高みをめざしてください。何事も全力でトライしてください。

ここにいるすべての人と同じように、私も卒業生のみなさんに大きな期待をかけています。どうぞ人生の意味を見つけ、ほんとうの満足を得られること、情熱を注げることを発見してください。みなさんが困難な時期を乗り切り、より強くたくましくなることを願っています。広い視野をもち、一人ひとりにちょうどよいバランスを見つけてください。そして、そうです、みなさんが大志を抱いてキャリアの道に大きく踏み出し、世界を変えていくことを心から願っています。みなさんが世界を変えていくことを世界は必要としているのです。世界中の女性がみなさんを頼りにしています。

だから、自分にこう問いかけてください。怖がらなければ何ができる？　そして、それをやりましょう」

やがて卒業生は壇上に呼ばれ、卒業証書を授与された。私は一人ひとりと握手した。多くの卒業生が私を抱きしめてくれ、一人は「最高だったわ」と言ってくれた。

私のスピーチは彼女たちを力づけたかもしれないが、実際に力づけられたのは私のほうだった。卒業式のあと、この問題に関してもっとひんぱんに、もっと公の場で発信すべきだと私は考えるようになった。もっと多くの女性が自分を信じられるように、リーダーの座をめざすように、働きかけなければならない。もっと多くの男性が職場と家庭の両方で女性を支え、解決に向けたパートナーとなるようにしなければならない。そして私自身は、バーナード・カレッジのような好意的な聴衆に向かって話すだけでなく、もっと多くの、おそらくはもっと好意的でない聴衆に向かっても話さなければならない。自分が学生に与えたアドバイスを自分で実践し、もっと野心的にならなければいけない。

この本を書くのは、他の人々に前向きになるよう励ますためだけではない。私が前向きになるためでもある。怖がらなければできることをするために、いま私は書いている。

2

同じテーブルに着く

数年前、フェイスブックに財務長官のティム・ガイトナーを迎えて会議を主催したことがある。シリコンバレーから一五人のエグゼクティブを招き、ガイトナーのチームと朝食をとりながら経済について意見を戦わす、という趣向だ。ガイトナーは四人のスタッフ（上級スタッフ二人、下級スタッフ二人）を連れて来ており、全員が快適な会議室に集合した。いつも通り社内を案内したあとで、ブッフェから好きな食べ物を選んで好きな席に運んで座ってください、と伝える。大半が男性の招待客は、各自皿に食事を載せると大きなテーブルの周りに陣取った。ガイトナーのチームは全員女性だったが、彼女たちは最後に食べ物をとると、部屋の隅にある椅子に腰掛けた。私はすぐに、テーブルに一緒に着くように彼女たちに手招きした。自分たちが歓迎されているのだとはっきりわかったはずである。それでも椅子から動こうとしなかった。

四人の女性はどう考えても会議に参加する権利がある。だが隅っこの椅子に座っていたのでは、参加者というよりは傍観者のようだ。何か言わなければならないと私は感じた。そこで会議のあと、四人を横に引っ張っていって話した。とくに誘われなくてもあなた方はテーブルに着くべきだった、そして全員の前で差し招かれたときには、迷わず会議に参加すべきだった、と。そう言われて最初は驚いていた様子だったが、最後は納得してくれた。

あれは、重要な転換点だった。あのとき私は、女性の内なる障壁がどれほど行動を変えてしまうかを目の当たりにした。そして、女性は制度的な障壁だけでなく、内なる障壁とも闘わなければならないと気づいたのだった。

TED講演会で、女性が仕事で成功するにはどうしたらいいかというテーマで話したとき、私はこのときの体験談を取り上げ、女性がいかに自分から引っ込んでしまうか、文字通り試合を外から見物する人になってしまうかを話した。とはいえ彼女たちがテーブルに着かなかったとき、その気持ちが私にはよくわかった。部屋の隅っこに引っ込みたくなる自信のなさ、椅子に根が生えてしまったあの行動は、私にもなじみのものだったから。

大学四年のとき、私はファイ・ベータ・カッパ（全米優等生友愛会）の会員になることができた。その時点でハーバード大学とラドクリフ女子大は別組織だったため、入会セレモニーの列席者は女性だけだった。基調講演はウェルズリー女性センターのペギー・マッキントッシュ博士が行い、「女性特有の詐欺師感覚」について話してくれた。[*1] 多くの人々、とりわけ女性は、自分の業績を誉められると、詐欺行為を働いたような気分になるという。自分は評価に値する人間だとは思わずに、たいした能力もないのに誉められてしまったと罪悪感を覚え、まるで誉められたことが何かのまちがいのように感じる。その分野では優秀な専門家であって、実際に高い業績を挙げているにもかかわらず、自分の能力などたかが知れている、言ってみればばうわべだけのペテン師のようなものだ、そのうち化けの皮が剝がれるにちがいない、などと思ってしまう……。

なんとすばらしい、核心を突いたスピーチだろう。私は椅子の中で身を乗り出し、何度も夢中になって頷いた。ものすごく頭が切れてペテン師とは無縁のはずのルームメートのキャリー・ウィーバーも、私と同じように頷いていた。私とまったく同じように感じている人はたくさんいたのである。教室で指されて答えるたびに、変なことを言ってしまったと感じる。試験を受けるたびに、失敗したと思う。なんとか切り抜けたときでも、それどころかみごとにやってのけたときでも、今度はみんなをだましているだけだと後ろめたく思う。いつか自分の貧弱な中身が全部ばれる日が来るのだ、と。

セレモニー後の大学とのジョイント・レセプション、つまり二次会のどんちゃん騒ぎのときに、いま聞いたばかりのすばらしいスピーチのことをさっそく男のクラスメートに話した。彼がさっぱりわからないという様子で私をまじまじと見つめ、「いったいその話のどこがおもしろいんだい?」と質問したことは忘れられない。あとになってキャリーと、あのスピーチを男子学生に聞かせるとしたら「全員があなたほど賢くない世界とどう付き合っていくか」というタイトルにしないといけないわね、とジョークを言い合ったものである。

十分な実力がありながら理由もなく自信をもてずに悩む症状には、ちゃんと名前が付いている。インポスター・シンドロームというのだ。インポスターとは「ペテン師」のことである。男も女もこのシンドロームにかかる可能性があるが、女性のほうがなりやすいし、この症状に行動を束縛されやすい。*2 女優としても脚本家としても大成功しているティナ・フェイでさえ、この症状にかかったことがある。フェイはイギリスの新聞の取材に応じて、「インポスター・シンドロームが重症になると、『私ってすごい』と『私なんてまるでだめ、みんなをだましているペテン師にすぎない』という二つの気分のあいだを激しく行ったり来たりするようになる。この症状に陥ったら、『私ってすごい』といううぬぼれ気分にうまく乗っかって、それを楽しむことが大切ね。そうやって、ペテン師気分に落ち込まないよう、うまくかわすこと。そもそもほとんどの人は何らかの形で他人をだましているのだから、深刻に悩まないほうがいいわ」。*3

女性の場合、この症状は男性より重くなりやすい。もともと日頃から自分を過小評価する癖がついているからだ。さまざまな職業について実施された多数の調査の結果、女性は自分の仕事の成果を実際より低く見積もる傾向があるのに対し、男性は高く見積もる傾向があることが判明している。たとえば外科手術の実習を行った学生に自己評価させると、女子学生は男子より低い点数をつける。しかし教官による評価では、女子が男子より高得点になるという。[*4] 政治家志望者数千人を対象に行われた調査では、経歴や資質面がほぼ同等であっても、候補者として「自分こそ最もふさわしい」と答えた人は男性のほうが約六〇%も多かった。[*5] ハーバード大学ロースクールの学生一〇〇〇人を対象に行われた調査では、法務に関するスキルのほぼあらゆる分野で、女子学生は男子より低く自己採点した。[*6] しかも、他人の前で採点する場合や、伝統的に男の領域とされてきたスキルに関しては、さらに点数を下げる傾向が認められた。[*7]

男性に成功した理由を質問すると、自分の資質や能力のおかげだと答えることが多い。一方女性は、自分の外に原因を求めることが多く、「努力したから」、「幸運だったから」、「大勢の人に助けられたから」などと答える。失敗の理由を説明するときも、こうしたちがいが顕著に現れる。たとえば男性が試験に失敗すると、「勉強しなかった」、「この教科には興味がもてなかった」などと言う。一方女性は、自分の能力が足りなかったと考える傾向が強い。[*8] また、批判されたり過ちを指摘されたりすると、女性のほうが男性より大幅に自信を喪失し、自己評価を一段と下げる傾向がある。[9] 失敗を自分のせいと考えて自信を失えば、さきざき悪影響をおよぼすことは避けられない。こうしてこの悪循環が長期的に続くことになる。[10]

自分に厳しいのは、女性だけではない。同僚やメディアも、女性が成功すると外部要因のおかげだと言いたがる。フェイスブックが株式公開に踏み切ったとき、ニューヨーク・タイムズ紙は、私が「きわめて幸運」で「強力な後援者にも恵まれていた」ことをわざわざ私に（そしてすべての読者に）思い出させるような記事を掲載した。[11] さっそくジャーナリストやブロガーが同紙のダブル・スタンダードを非難した。ニューヨーク・タイムズ紙は、男性の成功を幸運のおかげだとするような記事を載せたことはないじゃないか、というわけである。だが実際のところ、ニューヨーク・タイムズ紙は、私自身が何度も口にしたことを記事に書いたにすぎない。仕事の節目のたびに、私は言っていた――ここまで来られたのは幸運のおかげだ、努力の賜物だ、それに大勢の人に助けてもらったのだ、と。

自分に自信がもてなくなったのは、高校生の頃だったと思う。私が通っていた高校はマイアミにあるマンモス校で、生徒の学業成績よりも、教室内での喧嘩を防ぐことやトイレでのドラッグの使用を禁じることのほうに躍起だった。私のハーバード入学が決まったとき、クラスメートたちは、なんであんなガリ勉のオタクばかりいる学校へ行くのかと質問してきたが、途中で当の相手がそうだと気づいてこそこそ逃げて行ったものだ。

大学一年のときは、ショックの連続だった。一学期に私は「ギリシャ文明における英雄《ヒーロー》の概念」という講義をとった。この講義は別名「ヒーローとゼロ」と呼ばれていた。別にギリシャ神話がすごく好きというわけではなかったが、文学の必要単位をとるには、それがいちばん簡単そうだったのである。第一回の講義では、教授が「講義で使う本を以前に読んだことがある人は?」と訊ねた。私はきょとんとして、隣に座っていた友人に「何の本?」と聞いた。「決まってるでしょ、『イーリアス』と『オデュッセイア』よ」。ほぼ全員の手が挙がった。私は挙げられなかった。次に教授は、「原書で読んだ人は?」と訊ねた。「原書って?」と私。「古典ギリシャ語で書かれているやつ」と友人。クラスのなんと三分の一は原書で読んでいた。私が「ゼロ」の一人であることは明らかだった。

数週間後、政治哲学のクラスで五ページのレポートが課された。私は恐慌を来した。五ページまるまるである。高校では一ページのレポートしか書いたことがなく、それですら一年がかりの宿題だった。たった一週間で五枚も書くなんて、いったいどうやるのだろう。私は毎晩徹夜し、七転八倒した。かけた時間数で評価するなら、確実にAがもらえたにちがいない。だが苦心のレポートはCだった。ハーバードでは、レポートを提出したのにCをとるなんて、ほとんどの学生にとって不可能なことらしい。嘘ではない、Cは落第点に等しいのだ。動転した私は寮監のところに駆け込んだ。彼女は入学事務局の職員でもあったので、あなたは人柄が評価されて合格したのであって、成績がよかったわけではないのだから、こうなっても仕方がない、とやさしく慰めてくれたものである……。

私は気を取り直し、がむしゃらに取り組んだ。そして前期の終わりには、五ページのレポートをそつなくこなす術《すべ》を身につけた。だが成績がよくなっても、自分は何もちゃんと理解していないのに点数だけもらっているのだという感じを払拭することはできなかった。こうした自己不信と自信喪失症状は、ファイ・ベータ・カッパの基調講演を聴くまで続いた。ほんとうに問題なのは、自分をペテン師だと考えることではなかった。私がずっと確信的に思い込んできたことは、まったくの勘違いだったことである。

この種の自信喪失が女性にありがちな症状だということは、もっと早くに理解しているべきだった。なぜなら、私には一緒に育った弟がいるからだ。二歳下のデービッドを私は心から愛し、尊敬している。家庭では家事を妻と対等に分担し、職場では小児神経外科医として生死の判断にかかわる責任とストレスの多い仕事をこなしている。私たちは同じように育てられたにもかかわらず、デービッドはいつも私より自信にあふれていた。たとえば高校時代に、私たちは同じ土曜日の夜にそれぞれデートの約束があり、どちらも土曜の午後になってキャンセルされたことがあった。私は週末ずっと家に閉じこもり、自分のどこが悪かったのかしらとくよくよ考えつづけた。ありがたいことに、年のわりに聡明で思いやりのある妹が慰めてくれたけれど。一方のデービッドは「俺をふるとはいい度胸じゃないの」と笑い飛ばし、仲間とバスケットボールをしに行った。

数年後、デービッドが同じ大学に入ってきた。私が四年で彼が二年のとき、たまたま同じ欧州文化史の講義をとったことがある。比較文学が専攻でこの方面はお得意のルームメートのキャリーも一緒である。キャリーはすべての講義に出席し、課題に指定された本をすべて読んだ——もちろん原書で(その頃には私もそれが何を意味するかをよく理解していた)。私はほぼ全部に出席し、課題図書をすべて英語で読んだ。デービッドは二回だけ出席し、一冊だけ読み、そのくせ最終試験の会場にやって来たときにはひどく自信ありげだったものである。三時間にわたって解答用紙と格闘した末にようやく解放されて外に出た私たちは、「どうだった?」とお互いに聞き合った。キャリーも私もてんで自信がない。私は、フロイトのイドとショーペンハウエルの意志の概念を関連づけるのを忘れたので動転していたし、キャリーはキャリーで、カントの崇高と美の区別をうまく説明できなかったと焦っていた。「で、どうだったの、あんたは?」と私たちが詰問すると、デービッドは落ち着き払ってこう答えた——「フラットは確実だな」。「えっ? 何のフラット?」と私たち。「もちろん、Aフラットさ」

デービッドは正しかった。デービッドは（AプラスでもAマイナスでもなく）Aフラットをとった。いや、実のところ、キャリーも私もAフラットだった。弟が自信過剰だったのではない、キャリーと私がひどく自信喪失していたのである。

こうしたさまざまな経験から、私は理性も感情も変えていく必要があると感じた。自己不信に陥る傾向を覆すことはむずかしいが、自分の中に何か歪んだところがあることは理解できた。デービッドのように苦もなく自信を抱くことはまず無理としても、自分は必ず失敗するという意識に立ち向かうことはできそうだ。「そんなこと、私には無理」と感じたら、自分にこう言って聞かせる。でも、あなたは落第点をとったことはないでしょ、一度だって。こうして私は、歪みを治す技を学んでいった。

何の根拠もないのに自信満々の人を見かける一方で、自信をもちさえすればもっとうまくできるのに、と思わず応援したくなる人もいる。たいていのことは「失敗しそうだ」と思ったら失敗するものだ。だが誰かに自信をもたせるにはどうしたらいいのか、「自分は最高だ」と信じさせるにはどうしたらいいのか、いまだに私にはわからない。そもそも自分自身にさえ、そう信じさせることができていない。一日に数時間だけでいいから弟の自信がほしい、というのは半分ジョークだが半分は本音である。毎日あらゆることに「Aフラットは確実」という気分でいられたら、どんなに楽だろう。

自信がもてないときに私が使う技の一つは、とりあえず自信があるふりをすることである。この技を発見したのは、一九八〇年代にエアロビクスのインストラクターをしていたときだ（そう、シルバーのレオタードにレッグウォーマー、けばけばしいヘッドバンドをつけて。似合っていたと思う、たぶん）。エアロビクスというものは、やっている間中、にこにこしていなければならない。自然に笑顔になれるときもあるが、いらいらしていて笑う気分になれないときもある。そんなときでも、とりあえず作り笑いを浮かべておく。そうしているうちに、ほんとうににこやかな気分になるものだ。

誰かと喧嘩をしているのに、人前ではなかよしのふりをとりつくろった経験が誰しもあることだろう。夫のデーブと私も、そうなったことがある。あわや大喧嘩、というときに友人の家のディナーに行く時間になった。そこで私たちは「すべてうまくいっている」という笑顔でおしどり夫婦を演じる。すると驚くべし、数時間後にはほんとうにそうなっていることが多い。

この「見せかけ戦略」には、ちゃんと研究による裏付けがある。ある調査では、権力者を思わせるようなポーズ（たとえば両肘を張り出してふんぞりかえる）をたった二分間とっただけで、闘争本能を高めるホルモン（テストステロン）の数値が上昇し、ストレス時に分泌されるホルモン（コルチゾール）の数値が低下した。その結果、ますます自分の能力に自信をもち、より多くのリスクを冒すようになったという。単にポーズを変えるだけで、これほど大きな変化が表れるのである。[*12]

だからといって、正当な自信がすぐさま「自信過剰」や「うぬぼれ」につながるなどと言うつもりはない。自信過剰な人間は、男であれ女であれいやなものだ。だが自分に自信をもつこと、少なくとも自信のあるふりをすることは、チャンスを摑むために必要である。よく言われるように、チャンスが来たら前髪を摑まなければならない。グーグルで働いていた六年半のあいだ、私は四〇〇〇人が働く部門を統括していた。一人ひとりを直接知っていたわけではないが、トップの一〇〇人ぐらいはよく知っていた。彼らを観察していて気づいたことの一つは、だいたいにおいて男は女よりチャンスに飛びつくのが早いことである。たとえば新しいオフィスを開設するとか、新しいプロジェクトを始めるといったことを告知すると、男性社員はすぐさま私のオフィスのドアをガンガン叩き、いかに自分が適任かをしゃべりまくる。また、そうした告知が行われる前に成長機会を察知するのも、男のほうが早かった。男性社員は、自分の能力が開発されるのを待ってなどいない。もう自分は十分できるのだ、といつも考えている。そしてたいていの場合、彼らは正しかった――ちょうど私の弟のように。これに対して女性社員は、新天地に移ることや新しい課題を探すことにおおむね慎重である。だから私のほうから、新しい分野にチャレンジするよう説得しなければならないことが多い。私の半ば強引な奨めに対して「自分に十分務まるでしょうか」とか「すばらしいチャンスだと思いますが、私は一度もそういう仕事をしたことがないのですが」とか「まだいまの仕事から学ぶべきことがたくさんあると思っています」といった返事を何度聞いたことだろう。そうした返事を男性社員から聞いたことは、一度もないとは言わないが、ほとんどなかった。

現代の世界がめまぐるしく変化していることを考えれば、チャンスを逃さず掴むことは、以前にもまして重要である。新しいポストができたとき、応募者全員を注意深く評価する時間さえ十分とれないというのに、もじもじためらっている人に応募するよう説得する手間など誰もかけはしない。しかも最近では、チャンスがチャンスとして提示されないことも増えてきた。誰かがやって来て、自分はこれをやりたいとか、あれができるとか言う。するとそれが、その人の仕事になるのである。

フェイスブックに加わってすぐ、私は事業の拡大という重要な課題に取り組むことになった。チームの面々はそれぞれに独自の意見をもち、議論は白熱したままいっこうに収束しない。結論が出ないまま、一週間が過ぎた。週末にチーム・リーダーのダン・ローズが市場のデータを集めてくれたおかげで、次の週には新しい枠組みで新たな視点から検討を再開できるようになった。ダンの努力が行き詰まりを打開したわけである。そこで私は、ダンにプロダクト・マーケティングも任せることにした。ビジネスの場では、イニシアチブをとれば報われる。いつも誰かが音頭をとってくれるのを待っていたら、自分にもリーダーが務まると他人に知らせることはできない。

シスコの最高技術責任者（CTO）を務めるパドマスリー・ウォリアーは、ニュースサイト「ハフィントン・ポスト」から「過去に犯した失敗から学んだいちばん重要な教訓は何ですか？」と質問されて、次のように答えている。「社会人になりたての頃、たくさんのチャンスを与えられたのに、その多くにノーと答えていた。当時の私は『それは自分の専門じゃない』とか『その分野はよく知らない』と思っていたから。でもいま考えれば、どんなことでも学んで自分にできる貢献をすることが大事だったとわかる。だからいまの若い人たちに言いたいのは、次に大きく羽ばたこうと思うなら、自分に完全にフィットする仕事なんてない、ってこと。まずはチャンスを摑み、チャンスのほうを自分にフィットさせなければ。学ぶ能力こそ、リーダーが備えるべきいちばん重要な資質だと思う」[*13]

IBMで初の女性CEOになったバージニア・ロメッティは、二〇一一年にフォーチュン誌が選んだ「最もパワフルな女性」サミットで、次のように語った。彼女はまだ若かった頃にヘッドハンターから声をかけられたことがあるという。かなり高い地位だった。自分にはまだ十分な経験がないと不安になったロメッティは、すこし考えさせてほしいとヘッドハンターに返事をした。そして夫に相談した。すると「男がそういう地位を提示されて、君みたいに考えさせてくれなんて言うと思うかい?」と指摘されたという。「この一件から、もっと自信をもたなければいけないと強く感じました」とロメッティは話す。「たとえ心の中では、自分にはこれはできてあれはできないと思っていても、です。こうして私は、リスクをとることができるようになりました」[*14]

女性は、自信をもって自分を売り込んだり手を挙げたりできないだけでなく、女性自身がこの弱点に気づいていない。だから、男性との差がなかなか縮まらない。私自身、そのことを何度も思い知らされた。たとえば数年前、フェイスブックの社員数百人の前でジェンダーの問題について講演をしたことがある。講演のあとで質疑応答の時間もとった。その日の午後にオフィスに戻ると、若い女性社員が私を待ち構えている。そして「私、今日はいい勉強をしました」と言うではないか。「あら、なあに」。私はいい気分で訊き返した。私の言葉にどれほど感動したか、話してくれるのだろうと思ったのだ。だが彼女は私の傲慢な思い上がりを打ち砕いた。「私が学んだのは、手を挙げつづけなくてはいけない、ってことです」。私の怪訝な顔を見て、彼女は続けた。「質疑応答の時間が残り少なくなったとき、あなたは、あと二問だけ質問を受け付けますと言ったでしょう?」たしかに。そこでこの女性は挙げていた手を下ろしたという。他の女性もみなそうした。だが男性社員は何人も手を挙げたままだった。そして、早く指名しろと言わんばかりに空中で手を振った。「そうしたらあなたは、手を挙げつづけていた人の質問すべてに答えた。つまり男性からの質問にだけね」。彼女の言葉はおそろしい重さで私にのしかかってきた。この私が、それもジェンダーについて講演をしておきながら、自分のやっていることに気づいてもいなかったのだ……。

より平等な世界を真剣にめざすなら、女性が手を挙げつづけない傾向があることをまず認識しなければならない。そして、より多くの組織や個人がこうした傾向に気づき、女性を励まし、背中を押すとともに、女性自身も手を挙げつづけることを学ぶ必要がある。手を下ろしてしまったら、どれほど注意深い上司でも、もう気づくことはできない。

世界銀行のチーフエコノミストをしていたラリー・サマーズの下で私が働きはじめた頃、彼は税理士のビッキーと結婚した。ラリーはビッキーの仕事にとても協力的で、「男と同じように請求しろ」というのが口癖だった。ラリーの観察によれば、男は仕事の問題を考えている時間はすべて、たとえそれがシャワーを浴びながらであっても、請求可能な時間とみなすという。ところがビッキーも他の女性弁護士も、クライアントに対してフェアでありたいと考え、たとえば体調がよくなかった日は実働時間から差し引いたりする。だが経営者から見たら、どちらに価値があるだろうか。ラリーは女性の部下に、有名なハーバード大学ロースクール教授の話も聞かせている。この教授は、請求書の内訳を明記するよう要求されたとき、いや、自分は同時に二つのことを考えているから、明細は出せないと答えたのだそうだ。

私はいまだに自信をもつ技術をマスターできていない。二〇一一年八月にフォーブス誌が「世界で最もパワフルな女性一〇〇人」のランキングを発表した。[*15] この手のランキングが科学的な数式に基づいているわけではないことぐらい、私でも知っている。それでも読者はこの種のランキングが大好きなのだ。ランキングが発表されると、ページビューが跳ね上がるという。そういう事情を承知してはいたものの、実際に自分の名前が五位にランクされたと知ったときには驚愕した――いや、震え上がった。ドイツ首相のアンゲラ・メルケル、アメリカ国務長官のヒラリー・クリントン、ブラジル大統領のジルマ・ルセフ、ペプシコCEOのインドラ・ノーイの次がこの私だ。ファーストレディのミシェル・オバマやインドの政治家ソニア・ガンディーを差し置いて。馬鹿げている。母は電話をかけてきてこう言った。「あなたがパワフルだってことはよく知ってるわ。でも、ミシェル・オバマよりパワフルとは思えないけど」。もちろんである。

私はパワフルどころかすっかり動揺し、無思慮にもそれをあらわにした。フェイスブックの同僚から祝福されると「あんなランキング、おかしいわ」と答え、友人がフェイスブックのページにフォーブス誌の記事へのリンクを張ると、即座にやめてもらった。数日後、長いことアシスタントを務めてくれているカミーユ・ハートが私を呼び出して会議室に押し込み、ドアをぴしゃりと閉めた。これは重大事である。カミーユは諄々と私を諭《さと》した。あなたの対応はまちがっている。あなたをランクインさせた人を馬鹿呼ばわりするのはやめなければいけない。お祝いを言ってくれた人に困惑や当惑を示すのは、自分の自信のなさを暴露するのと同じことだ。「おめでとう」と言われたら「ありがとう」と答えればいいだけのことだ、と。

私たちには、お粗末なふるまいをしっかり指摘してくれるカミーユのような誠実な同僚が必要である。彼女はまったく正しい。ランキングがいくらおかしかろうと、私が作ったわけではないし、それを否定する必要はどこにもない。仮に五位にランクされた男性がうろたえるのを目にしたら、なさけない男だと思うだろう。

自分の成功ががむしゃらにがんばった結果であり、他人に助けてもらったおかげであり、運にも恵まれたことはよく知っている。自分にチャンスを与えてくれ、支えてくれたたくさんの人たちにはいくら感謝しても足りない。女性が基本的人権も認められないような国ではなくて、アメリカで、それも両親の下で生まれたという望外の幸運もある。男であろうと女であろうとこうした幸運は認めるべきだし、助けてくれたすべての人に感謝すべきだと思う。自分の力だけでは何もできない。

だが自分がこれから成長し、可能性を拡げていくためには、自分自身をもっと信じなければならないこともわかっている。私はいまもなお、自分の能力を超えているのではないかと不安になるような状況に立ち向かっている。自分がペテン師ではないかと思える日々がまだある。男性の同僚の意見が聞き流されることはないが、私の意見はときに無視されたり、相手にされなかったりする。それでもくじけず、手を挙げつづけなければならない。隅っこに座らないで、テーブルに着かなければいけない。

3

できる女は嫌われる

さて、では女性は社会的期待など敢然と無視し、堂々とテーブルに着き、そして仕事に邁進する。そうすれば道は拓けるだろう。たいへん結構。これのどこが不都合なのか……。

コロンビア大学ビジネススクールのフランク・フリン教授とニューヨーク大学のキャメロン・アンダーソン教授が、職場における男性像、女性像を確かめる実験を二〇〇三年に行った。[*1] ハーバード・ビジネススクールのケーススタディから、実在する女性起業家ハイディ・ロイゼンのケースを取り上げ、学生に読ませたのである。ケースではハイディ・ロイゼンがベンチャー・キャピタリストとしてどうやって成功したかが説明されており、「強烈な個性の持ち主で……ハイテク分野の著名な経営者にも顔が広かった。こうした幅広い人脈を活用して成功した」とある。[*2] 実験では学生を二つのグループに分け、第一グループにはこのケースをそのまま読ませ、第二グループには主役の名前だけを変えて読ませた——ハイディという女性名から、ハワードという男性名に。

そしてフリンとアンダーソンは、学生たちがハイディとハワードから受けた印象を調べた。能力面では学生たちは両者を同等に評価した。当然である。ストーリーはまったく同じなのだから。ところが学生たちは、ハイディとハワードの能力に対して同じように敬意を払ったにもかかわらず、ハワードのほうを好ましい同僚とみなしたのである。ハイディのほうは自己主張が激しく自分勝手で「一緒に働きたくない」「自分が経営者だったら採用しない」人物とみなされた。情報はそっくり同じで、ちがうのは性別だけである。それなのに、これほどちがう印象が生まれたのだった。

この実験は、さまざまな研究がすでに示していたことを明確に裏付けたと言える。つまり、成功と好感度は男性の場合には正比例し、女性の場合には反比例するということだ。[*3] 成功した男は男からも女からも好かれるが、成功した女は男からも女からもあまり好かれない。この事実はショッキングであると同時に当然でもある。ショッキングだ。男性・女性のステレオタイプがいまだにこれほど幅を利かせているというのは、ショッキングだ。しかし、世間は明らかにそうしているのだから、何も驚くには当たらない。

社会学分野での数十年におよぶ研究でも、この実験と同じ結論が得られている。すなわち、人間はステレオタイプ（性別、人種、国籍、年齢など）に基づいて他人を判断する、ということだ。[*4] たとえば男性のステレオタイプと言えば、いまだに一家の大黒柱、決断力がある、リーダーシップをとる、といった具合である。女性は、家事・育児をする、こまやか、献身的などだ。こんなふうに男と女は対照的な性格づけをされており、仕事で成功するためのさまざまな資質はすべて男の特性とみなされる傾向がある。仕事に夢中で戦略的に行動したハイディは女性のステレオタイプにことごとく反しており、一方のハワードは、ハイディとそっくり同じふるまいをしたのではあるが、男のステレオタイプと一致している。その結果、ハワードは好かれ、ハイディは嫌われた。

女性が出世競争で押しのけられるのも、女性自身が競争から身を引きがちなのも、このバイアスと関係があるのではないだろうか。男性の場合、成功は節目節目で本人にとってプラスに働く。女性の場合、成功はそれとして認められても、本人にとってはマイナスの作用を伴うことが多い。ジャーナリストのシャンカール・ヴェダンタムは、世界の女性指導者の一部が軽蔑的な形容詞で表現されていると指摘する。たとえばイギリスのマーガレット・サッチャー首相は「アッティラ(フン族の大王)」、イスラエル初の女性首相ゴルダ・メイヤーは「内閣唯一の男」、ドイツのアンゲラ・メルケル現首相は「鉄の女」という具合。またリチャード・ニクソン大統領はインド初の女性首相インディラ・ガンディーのことを「年寄りの魔女」呼ばわりしたという。[*5]

この手のことは、私自身もいやになるほど目にしてきた。仕事で成功を収めた女性は「きっと職場で嫌われている」とみなされる。「すごいやり手」で「チームプレーができないタイプ」で「裏で駆け引きをする」とか「ちょっと信用できない」とか「付き合いにくい」などと思われるのである。実際のところ、これらはすべて私自身について言われたことだ。また私が知っている女性の役職者も、ほぼ全員こんなふうに言われている。まるで世界中から「そんなにがんばってハイディになろうとしないで、ハワードに任せておけばいいじゃない」と諭されているようだ。

ほとんどの女性はハイディとハワード実験を知らないだろうし、仕事ができることに負の面があると聞かされたことさえないだろう。それでも私たち女性は成功が罰を伴うことをうすうす感じとっている。はっきりとものを言い、あからさまに競争するのは、女性に期待されるふるまいに反する。ばりばり仕事をし、際立って優秀で、結果を出すことにこだわるような女性は、男まさりとみなされる。そして男まさりは好かれない。こうした反応を知って、女性は仕事上の目標を低めにする。コラムニストのケン・オーレッタはこの現象についてニューヨーカー誌に記事を書き「自信喪失はやがて自己防衛につながる」と述べている。[*6]嫌われるのを防ぐために、私たちは自分の能力を疑問視し、自分の成果を控えめに評価する。他人がいるところではとくにそうだ。要するに、他人から低く見られる前に自分で自分を低くしている。

ハーバード・ビジネススクールの一年次を終えた夏期休暇中に、私は成績優秀者に贈られるヘンリー・フォード奨学金をもらうことができた。受賞通知と一緒に小切手が郵送されてきた。金額は七一四・二八ドルである。半端な数字だから、何人かで均等割にしたのだろう。休暇が終わって二年次の新学期が始まるとすぐに、男子学生六人が奨学金をもらったことが判明した。私は七一四・二八ドルに七をかけてみて、ほぼ五〇〇〇ドルになるのを確かめ、一人納得した。受賞したのは七人、男六人と私である。

男子学生とは異なり、私は自分の受賞を話さなかった。親友のスティーブン・ポールにだけは打ち明けたが、彼はぺらぺら人にしゃべるタイプではない。表面的には、秘密にしておくのは損だと思われた。というのも、ハーバード・ビジネススクールでは、成績の五〇%が授業参加率で決まるからだ。一コマ九〇分の授業中に教授はメモをとってはいけないことになっているので、クラス討論の経過は記憶力に頼って思い出すしかない。誰かの意見を別の学生が引用すれば（たとえば「トムの意見に従えば……」のように）、教授は誰が何を言ったかを鮮明に思い出すことができる。つまり現実の生活と同じように、学生の出来不出来は他の学生の反応に左右されるわけだ。他の六人のフォード奨学生の意見は、成績優秀という文句のない信用を看板に、すぐさまよく引用されるようになった。さらに彼らには、正式な社員募集期間がまだ始まってもいないうちに、有力企業からオファーが届いた。あるときなど、六人の輝かしい奨学生の一人は、全然予習して来なかった、資料を読んでもいないと教室で公言したものである。他の学生は「すごい」とおだてた。それを見て私は、心の中で呟いた——ふうん、奨学生なら、予習をしなくても許されるのね。それで二年生を乗り切れるなら、楽にちがいない。自分が七番目の奨学生だと知らせずにとんでもなく恥ずかしいミスをしたら、どうなるかしら……。

それでもみんなに言うつもりはなかった。自分がいい成績だったことが知られるのは全然得策ではない、と本能的に感じていたからである。数年後にハイディとハワード実験のことを知ったとき、なぜそう感じたか、謎が解けた。クラスでトップの成績をとるのは、男子学生にとっては有利でも、私にとっては有利にならなかっただろう。

私は何の根拠もなくこの結論に達したわけではない。頭がいいとか成績がいいとか見られるのは損だと気づかされるような出来事に、小さい頃から遭遇してきた。女性の読者なら、頭がいいのはいろいろな意味でよいことだとしても、男の子にあまりもてなくなることに気づいているだろう。高校生の頃、私は「クラスでいちばんできる女子生徒」だった。でもそう見られるのが大嫌いだった。誰がクラス一番の女子とデートしたいだろうか。三年生のとき、クラスの「いちばん出世しそうな人」ランキングで、ある男子生徒と共に私が一位になった。これじゃ、誰からもパーティーに誘ってもらえないじゃないの。卒業アルバムの制作委員をしていた友人に頼み込んで、私の名前をランキングから外してもらった。実際、高校生にとって最大の行事である卒業記念ダンスパーティーの二日前になって、約束していた男子に断られたのだ。彼は熱心なスポーツファンで、ダンスパーティーよりバスケットの試合のほうが大事だった。「わかるだろ、プレイオフを観戦するなんて、一生に一度のチャンスなんだ」。女子高生にとって卒業記念ダンスパーティーは一生に一度だと思ったけれど、そうは言わなかった。幸いにも、それほどスポーツ熱心でない男子生徒が私を誘ってくれた。

そんなに若い頃からなぜ自分の成績を人に知られまいとしたのか、真剣に考えたことはなかった。ビジネススクールを卒業して一〇年ほど過ぎた頃、たまたまディナーの席でスタンフォード大学教授のデボラ・グルーエンフェルドと隣り合わせになった。グルーエンフェルドはリーダーシップと組織行動が専門である。私たちは始め当たり障りのない会話をしていたが、次第に本音で話すようになった。彼女は、女性が成功に支払う代償について明確に説明してくれた。「私たちに刷り込まれているイメージでは、男性とリーダーの資質、女性と母親の資質がしっかりと結びついており、それが女性を束縛している。私たちは、子供は女性が育てるものだと考えるだけでなく、女性は他の何よりもまず子育てをすべきだと考えている。そこで女性がよい母親のイメージに反する徴候を示すと、悪印象を受け、不快になる」[*7]
できる女は、いい性格には見られない。逆に人柄のよい女性は、人はいいが仕事はできないと思われる。だが企業は仕事ができて人柄もよい人物を採用し、昇進させたいのだから、この問題は女性にとってきわめて厄介だ。ステレオタイプ通りの女性らしくふるまっていると、男性のようなチャンスを摑むのはむずかしい。だが社会的期待を裏切り、チャンスにすかさず飛びつけば、身勝手でいやな女だと思われる。これでは、高校時代から何も変わっていない。いくつになっても、頭がいいとか仕事ができるとかいうことは、好かれることにつながらないのである。これは手ごわい障害物である。女性はテーブルに着き、自分の成功をめざすべきなのに、そうすればあまり好かれなくなってしまう。[*8]
ほとんどの人は、私もそうだが、人から好かれたいと真剣に思っている。好かれるのはうれしいことだし、それに仕事でもプライベートでも、人に好かれることはとても大切だ。この人を誰かに紹介したいとか、この人の昇進を後押ししたいと思うのは、その人に好感を抱くからにほかならない。もちろん仕事の能力も必要だが、仕事をするうえで誰とでもうまくやっていけることも重要である。どちらの面でも評価できなければ、その人を昇進させたいとは思わないだろう。そこで女性の多くは本能的に、自分の実績を控えめに言うようになる。

フェイスブックのエンジニア部門のディレクターを務めるジョスリン・ゴールドファインは、二〇一一年一〇月に女性エンジニアだけの会議を開いた。会議の席上、ジョスリンは製品開発に自分がどんな貢献をしたか話してほしいと促した。だが会議室は沈黙が支配するばかり。誰も、自慢をしていると思われたくないようだった。自己宣伝をする女が嫌われるとわかっているのに、誰がべらべらしゃべるだろう。そこでジョスリンは作戦を変更し、自分のことではなく、チームのメンバーの貢献について話してもらうことにした。これはうまくいき、誰もが安心して話すようになったという。

自分の実績を主張することは、より多くの成功をたぐり寄せることにつながる。「こいつはできる」と思わせることが昇進や抜擢のカギとなるのだから。男性の場合には、傲慢にならない限り、自分の業績を述べ立てても不快感を与えずに済む。だが女性がそれをしたら、社会でも職場でも代償を払わされることになるだろう。実際、女性が面接で「自分はこれこれに抜擢された」とか「自分にはこういう実績がある」などと言うと、あまりよい印象を与えないという。[*9]

そのうえ「献身的」というステレオタイプのせいで、女性は犠牲を強いられ、しかも報われない傾向がある。男性が同僚の仕事を手伝ったら、相手は恩義を感じ、何らかの形で返そうとするだろう。だが女性がそうしても、相手はあまり恩義を感じないらしい。だって彼女は人助けが好きなんだから、というわけである。フリン教授はこの現象を「ジェンダー・ディスカウント」と名付けた。女性は他人に親切にしたがっていると思われているために、安く見られているという。[10]これに対して男性が同僚に手を貸したら、それは返礼を要する行為であるとみなされ、実績評価が上がるとか、ボーナスや給料が上がるといった形で報われることが多い。さらに悩ましいのは、女性がさまざまな事情から同僚に手を貸さなかった場合、評価が下がりやすいことである。これに対して、男性がそうしても何ら不利益を被らない。[11]

こうした不公平な期待の結果、女性は「やれば甘く見られる」が「やらなければ批判される」という袋小路にはまり込む。[12]このことは、報酬、地位、肩書き、さまざまな特典などを巡る交渉をする際に、とりわけ顕著になる。全般的に、男性は女性より強気で交渉する。[13]カーネギーメロン大学の修士課程を卒業した学生の初任給を調べた研究によると、男子学生の五七％がもっと上げてもらおうと交渉を試みたのに対し、それをした女子学生は七％しかいなかったことが判明した。[14]だが、もっと積極的に交渉すべきだと女性にカツを入れるべきではあるまい。女性は、強く自分を主張しようものならたちまち逆効果になることをちゃんとわきまえているのである。[15]私たちは、まずこの点を認めなければならない。

男性が強気で交渉しても、ほとんどの場合マイナスにはならない。男性が自分をアピールし、自分の貢献を誇示するのは当然とみなされているし、それによって評価され報われもする。だが女性は他人に気配りを示すものと考えられており、自己の利益を追求したり強く自分をアピールしたりすれば、男にも女にも眉をひそめられることになりかねない。ここで興味深いのは、女性は他人のために（たとえば同僚のために、あるいは会社のために）交渉するときには、とてもうまくやるし、男性より上手にやってのけることである。この場合には、強く主張しても利己的とはみなされないからだ。[*16] だが自分自身のために強気で交渉するのは、社会的な期待に背くことになる。女性が上司とやり合って給料を上げてもらおうものなら、そういうことをしない女性より文句の多い面倒な女と思われ、すぐさま同僚に嫌われる羽目になるだろう。[*17] たとえ自分の利益のために交渉して成功しても、その後の信頼関係や将来の昇進の面で長期的なコストを払うことになる。[*18] 残念ながら、女性はどう逆立ちしてもハイディなのだ。ハワードにはなれっこない。

私自身のことをお話ししよう。フェイスブックの創業者でCEOのマーク・ザッカーバーグと報酬の交渉をしたときのことだ。マークが最初に提示した条件を私はごく妥当だと思った。私たちは一カ月半ほど週に二、三回食事を共にし、フェイスブックの果たすべき役割や今後のビジョンについて話し合っており、私にはオファーを受け入れる準備ができていた。いや正直に言おう、あの会社に行きたくてたまらなかった。夫のデーブは交渉してよりよい条件を勝ちとるのが当然だと言いつづけていたが、そんなことをしてこの話がフイになるのが怖かった。強硬な姿勢に出たら、マークはこんな女と一緒に働きたくないと思うかもしれない。それに、最終的にオファーを受けることを決めているのだから、危ない橋を渡って何の価値があるだろう。何の価値もない、と私は一人決めた。そしてイエスと回答する寸前に、義理の弟のマルク・ボドニックが怒って横から口を出したのだった。「なんだよ、シェリー。そういうオファーを受けるときにどんな男だってやることを、君はやらないつもりなんだな」

マルクはこの件をくわしく知っているわけではなかった。彼の主張はじつにシンプルで、要するにそのレベルの交渉で最初の条件を呑む男は一人もいない、というのである。たしかにそのとおりだった。そこで勇気を出して、その条件は受けられないと答えた。ただし「ここで働くことになれば、私は営業チームを任されることになります。そのときには、私がタフな交渉のできる人間であることが望ましいでしょう。あなたと私が反対の立場で交渉するのは、今回が最後です」と前置きしてから。そして私としてはかなり粘り強く交渉し、断られたらどうしようとよくよく考えながら一晩を明かした。だが翌日、マークは私を呼ぶと、より好条件のオファーを提示した。契約期間も四年から五年になり、株の取得も認められている。これで契約が成立しただけでなく、私たちのあいだには長期的な利害の一致が成立することになった。

　交渉の究極の目的は、双方の目標を達成すると同時に、お互いが好感を抱きつづけ、かつ周囲からも悪く思われないことである。ハーバード大学ケネディ公共政策学院でジェンダーと交渉の問題を研究しているハナ・ライリー・ボウルズ教授によれば、女性は二つのことを上手に組み合わせれば、望みの結果を得る可能性を高められるという。[*19] 一つめは、相手に好印象を与えること、他人に気遣いを示すこと、「世間の期待にふさわしく」女性らしくふるまうことだ。ビジネスライクで直截な物言い（たとえば「私はこれこれの条件を求めます、自分がそれに値すると確信しています」など）には拒絶反応を示される可能性がある。

「グローバルに考えローカルに行動せよ」とよく言うが、交渉の席に着くときには「自分のことを考え全員のために行動せよ」がよい。私がよく女性にするアドバイスは、交渉を始める前にちょっとした「口上」を言ってはどうか、というものである。たとえば「女性の給与水準は一般的に男性より低いとされています。そのためにも、私たちはこれから交渉したいと思うのです」のように。そうすれば、自分一人の利益ではなく集団の利益と結びつけることができ、すべての女性のために交渉することになる。それから、ばかばかしいと思われるかもしれないが、指示代名詞は重要である。できるだけ「私」の代わりに「私たち」を使うといい。昇給を求めるときも「私は今年大きな成果を挙げることができました」よりは「私たちは今年大きな成果を挙げることができました」のほうが好意的に受けとめられる。[20] だがこれだけでは十分ではない。ボウルズ教授が女性に奨める二つめは、正当な理由を説明することである。[21] 男性は交渉に入るとき、いちいち理由を言う必要はない。交渉するのがあたりまえだからである。だが女性は、交渉する正当な理由をもっていなければならない。考えられる一つの例は、上司や先輩にアドバイスされたというものだ（「報酬についてもうすこし話してはどうかと上司から言われました」など）。業界の標準を挙げるのもいいだろう（「私の了解では、このレベルの職種にはこの程度の報酬が標準的のようです」など）。とはいえ交渉は一つひとつちがうのだから、臨機応変に対応することが大切である。

他社から誘われたことを現在の雇用主に言うのはよくある戦術だが、これは男性では効果絶大でも女性ではそううまくはいかない。男性は出世に邁進することが許されるが、女性には忠誠心が期待されるからだ。かといって、会社に忠誠を尽くしチームや他人のことばかり考えていたら、交渉はうまくいかない。そうした姿勢は、好かれるためなら報酬を犠牲にするというメッセージを発することになる。だからこそ、好印象を与えつつも主張すべきは主張しなければならない。ミシガン大学学長のメアリー・スー・コールマンはこれを「にここキッパリ」スタイルと表現する。[22] このスタイルを実践するときは、たびたびほほ笑む、賞賛や気遣いを示す、共通の利害に訴える、より大きな目標を強調する、対決するのではなく問題解決のために交渉する姿勢を示す、といったことが有効だ。[*23] 交渉というものはだいたいにおいて長引き、次々に新たな展開になる。だからしっかりと粘り、集中し……そしてにっこりすることを忘れずに。

じつのところ、女性が男性ほど強気に交渉しないのも無理はない。そんなことをするのは、ハイヒールで後ろ向きに地雷原に踏み込むようなものだ。ではどうしたらいいだろうか。女性は社会の期待に応えるほかないのだろうか。好感をもたれるように努め、しかしあまり気遣いばかりしないようにし、しかるべき忠誠心を示し、「私たち」を連発しながら交渉をまとめる道を探るほかないのだろうか。おそらく答えはイエスだ——いまのところは。偏見に満ちたルールや社会的期待に従いつつ世界を変えようというのは、たしかにひどく矛盾しているし、それは私も十分承知している。だからこれが完璧な答えではないこともわかっている。でも経験から言うと、このやり方は望ましい結果につながりやすい。もう一つ、交渉術に長《た》けた人なら誰でも知っていることだが、相手の立場を理解することもよい結果につながる可能性が高い。だから交渉に臨むに当たり、最低でも共通の利益に関心を示すことが望ましい。たとえ自分のために交渉する場合でも、それによって好ましい印象を与え、立場をよくすることができる。

さらに言えば、他人を気遣いチームに尽くす姿勢は、それ自体としてすばらしいことである。あらゆる組織は人で成り立っている。うまく機能するチームは一人より多くのことができるのだから、チームへの貢献がよりよい結果に結びつくのは言うまでもない。メンバーの息の合ったチームは、そうでないチームを上回る結果を出す。そして成果は、仲間と分かち合うとき、より大きな喜びをもたらす。となれば、より多くの女性がトップになることで期待できる効果の一つは、リーダーが同僚や部下の幸福にもっと気を配るようになることではないだろうか。もちろん私の望みは、女性が未来永劫こうしたルールに従うことではない。ゆくゆくは臆せず自分を出せるようになりたいものだと思う。

だがそこまでの道のりは遠い。二〇一一年一一月にサンフランシスコという雑誌がシリコンバレーの女性起業家特集を組んだが、その冒頭には男性の体に女性の頭が載ったイラストが描かれていた。[*24] 成功する起業家と言えば、どうしてもスーツにネクタイか、でなければパーカーにジーンズでないといけないらしい。私たちの文化は、女性の成功の確固たるイメージを見つける必要がある。そのイメージは、第一に、男ではいけない。第二に、泣きわめく赤ちゃんを抱えて電話に取り付く白人女性でもいけない。実際、成功した女性と言えば「ブリーフケースを抱えた悪い母親」というイメージが定着している。ライターのジェシカ・バレンティはそういう写真を収集して「働くママとかわいそうなベビー」という辛辣なブログにまとめたほどだ。[*25]

最終目的地にたどり着くまでは、女性は成功したら好かれることをあきらめなければならないのかもしれない――私はそう危惧している。フェイスブックに加わることが決まったとき、一部のブログにひどいことを書かれた。私が手にライフルを構えているように加工した写真が掲載され、顔の上に「嘘つき」と赤い字で書かれた写真もあった。「二つの顔をもつ女」が「フェイスブックをぶち壊そうとしている」とも書き立てられた。私は泣き、幾晩も眠れない夜を過ごした。もう終わりだと思った。やがて、気にしてはいけないと自分に言い聞かせるようになった。周囲の人もみんな、あんなもの気にするなと言ってくれたけれど、それでかえってみんながあれを見ているのだとわかってますます気が滅入った。どうやって反論しようかと、とりとめもなく考えつづけた。そして結局、いちばんいいのは無視することだとわかった。無視する。そして自分の仕事をするしかないのだ、と。

ニュースサイト「ハフィントン・ポスト」の創設者として知られるアリアナ・ハフィントンも、女性は非難に耐えることを学ぶしかないと言う。駆け出しの頃、自分の意見を言えば必ず誰かを怒らせ、報復されることになるとアリアナは気づいた。だからといって、攻撃されても気にするなと女性に言うのは現実的ではないし、望ましくもないとアリアナは考えている。彼女のアドバイスは、こうだ。思い切り感情的に反応しなさい。攻撃されたり中傷されたりしたら、怒ってもいいし、泣いてもいい。それからできるだけ早く立ち直り、前を向くことだ。お手本にすべきは子供だという。たしかに、子供は泣いていたかと思うともう次の遊びに突進している。私にとって、これは的を射たアドバイスだった。他人が何を言おうと気にしない強さをもてたらいいなあとは思うが、経験からそれは無理だとわかっている。だから、動揺してもいい。取り乱してもいい。そして気持ちを切り替える。私にできるのは、それだけだ。

お互いに愚痴を言い合うのもいい方法である。自分一人が攻撃されたのではないとわかれば気も楽になる。「男はジョー・マッカーシーがいるおかげで、あそこまでやらない限り非情とは言われない。女に必要なのは、待つことね」とジョークにしてしまえばいい。パワフルな女性があたりまえになったら、そのときこそほんとうの変化が訪れるだろう。高い地位に就いた女性が嫌われるのは、ひどく数が少ないからである。もしトップの半分が女性になったら、そんなに大勢を嫌っているわけにはいかないだろう。

シャロン・ミアーズが『五〇対五〇を手に入れるには』を書こうと思い立ったのも、重大な転換点を目の当たりにしたからだった。一九九〇年代後半に、エイミー・グッドフレンドがゴールドマン・サックスで米国デリバティブ・チームの責任者に抜擢された（のちにエクイティ部門で初の女性パートナーに昇格している）。社内には激震が走り、怒ったベテラン男性社員四人が辞めてしまう。エイミーはつねに否定的に見られ、激しい批判にさらされた。シャロンがチームに加わるときには、男性の同僚にこう言われたという。「エイミーはいけすかない女だよ。ま、嘘つきではないけどね」。いざ一緒に働きはじめると、エイミーはすばらしいボスだったという。彼女の指揮下でデリバティブ・チームは生まれ変わった。一時期、エクイティ部門には女性のディレクターが五人いて、ディレクターの過半数を占めていたという。すると、女性の上司を拒絶したり陰口を叩いたりすることはぐっと減った。女性がリーダーになるのはあたりまえになり、二〇〇〇年になる頃には女性の上司につきまとっていた悪いイメージはすっかり消えた。だが残念なことに、ディレクターに昇進した女性たちはやがて辞めていき、過半数ではなくなってしまう。それと共に、女も男と同じように成功できるという確信も薄れてしまった。

みんなが女性のリーダーをもっと気持ちよく受け入れなければならない――当のリーダー自身も。フォーチュン誌の編集者であるパティ・セラーズは、一九九九年から毎年「最もパワフルな女性サミット」と称する会議を主宰してきた。私は二〇〇五年に初めてこの会議に呼ばれ、ラウンジで仲よしのダイアナ・ファレルとスー・デッカーとおしゃべりした。ダイアナはマッキンゼー・グローバル研究所の所長、スーはヤフーのＣＦＯである。このとき話題になったのは、会議の名称だった。私は会社のカレンダーにこの会議が書き込まれているのを見て仰天し、アシスタントのカミーユのところへ飛んで行ったものだ。そして、お願いだから「フォーチュン女性会議」とでもしておいて、と頼んだ。ダイアナとスーはこれを聞いて笑い出し、自分たちもまったく同じことをしたと言った。

あとでパティが、会議にこの名前を選んだ理由を説明してくれた。女性が自分のパワーつまり実力や影響力や権力を改めて認識し、この言葉に慣れてほしいと考えたからだという。私はまだ慣れられない。ほかの女性を「パワフル」とみなすことに何の抵抗もないし、パワフルな女性ほどすてきだと思う。だが自分がパワフルと呼ばれるのはいやだ。ちょうどビジネススクールで奨学金をもらったことを隠したときのように、頭のどこかから執拗な囁きが聞こえる。「成功しても見せびらかしてはいけない、それどころか人に知られてもだめだ。そんなことをしたら嫌われる」と。

フェイスブックに加わって半年後に、自分の実績評価のためにマークと面談した。そのときマークから、誰からも好かれようとするから思い切ったことができないのだ、と言われた。何かを変えようとするとき、全員を満足させることはできない。全員を満足させようとしたら、たいしたことは何もできない。たしかに、マークの言うとおりだった。

4

梯子ではなくジャングルジム

フェイスブックに移ってから一カ月ほどした頃、ローリー・ゴーラーから電話があった。イーベイの著名なマーケティング・ディレクターである。ローリーとは、パーティーか何かで顔を合わせたことはあるという程度の知り合いだった。だがローリーはのっけから仕事の話だと断り、単刀直入に言った。「フェイスブックで仕事をしたい。それで、初めはあなたに電話して、自分は何が得意で何をしたいか話そうと思った。でも、それは誰でもやっていること。だから、こう質問しようと思う。あなたがいま抱えている最大の問題は何かしら。そして私にはそれを解決できるかしら」

私は口をあんぐり開けた。過去一〇年のあいだに数千人を採用してきたが、最初の段階でこういう質問をされたことは一度もない。応募者は自分にふさわしい役割を見つけることが最優先で、自分のこんなスキルが役に立ちます、といったことをアピールするのがふつうだ。だがローリーはフェイスブックのニーズを最優先した。降参である。「最大の問題は、採用よ……そう、そしてあなたはこの問題を解決できると思う」

ローリーは、自分が人事を担当するとは夢にも思っていなかったという。それでも彼女は躊躇のかけらも見せなかったし、地位が下がることさえ厭わなかった。自分にとっては新しい分野なのだし、肩書きと引き換えに新しいスキルが身につくならそのほうがずっといい、という。ローリーは人材募集・採用ですばらしい手腕を発揮し、数カ月のうちにピープル@フェイスブックを統括するようになる。「いつかはマーケティングに戻りたいと思っている?」と最近訊いてみたら、人事のほうがより大きなちがいを生み出せると感じている、と答えてくれた。

英語では、出世はよく梯子に喩えられる。だがこれは、もはやほとんどの人に当てはまらない。二〇一〇年の時点で、平均的なアメリカ人は一八~四六歳の期間だけで一一の仕事を経験している。[*1] つまり、一つの企業なり組織なりに就職し、そこで一本の梯子を上っていく時代はとうの昔に過ぎ去ったのである。ローリーは、もっとよい喩えとしてパティ・セラーズの言葉をよく引く。それによれば、キャリアは梯子ではなくジャングルジムだ。

ローリーが言うとおり、梯子には広がりがない。上るか下りるか、とどまるか出て行くか、どちらかしかない。ジャングルジムにはもっと自由な回り道の余地がある。梯子の場合、上りは一本道だが、ジャングルジムならてっぺんに行く道筋はいくつもある。ジャングルジム・モデルは誰にとってもメリットがあるが、女性にとってはとくに好ましい。これなら、就職、転職は言うまでもなく、外的な要因で行く手を阻まれたときも、しばらく仕事を離れてから復帰するときも、さまざまな道を探すことができる。ときに下がったり、迂回したり、行き詰まったりしながら自分なりの道を進んで行けるなら、最終目的地に到達する確率は高まるにちがいない。それにジャングルジムなら、てっぺんにいる人だけでなく、大勢がすてきな眺望を手に入れられる。梯子だと、ほとんどの人は上の人のお尻しか見られないだろう。

私自身のキャリアもジャングルジム登りそのものだ。若い社員や学生から、どうやってキャリア・パスを設計したのかと質問されることがよくある。私が計画を立てたことはないと答えると、みんな驚き、次に安心するらしい。何も港を出る時点で針路を決めておかなくてもいいのだとわかって、不安がいくらか解消されるのだろう。今日のように労働市場が厳しく、とりあえず採用してくれる会社に行き、それが自分のやりたいこととうまく一致しますようにと祈るほかない状況では、キャリア・プランを立てなくてよいのは気が楽である。誰だって、心から夢中になれる仕事、一生懸命打ち込める仕事に就きたいと考えている。そういう仕事を見つけるには、的を絞りつつも柔軟でいるほうがいい。そのために私が奨めるのは、二つの目標を立てることである。一つは遠い夢、もう一つは一八カ月プランである。二つは同じ方向をめざしていることが大切だ。

私の場合、出発したときに、いまいるところにたどり着くとは思ってもみなかった。そもそもマーク・ザッカーバーグは、私が大学を卒業した年にたった七歳だったのだから。それに、テクノロジーとはあまり相性がよくなかった。学部生の頃、大学のコンピュータ・システムを一度だけ使ったことがある。家庭内暴力と社会経済の関係について卒論を書いていたとき、回帰分析をする必要に迫られたためだ。データはやたらに重くて大きい磁気テープに保存されており、それを箱に入れ、大汗をかきながらキャンパスを横切ってコンピュータ・センターに運び込んだ。そこは男子学生でごった返していた。私は一晩中テープを回してデータをインプットし、いよいよ最後の計算に取りかかろうとしたとき、いきなりシステムが全部ダウンした。嘘ではない。マークがハーバードのシステムをクラッシュさせたのは有名な話だが、じつはシステム破壊に関しては私のほうが先駆者なのである。

大学を卒業した時点では、自分が何をしたいのか、漠然とした考えしかもっていなかった。この点は父とは大違いである。父は一六歳のとき、バスケットボールの練習中にひどい腹痛に襲われた。父の母、つまり私の祖母（とてもよい祖母である）は、お腹が空いたからだと考えてたっぷり晩ご飯を食べさせた。すると腹痛はますますひどくなり、とうとう父は病院に担ぎ込まれる。そこで急性虫垂炎と診断された。しかし食事をとってしまったため、一二時間後でないと手術できないという。父は一晩苦しみ、翌朝手術を受けてけろりと治った。その日のうちに、父は医者になって苦しんでいる人を助けようと決意したのだった。

母も、人々を助けたいという父と共通する願いをもっている。母は一一歳のときに先生から公民権の大切さを教わり、世界にはまだまだそれが認められていないところがあることを知ると、さっそくブリキ缶を握りしめて近所を一軒一軒回り、公民権運動を支えましょうと訴えた。そのときからボランティア活動や人権擁護運動に熱心に取り組んでいる。私は幼い頃から、ソ連で迫害されているユダヤ人を救うために飛び回っている母の姿を見てきた。母と友人のマージェリー・サンフォードは政治犯の釈放を求める運動を呼びかけ、夜になると父も手伝っていた。世界中の人々を結びつけるこうした努力のおかげで、多くの命が救われている。

子供の頃から、両親には意味のある人生を送りなさいとよく言われた。夕食のテーブルでは、社会の不正義のことや世界をよりよいものにする試みのことがよく話題になった。子供の頃に何かになりたいと考えた記憶はないが、何をしたいかはよく考えた。荒唐無稽に聞こえるのはわかっている——でも私は世界を変えたいと思っていた。弟と妹はどちらも医者になったが、私は非営利団体か政府で働きたいとずっと考えていた。それが夢だった。仕事人生の節目ごとにプランを立てる必要があるとは思わないけれど、遠い夢、遠い目標をもつことは大切だと思う。

この遠い目標は現実的でなくてかまわないし、具体的でなくてもいい。ある分野で働きたいとか、世界中を旅行して回りたいとか。独立して事業を始めるというのもいいし、自由な時間をたっぷりと確保するというのもすてきだ。あるいは長く残るものを世に出す、何かの賞をとる、等々。目標によっては自ずと道のりが決まるものもある。たとえば最高裁判事を夢見る人なら、まずはロースクールに入ることを考えなければならない。だが漠然とした目標であっても、方向性は決まる。それは、一歩前へ踏み出すたしかな道標となるはずだ。

子供の頃の夢を心にあたためながら、私が大学を出て最初に就職したのは世界銀行だった。チーフエコノミストをしていたラリー・サマーズのリサーチ・アシスタントとして採用されたのである。世銀の使命は世界の貧困をなくすことである。最初の九カ月、私は一九番街とペンシルベニア通りの角にある世銀の図書館で、ラリーの論文や講演に必要な事実やデータの調査に費やした。その後にラリーは、インドの保健衛生関係の派遣団に私を加えてくれた。世銀が実際に何をしているか、現場で実地体験するためである。

インドで私が目にしたのは、それまでまったく知らなかった世界だった。チームはハンセン病撲滅のために働いていた。ハンセン病は、インドの貧しい過疎地ではしばしば見られる。患者の置かれた状況はきわめて劣悪で、発病すると住んでいた村から追い出され、診療所とは名ばかりの不衛生な施設の汚い床に放置される。事実やデータをいくら集めたところで、私にはこの現実はまったく想像もできていなかった。この人たちに救いの手を差し伸べる人々を私は深く尊敬する。あれは、世界で最も困難な仕事の一つだ。

ワシントンに戻ったあとはロースクールに入るつもりだったが、ラリーのオフィスでエコノミストとして働き生涯を貧困の研究に捧げているラント・プリチェットから、ビジネススクールに行ってはどうかと強く奨められた。結局私はハーバード・ビジネススクールで学ぶことにし、社会意識を保つためにひどく不人気な学内の非営利クラブにも入った。二年のときは、カシュ・ランガン教授の下でソーシャル・マーケティングの研究に没頭した。社会問題の解決にマーケティングを活用するにはどうしたらいいか、というテーマである。このとき取り上げた問題の一つは、臓器提供者の不足である。そのためにアメリカだけで毎日一八人の命が失われている。この問題はその後もずっと頭の隅にひっかかっていた。そして一七年後にフェイスブックで臓器提供意思登録に取り組み、そのためのツールを開発している。

ビジネススクールを卒業すると、ロサンゼルスのマッキンゼーでコンサルタントとして働きはじめたが、この仕事はまったく私に合っていなかった。一年で辞めてワシントンに戻り、財務副長官になっていたラリーの下で再び働くようになる。始めは特別補佐官だったが、ラリーが財務長官になると、首席補佐官になった。私の仕事は、財務省の業務とその一四〇億ドルの予算の円滑な運用に関してラリーを補佐することである。この仕事をしたおかげで、国家レベル、国際レベルでの経済政策立案に参加することができた。小さなプロジェクトを任されることもあった。たとえば感染症予防ワクチン開発促進計画の原案作りなどである。

財務省で四年を過ごすうちに、ハイテク・ブームの第一波が押し寄せてきた。そのインパクトは遠くワシントンにいても明らかで、ジーンズで職場に行けるようになったことは、そのほんの一例である。テクノロジーはコミュニケーション手段を様変わりさせ、アメリカだけでなく世界各地で人々の生活を変えた。これは私の遠い夢につながる、そういう直感が閃いた。クリントン政権が終わりを迎え、職を失った私はシリコンバレーに行こうと決心する。いま考えれば先見の明があったように見えるかもしれないが、二〇〇一年当時には、ひいき目に見てもかなり危ない選択だった。なにしろハイテク・バブルが崩壊し、ハイテク産業はまだ後遺症を引きずっていたからである。状況が状況なので、仕事が見つかるまで四カ月かかっても仕方がないと覚悟を決めた。もうすこし早く見つかるだろうと甘い考えも抱いていたが、実際には一年近くかかっている。

シリコンバレーでの職探しには、胸のときめく体験もあった。たとえばあこがれのイーベイのメグ・ホイットマンに会えたことはその一つである。が、落ち込む体験もあった。あるエグゼクティブとの面談では、始めから、あなたのような人を雇うつもりはまったくないと言われた。政府機関で働いた経験は、ハイテク産業では何の役にも立たないというのである。正直に話してくださってありがとうございますと言って席を蹴って出て行ったら、さぞかしクールだっただろう。だが残念ながら、私は全然クールではなかった。そしてしどろもどろにしゃべりつづけた。が、もちろんそのエグゼクティブは最初の言葉通り、私を考慮の対象にする気もなかった。

幸いなことに、ちがう意見の人もいた。エリック・シュミットには財務省時代に何度か会ったことがある。そこで、当時はほとんど無名だったグーグルのCEOに彼が就任した直後に会いに行った。そしてグーグルの創設者たちと数回におよぶ面談を重ねたのち、オファーをもらう。私の銀行預金は急速に減っており、お給料を払ってくれる会社に勤める必要があった——それも大急ぎで。そこで私は、じつにいやらしいMBAの流儀に従ってスプレッドシートを作り、可能性のある転職先を列に、選択基準となる項目を行に書き込んで、職務内容、責任、権限などを比較した。気持ちとしては、グーグルに行きたかった。世界に情報アクセスを提供するというグーグルのミッションに共感してもいた。だがスプレッドシートで比較すると、どうみてもグーグルは分が悪い。

私はエリックのところへ行って、率直にジレンマを打ち明けた。他社からは明確な目標をもつ現実のチームを任せるというオファーをもらっている。一方、グーグルは私を「ビジネスユニット・ゼネラル・マネジャー」第一号にしてくれるという。すばらしい響きだ。グーグルにはビジネスユニットが一つもなく、したがって私が実際に動かすべき何物も存在しないという暗澹たる事実を除いては。他のオファーに比べて地位が低いとか、そういう問題ではない。そもそも仕事があるのかどうかさえ、はっきりしないのである。

このときのエリックの答えは、これまで私が耳にした中でキャリアに関する最高のアドバイスだった。彼は私のスプレッドシートを手で隠すと、アホやな、と言った（これも最高のアドバイスの一部である）。そして、仕事を決めるときの基準は一つしかない、それは成長、それも急成長だ、と断言した。会社がハイペースで成長していれば、いまいる人間がこなせる以上の仕事がどんどん湧いてくる。反対に会社が伸び悩んだり横這いになっていたりしたら、仕事は減り、人間のほうが仕事より多くなる。そうなると社内の空気は淀み、ごますりや駆け引きが横行し、士気は低下する。「もしロケットの一席をオファーされたら、どの席かなんて訊かないだろ。すぐ乗り込むはずだ」。その瞬間に心は決まった。グーグルはちっぽけで海のものとも山のものともつかないが、しかしロケットなのだ。それに、共感できるミッションを帯びたロケットであることも私にとっては重要だった。

以来、私は数え切れないほどの人にエリックのアドバイスを受け売りし、仕事の比較をするならスプレッドシートの項目を一つに絞り込まなければならないと言いつづけている。それは、潜在性すなわち成長可能性である。もちろん、誰もがハイテク業界のような急成長中の産業で働くチャンスがあるわけではないし、それを希望するわけでもないだろう。だがどんな分野でも、他の仕事に比べて成長可能性の高い仕事が存在する。伝統ある成熟した産業では、いまいる会社の中に他部門より急激に伸びている部門やチームがあるはずだ。それが、ロケット席である。教師や医師のような仕事なら、その仕事に対する需要がとりわけ高いところがロケットに当たる。たとえば私の弟は小児外科医だが、広いアメリカには外科医がたくさんいる町とひどく足りない町がある。弟は足りないところを選んで行くようにしているので、歓迎されるし大きなちがいを生み出すことができる。

さて遠い夢をもつのと同時に、一八カ月プランを立てることも大切だ。一八カ月としたのは、二年では長すぎ一年では短すぎる感じがするからで、きっちり一八カ月でなければいけないということではない。私は一八カ月プランに二つの面から目標を設定することが多い。第一の目標は、こちらのほうが重要だが、仕事上の達成目標である。自分がリーダーを務めるチームが達成すべき目標を定める。明確な結果を出すことに集中した社員はすばらしい価値を生み出すものだ。自分の地位よりフェイスブックの人材採用に集中したローリーは、その好例である。チームを優先することは、女性に期待されているし賢明な選択でもあるが、実際にビジネス上のプラス効果も大きい。

第二の目標は自分のことである。次の一八カ月で新しいスキルの習得を目標にする。これは、そう簡単ではない。それでもあえて自分に「いま足りないのは何か」と訊ねる。何かをやるのをためらっているときは、だいたいはそれが不得意なのか、でなければ始めからできっこないと怖じ気づいているのである。グーグルで四年が過ぎる頃、会社の収入の半分以上を扱っていながら、自分が営業をしたことがないと気づいた。一度も、である。そこで勇気を振り絞り、営業・事業開発を担当していた上司のオミッド・コーデスタニに営業をやらせてほしいと頼んだ。オミッドは私に小さなチームを任せてくれた。ところが最初の商談で、すべてを台無しにしかねない失敗をしてしまう。相手先をよく知らないうちにこちらの条件を提示してしまったのだ。幸いにもチームには交渉の天才シェレシュ・ラオがいて事態を収拾し、私にイロハのイを教えてくれた。相手の裏の事情を知っておくことが、往々にして有利な条件に持ち込む決め手となるのだ、と。

誰にでも伸びしろがあり、改善の余地がある。たいていの人は仕事をするときに何かしらスタイルがあり、それは一つの方向に傾きがちだ。攻撃的すぎたり、控えめすぎたり、しゃべりすぎたり、無口すぎたり。私の失敗は、しゃべりすぎが原因だった。そしてそれは、私を知る人にとってはすこしも驚きではなかったらしい。自分の弱点を思い知らされた私は、コミュニケーション・コーチのモーリーン・テイラーのところへ飛んで行った。するとモーリーンから宿題を出された。一週間、発言を求められるまでは自分から意見を言ってはいけない、というのである。生まれてこのかた、あれほど長かった一週間はない。発言したいという衝動に駆られるたびに舌を噛んでいたら、一週間が終わる頃には舌がなくなっていたにちがいない。

弱点の大げさな修正を試みることは、ほどよい中間地点を見つける最高の方法である。私の場合、会議での発言を適切な量に抑えるためには、発言を極端に控えるのがどういうことかを体感する必要があった。逆に内気な人は、しゃべりすぎる体験をするといい。ふだんでも小さな声で話すある女性は、会議では「叫ぶ」ように言われてやっとふつうの音量で話せるようになった。生まれつきの傾向を直すのはとてもむずかしい。しゃべりすぎを直そうと努力していた数年のあいだ、「シェリル、今日の会議でもっと意見を言ってくれたらよかったのに」と言われたことはほんの数回しかない。そのうちの一回はオミッドだった。私は思わず彼を抱きしめてしまった。

グーグルはエリックの言ったとおり急成長を遂げた。私にチャンスをくれたエリック、そしてラリー・ペイジとセルゲイ・ブリンには、一生感謝しつづけるだろう。グーグルでの一八カ月プランは、結局六年半におよんだ。本物の天才たちと働いたあの六年半で、思いもかけないほど多くを学ぶことができた。だが何事にも潮時がある。とうとうジャングルジムのちがうルートに移るときが来た。

私はこう見えても家では秩序と整頓が大好きな人間である。書類はいまだにカラーフォルダーにファイルしているし、のべつクローゼットの大整理をするのでデーブのひんしゅくを買うほどだ。だが仕事では、不確実性を受け入れ、むしろ歓迎することを教えられてきた。私をグーグルに導いたのは、リスクテークと大量の幸運である。それがあまりにうまくいったのでもう一度リスクをとる決心をし、フェイスブックにたどり着いた。このときは他社からCEOのオファーももらっていたが、フェイスブックにはCOOとして入った。初めは、二三歳の若造のために「低い地位」でなぜ働くのかと質問する人もいたが、もういまでは、そんなことを言う人は一人もいない。グーグルに入ったときと同じように、私は肩書きより潜在性とミッションを優先したのである。

男女を問わず、地位や肩書きに固執するあまり、みすみすビッグチャンスを逃してしまう人が多いように思う。たとえば弁護士の友人は、四年間法律事務所で働いた末に、こんなところでパートナーになるより一般企業で営業やマーケティングの仕事をしたいと考えるようになっていた。クライアントの一人が彼女を雇うと言ってくれたが、平社員から始めるという条件である。一時的に給料が下がっても困らないだけの余裕があることを知っていたので、やってみたら、と私は強く奨めた。だが結局友人は断った。「四年間の蓄積」が無になるような仕事をどうしても受け入れられなかったのである。たしかに、努力して積み上げてきたものを失うのはつらい。それでも、次の三〇年のことを考えるなら、最初の四年間にこだわることに意味があるだろうか。別の道で満足や達成感が得られ、新しいスキルを学ぶ機会が与えられるなら、たとえ地位は下がっても、前へ進んだことになるのではないだろうか。

一般に、女性は仕事の選択でもっとリスクをとることを考えていいと思う。[*2] 私がグーグルからフェイスブックに移ったとき、一緒に移った人もいるが、チームに占める比率でいうと男性のほうが多かった。男性は始めから興味津々で、変動性の大きいハイテク産業には大きなチャンスがあると見ていた。リスクは大きいがそれを上回る見返りを手にできる可能性がある、と感じとっていたのである。チームにいた女性がフェイスブックで働きたいと言い出したのは、数年後に会社がもっと安定してからだった。だが安定は往々にして成長機会を狭めるものである。

言うまでもなく、リスクを避けることが望ましい時と場所はある。たとえば水死者は、年齢を問わず男性が圧倒的に多い。[*3] だがビジネスでは、リスク回避は停滞につながりかねない。企業の幹部職の人事を分析したある調査によると、新しいポストを示されても現在のポストの継続を希望する人は、女性が男性を大幅に上回る。また女性の管理職は、他社への転職より社内での異動を選ぶ傾向が強い。[*4] もちろんそれが悪いというのではないが、同じところに長くとどまっていると、ときに惰性や硬直性につながり、飛躍のチャンスを逃してしまうことがある。進んでさまざまな経験をするのは、リーダーになるためのよい準備となるだろう。

外的な要因のために女性が安全策をとり、現状維持を選ばざるを得ないことは、私にもよくわかる。伝統的な女性のステレオタイプからすれば、長年男が占めてきたポストに就くのはきわめてむずかしく、苦労が多い。また妻が夫の仕事の都合に合わせるケースのほうが、逆のケースよりはるかに多い。[*5] 引っ越しを伴うような転職は、家族のいる女性にとってはほとんど考慮の対象にもならないだろう。だがこうして一つの仕事に縛られていると、ますます他の選択肢がなくなるという悪循環に陥る。キャリア選択におけるリスク回避は、背伸びした仕事、能力を試されるような仕事に尻込みすることにもつながる。私の経験では、男性は挑戦的な仕事や注目度の高い仕事に進んで手を挙げる傾向があるのに対し、女性はどうしても気後れしてしまうようだ。ある調査によれば、個人の成績が重視されるような職場や女性と男性が間近に接しているような職場では、とりわけこうした傾向が強く表れるという。[*6]

女性が困難な仕事や新しい挑戦に二の足を踏みがちなのは、新しい仕事に必要な能力が自分に備わっているかどうかを心配しすぎるせいでもある。だがそれを心配して新しい挑戦を辞退していたら、いつまでたっても能力は身につかない。能力の多くは、仕事を通じて、身につくことを忘れてはいけない。ヒューレット・パッカードの社内調査によると、空きポストができたとき、女性は必要資格や条件を一〇〇％満たしていると確信しない限り応募しないという。これに対して男性は、六〇％程度満たしていれば堂々と応募してくる。[*7] このちがいがゆくゆくは大きな差になる。だから女性は、「自分はまだふさわしくない」と考えるのをやめ、「私はあれをやってみたい。きっとやりながら学んでいける」と考えるようにするほうがいい。

世銀で働きはじめた第一日目に、ラリー・サマーズからいくつかの計算を頼まれた。どうやったらいいかわからなかったので上司のラント・プリチェットに助けを求めると、「ああ、それは、ロータス123（表計算ソフト）を使えば簡単だ」という。そこで私は、ロータスを使ったことがないと白状しなければならなかった。「なんだって」ラントはたまげた。「それでよくこの仕事に就けたなあ。いや、そもそもロータスも知らないでどうやって経済学を理解できたのかふしぎだ」。その日は、もう絶対クビになると確信しながら家に帰ったものだ。翌日ラントに呼ばれたときには、心臓が破裂しそうになった。だが彼は私をクビにするどころか、ロータスの使い方を教えてくれた。ほんとうにすばらしいボスだった。

女性は、十分な実力や実績があるときでさえ、昇進を求めることに消極的である。これは、よい仕事をしていれば自ずと認められると考えたがるからだろう。[*8] ネゴシエーティング・ウィメンを設立したキャロル・フロリンガーとデボラ・コルブは、「よい仕事をしていればきっと誰かが気づいて冠をかぶせてくれると期待する」傾向を「ティアラ・シンドローム」と命名した。[*9] ティアラは、女性がかぶる小さな冠のことである。完璧な実力社会なら、ティアラは最もふさわしい人の頭に舞い降りてくるだろう。だがそういう例は一度として見たことがない。努力と成果は認められるべきではある。だがもし認められなかったら、認められるべく自分を主張しなければならない。すでに述べたように、悪感情をもたれないよう細心の注意を払う必要はある。だがとにかく、主張しなければならない。

リスクをとること、成長に賭けること、チャレンジすること、しかるべき昇進を要求すること（もちろんにこやかに）。これらはどれも、キャリア・マネジメントで重要な要素である。最後に私の好きな言葉を紹介しよう――「自分には力がないと考えたとき、人はもうあきらめている」。作家のアリス・ウォーカーの言葉である。

地位も、やりがいのある仕事も、待っているだけではやって来ない。ちょうど、ティアラが天から舞い降りてこないように。もっとも、ジャングルジムをよじ登っているときは、テイアラなんて邪魔なだけだが。

5

メンターになってくれませんか？

子供の頃好きだった絵本の一冊は、『ねえ、ぼくのおかあさん?』だった。鳥の赤ちゃんが殻を突き破ってこの世に出て来てみると、巣は空っぽ。そこで赤ちゃん鳥は、いなくなったおかあさんを探しに出かける。そして、子猫に、めんどりに、犬に、牛に大事な大事な質問をするのだ。「ねえ、ぼくのおかあさんでしょ?」。すると動物たちは答える。「ちがう、ちがう」。絶望に駆られた赤ちゃん鳥は、車に、船に、飛行機に、ついにはショベルカーにまで叫ぶ。「ねえ、ぼくのおかあさんでしょ?」。でも返ってくるのはシューッという荒々しい音だけ。ショベルカーにはさまれてしまった赤ちゃん鳥は、あわやというところで奇跡的にショベルのおかげで元の巣に戻される。おかあさん鳥は帰って来ていた。そして赤ちゃん鳥は誇らしく宣言する。「もうわかったよ、ぼくのおかあさんだ」

社会に出た多くの人がする質問「メンターになってくれませんか?」は、赤ちゃん鳥の質問と本質的に同じである。誰かがこの質問をしたら、返ってくる答えはたぶんノーだろう。正しいメンターと出会ったときには自ずとわかる。だから質問は質問にならず、赤ちゃん鳥と同じような宣言になる。「あなたがメンターだ」と。メンターになってくれる人を探し求めたり、メンターになるよう強要したりするのは、まずうまくいかない。それでも多くの女性は絶えずこれをしている。私の例で言えば、講演をしたり会議に出席したりすると、必ず大勢の女性が自己紹介し、異口同音に私にメンターになってほしいと言う。だが、男性から頼まれたことは一度もない（奥さんやガールフレンドのメンターになってほしいと頼まれたことはある）。

この質問は、その場の雰囲気を台無しにする。デートの最中に「ねえ、いま何を考えているの？」と訊ねるようなものだ。私の知っている女性役職者は、軒並みこの質問攻めに遭ったことがあり、その反応もみな同じだった。「知らない人からメンターになってほしいと頼まれても、どう答えたらいいのか、困ってしまう」というのである。若い聴衆と交流するのはうれしいことだが、この質問には当惑させられる。メディア界に君臨し、あらゆる世代に教えを授けてきたと言ってよいオプラ・ウィンフリーでさえ、メンターになってほしいと頼まれるのは気持ちのよいものではないと語っている。「私がメンターになるのは、誰かに目を留め、あの子が成長するのを見届けたいと思ったときだけ」

考えてみれば、メンター熱を引き起こしたのは私たち自身だとも言える。この一〇年というもの、女性のキャリア・セミナーといった催しではメンターやスポンサーが最大のテーマだったし、ブログ、新聞記事、調査報告といったものでもさかんに取り上げられた。若い女性の多くは、「出世の階段を上りたいならメンターとスポンサーの両方を見つける必要がある」と教えられてきたのである。ちなみにメンターはアドバイスをしてくれる人、スポンサーは影響力を行使して紹介や推薦をしてくれる人を意味する。[*1]

メンターを見つけることがどれほど重視されているかに私自身が気づいたのは、二〇一一年春のことである。このとき私はハーバード・ビジネススクールで講演し、その後に壇上で学長のニティン・ノーリアからインタビューを受けた。ノーリアの最初の質問はフェイスブックのことやマーク・ザッカーバーグと働くことについてだった。フェイスブックで働くのはとても楽しいと私は答えた――ただし「シェリル、ちょっとこれ、見てくれない？　年配の人がこれについてどう思うか知りたいんだ」と社員に訊かれるときは別として、と。それから、アラブの春をはじめとする時事問題を論じた。最後にノーリアは女性と仕事について質問した。あのとき、何であういうことを言う気になったのかはわからない、ともかく私は聴衆を見渡し、一呼吸置いてから、単刀直入に答えた。「現在の傾向が続くなら、いまから一五年後には、ここにいる女性の約三分の一がフルタイムで働いているでしょう。そしてそのほぼ全員が、いま隣に座っている男子学生の下で働くことになります」

重苦しい沈黙が大講堂を覆った。「いまの言葉がきつく聞こえたり、みなさんを驚かせたりしたとしたら、申し訳なく思います。でもこれが現実なのです。これを変えたいと思うなら、何かをしなければなりません」

この言葉がもたらした張りつめた空気の中でノーリアはインタビューを終わらせ、質疑応答に移ることを告げた。たくさんの男子学生がマイクのところへやって来て質問を発した。思慮深く大局的な質問が多かった。たとえば、「グーグルで学んだことのうちフェイスブックで役立っているのはどんなことか」「フェイスブックはプラットフォームを提供しているが、デベロッパーに対してどのように安定性を保証するのか」などである。それから女子学生が二人マイクの前に立った。一人目の質問は「ビジネススクールに入る前に働いていた会社と競合するような会社に勤めるのは問題ないでしょうか」というもの。二人目は「どうやってメンターを見つけたらいいですか」だった。私は落胆した。

男子学生の質問は事業経営にかかわるものだったのに対し、女子学生の質問はキャリア形成を問題としていた。前者は答えを求める質問だが、後者は許可あるいは助けを求めるものだった。そしてこのとき私は、メンターを探し求めるのは「王子様」を待つのと同じなのだと気づいた。「眠れる森の美女」のお話は誰でも知っているだろう。このおとぎ話は、ひたすら待っていればある日、白馬の王子様が現れて目を覚まさせ、幸福の国に連れて行ってくれる、そして二人はしあわせに暮らしましたとさ、めでたしめでたし、と女の子たちに語りかける。一方、現代の若い女性は、しかるべきメンターを見つけさえすれば、あとは出世の階段を押し上げてくれ、豪華な役員用オフィスへと導いてくれる、めでたしめでたし、というおとぎ話を聞かされているのである。ここでも女性は他者に依存することを教えられている。

いま問題にしているのは、メンターが重要か重要でないか、ということではない。もちろん重要である。メンターやスポンサーの存在は、仕事人生においてとても大切だ。スポンサーのいる人は、スポンサーのいない人に比べ、男女を問わずやや実力以上の地位を強気に要求し、堂々と報酬の交渉をする傾向が強い。[*2] 女性にとっては残念なことだが、男性のほうがメンターやスポンサーを容易に獲得できるし、その関係を長く維持している。[*3] 最近のある調査によると、スポンサーのいる男性は女性よりはるかに多く、また昇進のペースに関して満足度が高いという。[*4]

若い女性は、メンターやスポンサーを見つけにくいだけに、見つけようと躍起になりがちだ。たいていのことには積極的な行動を歓迎する私だが、ことメンターに関する限り、この熱心さはやや見当違いのように思えてならない。メンターがいくら大事だとはいえ、ほとんど初対面の人に「メンターになってくれませんか？」と頼んだところでおそらく無駄だろう。強い結びつきは、こつこつと積み重ねてきた人と人との本物の関係から生まれるのであって、それは両方が同時に感じとることが多い。

メンターとスポンサーに関して、私はほんとうに恵まれていた。本書の末尾の謝辞には、寛大にも助言や手本によって私を導いてくれた、たくさんの人のお名前を挙げてある。学部の三年生だったときに、ラリー・サマーズの公共経済学の講義をとった。このときラリーは卒論のテーマをアドバイスしてくれた。ハーバードでは、教授が学部生に自分から指導役を買って出るのは稀有《けう》なことである。以来、ラリーは私の人生の師でありつづけている。ワシントン・ポスト紙の会長を務めるドン・グラハムと知り合ったのは、もう一五年以上も前、ワシントンで働いていた頃だった。駆け出しの私は右も左もわからないまま困難な状況で奮闘していたが、それを助けてくれたのがドンだった。また、ペーリー・センター所長のパット・ミッチェルが勇気づけ支えてくれなかったら、女性と仕事について公の場で発言する勇気を出すことは永遠にできなかっただろう。ほかにも大勢の人が私を助けてくれたが、いま挙げた三人はとくに重要な場面で私を励まし、自らの手本でもって教え、そしてさまざまな人に私を紹介してくれた。過ちを犯すのを防いでくれたのも、無知ゆえに避け切れない障害物を乗り越えさせてくれたのも、三人の先達の深い人生の知恵である。

偉大なメンターに助けられた私自身も、メンターになることを試みた。初めは友人の友人といった人が相手だったが、やがて友人の子供が対象になってきている。エミリー・ホワイトの成長を見守るのは私にとって大きな喜びだ。エミリーは大学を卒業してすぐ私の下で働きはじめ、いまではフェイスブックのモバイル・パートナーシップを統括している。ブライアン・シュライアーに初めて会ったときは、ハイテク企業で働いた経験もなければ、外国に行ったこともない青年だった。だがリーダーシップと分析スキルに並々ならぬ才能の片鱗を示した。私はグーグルのグローバル・オペレーションの一員として採用し、彼は期待をはるかに上回る成果を挙げた。数年後にブライアンが投資家として新しいキャリアを踏み出す決心をしたとき、セコイア・キャピタルに紹介した。現在彼はセコイアのパートナーとなっており、新米ベンチャー・キャピタリストとしては十分すぎる成功を収めているし、彼がアドバイスした会社に大きな変化が表れるのを私自身も目にしている。エミリーやブライアンをはじめ、才能ある多くの若い人たちに人生で巡り会うことができたのは、とても幸運だった。

メンターが師匠だとすれば、さしずめ弟子に当たるのがメンティーである。さまざまな研究で、メンターは実績と将来性でメンティーを選ぶと指摘されている。[*5] 才能が抜きん出ている人や、自分がすこし後押ししたら大きな飛躍を遂げそうな人に投資したくなるのは、直感的にも頷けるだろう。メンティーがメンターの時間を賢く使い、フィードバックを真摯に受けとめる限り、メンターは投資しつづける。それが友情に発展することもあるが、基本的にはビジネス上の関係である。そう考えると、私たちは若い女性に誤ったメッセージを発信してきたと言わざるを得ない。「メンターを得れば群れから抜け出せる」というようなことを言うのは、もうやめなければいけない。話は逆だ。「群れから抜け出せばメンターが得られる」のである。

クララ・シーはその好例である。五年前に会議で初めて会ったとき、ソーシャルメディアに関する彼女の閃きに私はたちどころに惚れ込んだ。クララはこのテーマで洞察に富んだ本を書き、ヒアセイ・ソーシャルを創設した。同社は企業向けにソーシャルメディア管理プラットフォームを提供する。クララからはときおり連絡があるが、そのたびに興味深い問題を提起し、じつに思慮深い質問をしてくる。彼女からは、今後の展開を見守ってほしいと頼まれたことはないし、自分で答えを見つけられるような質問もされたことがない。二〇一二年にスターバックスの社外取締役を辞めるとき、私に代わるソーシャルメディアの専門家として数名の名前を挙げ、その中にクララを含めておいた。そして当時わずか二九歳だったにもかかわらず、社外取締役に登用されている。

初対面の人にメンターになってほしいと頼むのはめったにうまくいかないが、考え抜いたうえで的を射た質問を用意しておけば、チャンスがないわけではない。ギャレット・ニーマンには、スタンフォードで講演をしたあとに呼び止められた。彼は、カレッジスプリングという非営利団体を立ち上げたこと、これは困窮した学生に大学進学適性試験の指導と大学選びのカウンセリングを行う団体であることを説明し、ほんの数分だけ時間を割いてほしい、もしよかったらこの団体の拡大に力を貸してくれそうな人を紹介してほしい、と言った。彼はよく調べていて、教育に深い関心をもっている私ならノーとは言うまいと見抜いていたのである。この最初のときはもちろん、その後のやりとりでも、ギャレットは私の時間を一分たりとも無駄にしないよう配慮している。つねにてきぱきと要点だけを述べ、感謝の気持ちを忘れない。また、その後の経過を必ず報告してくる。

一瞬で注意を引いたり想像力をかき立てたりすることは、不可能ではないけれども、十分な準備と相手に照準を合わせたピンポイントの作戦が必要である。「フェイスブックの企業文化はどのようなものですか」といった目的のはっきりしない質問は、その企業への関心を示すどころか、自分の無知をさらけ出すだけだ。フェイスブックの企業文化については、すでにたくさんの記事が書かれているのだから。職探しをするときは、準備がとりわけ重要になる。財務省を辞めるとき、元首席補佐官のジョシュ・スタイナーがすばらしいアドバイスをくれた。仕事を紹介してくれそうな人を探したり、人事権をもっている人に会いに行ったりする前に、まず自分がいったい何をしたいのか、はっきり理解しておかなければいけない、というものである。こうすれば、一般的な話で時間を無駄にせずに、需要のある職種や空きポストについてすぐに話を始めることができる。

メンターとメンティーの関係は、見かけより持ちつ持たれつであることが多い。もともと両者が同じ会社で働いている場合には、とくにそう言える。メンティーの側がより直接的な支援を受けられる一方で、メンターの側にも、有用な情報をもらえる、より多くの献身を引き出せる、より達成感を味わえる、など少なからぬメリットがある。社会学者や心理学者によれば、人間にはよくしてもらったらお返しをしたいという深い願望があるという。恩を受けたら返礼する義務を感じることはほぼあらゆる社会で確認されており、これがさまざまな社会的関係を支えているのである。[*6] メンターとメンティーの関係も例外ではない。よい関係を築くことができれば、どちらにとっても、さらには組織全体にとっても、得られるものは多い。

CNNの著名ジャーナリスト、エリン・バーネットは、駆け出しの頃メンターをしてくれたベテラン特派員兼編集者のウィロー・ベイにいまも感謝を忘れない。ウィローは「マネーライン」という番組でアンカーを務めることになったものの、金融の経験があまりなかった。そこで、ゴールドマン・サックスで働いたことのあるエリンを理想的なアシスタントと見込んで引き抜いたのである。エリンの才能、意欲的な仕事ぶり、厳しい職業倫理はウィローに深い感銘を与えた。一方エリンも、経験豊富なジャーナリストの手腕と人柄に間近に触れることができた。この関係は両者ともに得るものが大きかったと言えるだろう。

ジャスティン・オソフスキーは、数年前フェイスブックで私の注意を引いた一人だ。ウォルト・ディズニーとの初めての役員級会議に備えて準備をしていたときのことである。準備チームには営業、事業開発、マーケティング部門から数名が参加し、各自さまざまなアイデアを出しはするものの、コーディネーターの役割を果たすメンバーがおらず、そのままでは印象散漫なプレゼンテーションになってしまう恐れがあった。このときジャスティンは自分の部門のアイデアを出すだけでなく、意見の取りまとめ役を買って出て、みごとなプレゼンテーションに仕上げたのである。以来私は彼のメンター役をしているが、実際には、たびたび難題をジャスティンに丸投げしている。これは会社全体にとってもプラスだし、ジャスティンにとっては、手腕を示すチャンスが豊富に与えられることを意味する。

卓越した才能や目を見張る成果を挙げて役員や上司の注意を引くのは王道だが、メンターを獲得する方法はそれだけではない。たとえば会議が終わったときやエレベーターホールで出くわしたときに、まだ若い社員が巧みにタイミングを捉えて多忙な役員からアドバイスをもらうのを何度も見かけたことがある。こうしたやりとりは挨拶抜きの短時間で行われる。

アドバイスをもらったメンティー候補は、感謝の気持ちを伝え、その後の経過を知らせることを通じてチャンスを膨らませ、引き続き支援を得られる可能性がある。こうしてその役員は、自分ではそうと気づいていない場合でも、若い社員のキャリアにかかわり、ある種の投資をしているのである。このような関係では「メンター」という言葉は口に出されることさえないかもしれない。だがメンターと呼ばれるかどうかよりも、現実の関係のほうがずっと重要である。

メンターという呼称自体にも解釈のちがいがあるようだ。グーグルにいた頃、非常に優秀な若い女性に数年にわたって注目し、彼女が重大な決定をする局面で折りに触れてアドバイスをした。「メンター」という言葉は使わなかったが、彼女の成長のためにたくさんの時間を費やしたつもりだった。だからある日彼女が、「私にはメンターはいなかったし、私を見守ってくれる人は誰もいなかった」とひどくあからさまに言ったとき、私はびっくりしてしまった。そこで、「あなたはメンターをどういう意味で使っているのかしら」と質問してみた。彼女曰く「少なくとも週に一時間は話し合いをする相手」だという。私はほほ笑み、そ、れ、は、メ、ン、タ、ー、ではなくセラピストだと思ったけれども、何も言わなかった。

手取り足取りメンティーを指導するほど時間のあるメンターはめったにいない。たいていは自分の厄介な仕事に忙殺されている。だから、メンティーがよく準備をして建設的な相談を持ちかけるなら、それはメンターにとって多忙な日々の愉快なひとときとなるだろう。逆に言えば、メンティーはメンターに不満をぶつけたり愚痴をこぼしたりするのは控えなければならない。自分の不満を正当化できれば気分的には楽になるかもしれないが、メンターになるような地位の人たちが最も得意とするのは問題解決である。だから解決すべき問題を投げかけるほうがずっといい。実力のある女性は、苦境に陥っていることを人に知られたくないばかりに助けを求められないことがあるようだが、困って途方に暮れるのは誰にでもある。私など、毎日がその連続だ。よい知恵を貸してほしいと言うのは弱音を吐くことではなくて、進む道を見つける第一歩となるだろう。

メンターやスポンサーの関係は、共通の利害をもつ者や上下関係にある者のあいだで成立することが多い。[*7] となれば、上の地位にある男性が自然に若い男性のメンターやスポンサーになるケースがどうしても多くなる。どんな業界でも幹部クラスは男性のほうが多いし、OBの人脈が張り巡らされているからだ。幹部クラスの女性がそもそも少ないのだから、若い女性がメンターを見つけようとするのは、男性が買って出てくれない限り、なかなかむずかしい。男性のリーダーがこの供給不足に気づいて自分のメンティーの多様化を図るよう、働きかける必要がある。

トップの男性が女性のメンターになったらすばらしいし、スポンサーになってくれたらもっといい。男性のリーダーがより平等な世界を真剣に望むなら、この問題に取り組み、解決に一役も二役も買うことができるだろう。優秀な女性のスポンサーになることが男性にとって名誉な仕事になるべきだと思う。ビジネスでは多様な視点が有益であることはすでにわかっているのだから、企業はこうした関係作りを奨励し、報奨を用意することが望ましい。

男性が女性のメンターやスポンサー役を務める場合には、言うまでもなく注意を要する微妙な問題が存在する。財務省にいた頃、ラリー・サマーズと南アフリカに出張したことがあった。私たちはラリーの続き部屋の応接室に陣取り、翌日行う財政政策に関する演説の準備に没頭した。時差ぼけのうえに時差をすっかり忘れていた私たちは、突然現地時間で午前三時になっていることに気づく。そんな時間にラリーの部屋から出て行くところを見られたら、とんでもないスキャンダルになりかねない。私たちはあわててどうすべきかを検討した。まずラリーが出て行って、廊下やエレベーターホールに誰かいないか下見すべきだろうか。そこで私たちははたと、深夜に誰かの部屋から出るところを見られないようにすることも、実際に深夜に誰かの部屋を出ることも、まずい点では同じだと気づく。そこで私は敢然と部屋を出た。そして幸運にも無人のホールに到達し、誰にも見られずに自分の部屋に戻ることができた。

地位の高い男性と地位の低い女性とは、他人からどう思われるだろうかと心配して、メンターやスポンサーの関係を避ける傾向にある。ワーク・ライフ政策センターとハーバード・ビジネスレビューの共同調査によると、部長以上の男性役職者の六四％は、自分より地位が低い女性と一対一になることを躊躇するという。また女性のほうも、高い地位の男性と親しく接することを避けるという結果が出ている。[*8] こうした遠慮と逃げ腰は、もう打ち止めにしなければならない。個人的なコネクションが指名や推薦や昇進につながることが多い以上、女性が男性と同じように役職者とインフォーマルなコンタクトをもっても、いちいち疑われないような環境をつくるべきである。男性役員が若手男性社員とバーにいたら、メンティーの相談に応じているのだと見られるだろう。同じ役員が若手女性社員とバーにいても、メンティーの相談に応じていることは大いにあり得るが、しかしデートをしているように見えてしまう。それがわかっているから、若い女性は用心し、結局は八方ふさがりに陥る。若い女性が男性のスポンサーとの関係構築に積極的に取り組んだら、職場のゴシップの標的になりかねない。だがスポンサーの後押しなしにトップをめざすのは、現実にはかなりむずかしい。男と女が話し合っているからといって、性的な関係を妄想すべきではない。男性と女性がメンターやスポンサーの関係を築く場合、双方がプロフェッショナルにふるまうなら、どちらも余計な心配をしなくて済むようにしなければならない。

ゴールドマン・サックスで一九九〇年代後半に経営委員会のパートナーを務めたボブ・ス

ティールは、この問題をなんとかしようと考え、すばらしい解決に到達した。自身が三人の娘をもつスティールは、社員研修を通じて「朝食または昼食オンリー」のルールを徹底させたのである。彼は、若い女性社員と二人でディナーに行くのは好ましくないと考えた。そこで男女平等を実現するために、男性社員、女性社員を問わず朝食か昼食しか共にしないことを決めたのだった。当時ゴールドマンにいたシャロン・メールスは、スティールの決定はいくらか論議を呼んだけれど、自分としては彼の公正な姿勢はすばらしいと思う、と話している。何事によらず、男と女に平等のチャンスを与えるのはじつに正しい。人によっては、「ディナーは御法度」ルールを作るかもしれないし、「男女を問わずディナーに応じる」ルールを選ぶかもしれない。いずれにせよ、男女どちらにも平等に適用されるルールを決めることが大切である。

最近では多くの企業で、個人が自発的に行う非公式なメンターから、よりフォーマルな公式のプログラムに移行するケースが増えている。表面的な制度ではなく真剣に取り組むなら、公式のメンターあるいはスポンサー・プログラムは大きな成果を挙げられるだろう。しっかりしたプログラムが用意されていれば、若い女性が「メンターになってくれませんか?」という言いにくい質問をする必要からも解放される。ある調査によると、公式プログラムでメンターと出会うことのできた女性は、自分でメンターを見つけなければならない場合に比べ、昇進するケースが五〇%も増えたという。[*9] こうした公式のプログラムで、女性にメンターをする必要性について男性を教育し、適切なふるまいに関するガイドラインを設けることができれば、なおよい。公式プログラムは、男性社員と若手女性社員とのメンター・モデルを標準化するすばらしい方法だと思う。

とはいえ、公式のメンター・プログラムだけでは不十分であり、能力開発や教育研修と組み合わせることが望ましい。デロイトの試みはそのお手本である。デロイトでは、幹部クラスの女性がまだまだ少ないため、女性社員を支援するプログラムをすでに用意していた。だがデロイト・タックスのCEOを務めるチェット・ウッドは、漫然と女性全員を対象にしても効果は乏しいと気づく。そこでリーダーシップ開発プログラムを二〇〇八年に発足させた。このプログラムの対象となるのは、税務部門で昇進間近の女性管理職である。対象となった女性にはスポンサーが指名され、エグゼクティブ・コーチングを受け、執行委員会のシャドーメンバーとなり、全社的な業務を見る役割を与えられる。おかげで一期生二一名のうち一八名が幹部への昇進を果たした。

公式のメンター・プログラムがいかに有効でも、どの会社でも用意されているわけではないし、場合によってはメンター役のなり手がいないときもある。だがうれしいことに、助言指導ができるのはなにも役員や幹部だけではない。どんなレベルの社員でも、アドバイスを与えることは可能だ。フェイスブックに移った頃の私にとって最大の難題は、自由な企業文化を損なうことなく必要な業務プロセスを確立することだった。フェイスブックでは俊敏な行動をモットーとしており、失敗を容認する文化が根付いていた。だから多くの社員は、私がそれをぶち壊しにするだけでなく、イノベーションの気運までしぼませてしまうのではないかと神経質になっていた。ここで私が親しくなったのが、ナオミ・グリートである。ナオミは大学を出てすぐフェイスブックに入社した揺籃期の社員の一人で、会社のことを深く理解していた。歳はもちろん私よりずっと若いが、勤続年数で言えば私の数年先輩ということになる。傍目には私がナオミのメンターのように見えただろうし、ナオミ自身もそう思っていたかもしれない。だがほんとうのところは、彼女が私のメンターだった。ナオミはやるべき改革の実行に手を貸してくれ、行きすぎにならないよう必要に応じて私を止め、事態の悪化を未然に防いでくれた。たとえ私にとって耳の痛いことでも、ナオミはつねに率直にほんとうのことを話してくれた。いや、今日も話してくれたばかりである。

同僚がメンターやスポンサーになることも十分に可能である。よく言われるとおり、どんな助言にもその人の背景が反映される。キャリアの同じステージにいる友人なら、より時代に即した有用なアドバイスをしてくれるだろう。実際、年配者の中には、二〇〇一年の時点でグーグルに入社することに反対した人もいた。これに対して同年代の友人は、ほぼ全員がシリコンバレーの可能性を理解していた。また同年代であれば最前線で奮闘している人が多いので、幹部職が気づかない問題を見抜いていることも少なくない。経営陣が引き起こしているような問題は、とくにそうだ。

マッキンゼーにアソシエイトとして入社した当時、私はシニア・エンゲージメント・マネジャー（SEM）と、二名の男性アソシエイト、エイブ・ウーとデレク・ホーリーで構成されるチームに所属していた。SEMは、エイブかデレクに話があるときはそれぞれのデスクのところへ行く。ところが私に用があるときは、座ったまま大声で「サンドバーグ！」と呼ぶ。小さな子供か、犬でも呼びつけるような威圧的な声で。そのたびに私は縮み上がった。そのことについてこちらからは何も言わなかったけれど、ある日エイブとデレクがお互いを「サンドバーグ！」と呼び合うようになった。それもSEMと同じように大声で、である。自分のことしか考えていないSEMは何も気づかない様子だった。エイブとデレクはこのゲームを続行し、あるときサンドバーグが多すぎて紛らわしいというので、区別することにした。エイブは「エイジアン・サンドバーグ」、デレクは「イケメン・サンドバーグ」、私は「サンドバーグ・サンドバーグ」である。彼らはおぞましい状況を一変させ、君には味方がいる、一人じゃない、と感じられるようにしてくれたのである。私のために立ち上がり、私を笑わせてくれた二人は、望み得る最高のメンターだった。

二度あることは三度あると言うべきか、このチームで携わったプロジェクトでは、こんなこともあった。クライアントのチーム・リーダーが私を息子の嫁にほしいと言い出したのである。しかもそれを事あるごとに、それも自分のチームがいるところで公言した。感謝の気持ちを表すつもりで言っているのだとわかってはいたが、プロフェッショナルとしての私の威厳は大いに傷つけられた。全員のいる前で私が息子と同じ年頃だと何度も暗に示すわけだから、クライアントが私を小娘扱いしたくなっても無理はない。クライアントの息子とデートなんて……。ある日私はなけなしの勇気を振り絞って、内々にお話ししたいことがあると伝え、そういうことは息子さんにお任せになったほうがよろしいのではないでしょうか、とやんわりと言った。彼は笑い飛ばし、相変わらず「息子の嫁に」と言いつづけた。

いい加減うんざりした私は、上司（例の「サンドバーグ！」と怒鳴るSEMである）のところへ行き、かくかくしかじかと事情を話した。彼は私の愚痴を注意深く聞き、最後に「そうしてほしいと誘うようなシグナルを自分から発しているのではないか」と言ったものである。なんともはや。こちらの落ち度だと言うのだ。私は思わず同僚（二人のサンドバーグ）にぶちまけた。彼らは激怒し、SEMの頭越しにシニア・パートナーのロバート・テイラーと話すべきだとけしかける。ロバートは、すぐに私の困惑を理解してくれた。そして、自分たちのように周りとちがう人間（彼はアフリカ系だった）は、折りに触れて自分を正しく扱う必要性を周囲に思い出させなければならないのだと言い、クライアントに直接私がノーと言わなかったことに感謝した。ロバートは自ら出向いて、ああしたふるまいをやめるようクライアントの理解を求めただけでなく、SEMにも無神経な対応を指摘し、話し合ってくれたのである。ロバートの庇護には、どれほど感謝してもし足りない。あのとき、おかあさんを見つけた赤ちゃん鳥の気持ちがしみじみとわかった。

6

本音のコミュニケーション

友人のベッツィ・コーエンが二人目の子供を妊娠したとき、上の子のサムはちょうど知りたがり屋の年齢だった。サムはお母さんのどこに赤ちゃんがいるのか、興味津々で質問を連発した。

「ママ、赤ちゃんの手はママの手の中にあるの？」

「いいえ、ママのおなかの中よ」

「じゃあ、赤ちゃんの足はママの足の中にあるの？」

「そうじゃないの、赤ちゃんはぜーんぶママのおなかの中にいるの」

「ええっ、赤ちゃんはまるごとママのおなかの中なの、それ、ほんとう？」

「ほんとよ、赤ちゃんはママのおなかの中で育つの」

「ふーん、じゃあ、ママのお尻の中では何が育っているのさ？」

この種の率直さは子供ではふつうのことだが、大人の口からはまず聞かれない。子供が大きくなるにつれて、私たちは礼儀正しくすること、自分の言葉に気をつけること、他人を傷つけないようにすることを教える。これ自体はもちろん悪いことではない。妊娠中に「クジラ」と呼ばれた身としては、大半の人が私を見ないふりをしてくれたことに感謝している。だが適切に話す術を学ぶうちに、私たちはほんとうのことを言えなくなっているようだ。

本音のコミュニケーションは必ずしも容易ではないが、家庭でよい関係を築くには欠かせないし、仕事の真の成果を挙げるにも必要なものである。にもかかわらず、多くの人が真実を口にすることをためらう。それは自分を守るためだったり、他人を傷つけないためだったりするのだが、こうした遠慮や用心がさまざまな問題を引き起こし、長引かせている。不快な問題には誰も手を触れず、不満は積もりに積もる一方なのに、問題の張本人がクビにならずに昇進したりする。こうした状況がいっこうに改善されないのは、ほんとうは何が起きているのかを誰も話そうとしないからだ。真実を言う勇気をもつのは、そう簡単ではない。

職場で真実を話すのは、とりわけむずかしい。どんな組織でも何らかの形でヒエラルキーが存在し、端的に言えば誰かの実績は別の誰かが評価することになっている。そうなると、評価される側としてはますます本音は言いにくい。いかにフラットな組織をめざしていても、この難題からは逃れられない。たとえばフェイスブックでは、階層をなくすべく努力している。広いオープンスペースに共用のデスクを置き、誰も専用のオフィスはもたないし、個別のブースもなければパーティションもない。毎週金曜日には全社でQ&Aタイムをもち、誰でもどんな質問でもどんな意見でも言うことができる。決定に不満な場合には、それをグループ全体に投稿する仕組みも用意している。それでも、ウチの社員はみな気軽に私やマークを批判できるとか同僚に意見できるなどと言うつもりはない。もしそう考えているとしたら、私は度し難い馬鹿か、でなければ自分に嘘をついていると言わざるを得ない。

権力と人間関係に関する心理学的研究によると、集団内で下位の人間は意見表明をためらうし、仮に表明しても留保条件を付けたり逃げ道を用意したりするという。[*1] 職場で直言することに多くの女性が不安を感じる理由の一部も、これで説明がつく。本音を言えば、チームの和を乱す女だとみなされるのではないか。文句ばかり言ういやな女だと思われるのではないか。建設的な批判のつもりで言ったことが、単なる愚痴ややっかみととられるのではないか。意見など言おうものなら悪目立ちし、総攻撃を喰うのではないか……。いつも私たちの内から囁くあのネガティブな声が、こうした不安を運んでくる。そう、女性がテーブルに着こうとしないのも、このためだった。

適切に言葉を選んで真実を伝えるとき、コミュニケーションは最も実り多いものとなる。不躾なほど剝き出しではなく、こまやかに気を配りながらも正直であるような、そういうスイートスポットを見つけることが大切だ。他人の気持ちを傷つけないようにほんとうのことを話すのは、人によってはごく自然にできるらしい。だがそれ以外の人は、そのスキルを習得しなければならない。私はまちがいなく後者であり、明らかに誰かの助けが必要だった。幸運にも、私はその誰かを見つけることができた。

夫のデーブは、ヤフーにいた頃、フレッド・コフマンによる幹部向け研修プログラムを受けたことがある。フレッドはマサチューセッツ工科大学（ＭＩＴ）の元教授で、『コンシャス・ビジネス』の著者でもある。じつはデーブは大の研修嫌いで、このときもヤフーの人事部は二日間の出席を強制しなければならなかった。そのデーブが、一日目に帰って来て「なかなかいい研修だった」と言ったのだから、驚いた。二日目に帰ってくると、さかんにフレッドの言葉を引用しはじめ、夫婦のコミュニケーションについて一席ぶつではないか。私はびっくり仰天し、この講師はただ者ではないと確信した。そこでさっそくフレッドに電話して自己紹介し、単刀直入にお願いした。「あなたがヤフーでどんなことをされたのかわかりませんが、ともかくもそれをぜひグーグルでもやってください」

フレッドはグーグルに来てくれ、チームを指導してくれた。これで、私のキャリアも人生も変わったのである。リーダーシップとマネジメントに関して、フレッドはこれまでに出会った中で最高にすばらしく最高に型破りな思想家である。この章で取り上げる考え方の多くはフレッドから教えられたものだ。それらはまた、よいリーダーシップとは「気づき(conscious)」のリーダーシップであるという彼の信念を反映したものでもある。

フレッドから教えられた大切なことの一つは、こうだ。私の見方(私の真実)があれば、相手の見方(相手の真実)がある。これを理解することこそが円滑なコミュニケーションの第一歩だ、ということである。唯一絶対の真実などまず存在しないのだから、自分だけが真実を話していると思い込んでいる人は、他人に黙れと言っているのと同じことになる。自分は自分の視点からだけものごとを見ているのだと気づけば、自分の見方を相手に無理強いすることはなくなるだろう。そして「私はこう思う」という形で、より建設的な意見表明ができるはずだ。たとえば、「あなたは私の提案を全然真剣に考えていませんね!」と「ここ四本のメールに返事がないので、当惑しています。私の提案はあなたにとってさほど重要でなかったのでしょうか」を比べてほしい。前者のような物言いをしたら、相手はすぐさま身構え「そんなことはない!」と反撃するにちがいない。だが後者を全否定するのはむずかしい。前者は反論を誘発するが、後者であれば話し合いを始めることができるだろう。私としては、すべてのコミュニケーションにこのような姿勢で臨みたい。いまのところはできていないが、挑戦しつづけるつもりだ。

相手の感情を慮《おもんぱか》ることが必要だといっても、真実を伝えるときにレトリックは無用である。オフィスでの会話は、オブラートにくるまれていたり、仮定や前提がごたごたとついていたりして、ポイントがぼやけるどころか、何を言いたいのかさっぱりわからないことがめずらしくない。他人を、とりわけ上司を怒らせるのを恐れるあまり、直截な表現を避けるからだ。「事業拡張戦略には賛成できません」と言えばいいものを、「新しい事業の発足を歓迎すべき理由がたくさんあることは承知しておりますし、経営チームは投資利益を十分に分析したうえで決断したものと信頼しております。ただ、この時点での新事業発足にマイナス面があることを私たちが十分に理解しているか、自信がもてません」などと言う。こんなふうに言われたら、相手の本音がどこにあるのか突き止めるのはむずかしい。

耳の痛い真実を伝えるときほど、長たらしい但し書きは不要である。短いほどよく伝わると心得よう。数年前、マーク・ザッカーバーグは中国語を学ぶ決心をした。そして会話の練習台として、社員の中からネイティブ・スピーカー数人を選んだ。マークの拙《つたな》い中国語の能力ではたいした会話はできそうもないと思われたが、どうしてどうして、練習相手になった社員たちは、社内の出来事を十分にマークに伝えることができたのである。たとえばある女性社員は、自分のマネジャーについてマークに何かを説明しようとした。マークには理解できなかったので、「もっと簡単に言ってくれない？」と頼んだ。彼女はそうしたが、それでもマークには通じない。「もっとやさしい言葉で」とマークは頼み、それが何度か繰り返されたあと、苛立った彼女は叫んだ。「私のマネジャーは悪いです！」。これも中国語で言われたのだが、今度はマークは完璧に理解した。これは極端な例にしても、みんながこんな具合に明快な言葉で話したら、仕事の能率は格段に向上するにちがいない。

聞く能力は、話す能力と同じぐらい大切である。私と弟妹は、ごく小さい頃から、口喧嘩をするたびに「お互いに相手の鏡になりなさい」と母に教えられた――いや、命じられた。つまり、反論する前に相手の言葉を繰り返し、理解したことを示さなければならない。たとえば、妹と私はある日ロリポップ（棒つきキャンディー）のことで喧嘩になった。「シェリルが最後のロリポップを食べちゃったの！」とミッシェルは泣き叫ぶ。「だって昨日ミッシェルはロリポップもらったでしょ！　私はもらわなかったわ」と私は怒鳴り返す。これがまさに「鏡」になるべき瞬間だ。母は私たち二人を向かい合わせに座らせる。そして私は、妹の気持ちを認めるまでは、ロリポップの分配が不公平だったという反論をしてはいけない。「ミッシェル、最後のロリポップを私が食べてしまったのでがっかりしたことはよくわかるわ。あなただって食べたかったんだものね」。これを言うのはたしかに苦痛だし、不面目でもある。だが相手の論点を繰り返すことで、彼我の意見の相違が明確になり、それが議論の出発点となる。誰だって自分の意見を聞いてもらいたいと思っている。そして、こちらがちゃんと聞いていることを示すだけで、誰もがよい聞き手になれるのである。母のやり方を、いまは自分の子供たちに応用している。子供たちは、かつて私がそうだったように、このやり方が嫌いだろう。でも、息子が妹にこう言っているのを聞くとうれしくなる。「モノポリーで負けちゃってくやしいのはよくわかるよ。でもボクのほうが大きいんだから、勝たなくっちゃならないんだ」。七歳にしては上出来である（ただしフレッドなら、「でも」以下は言わないでおきなさい、と注意するだろう。「でも」を付けると、前の発言を否定したことになりかねないからだ。たとえば「君のこと、すごく好きだよ、でも……」と言われたら、どうだろう）。

問題の存在に気づくことは、解決の第一歩である。自分の行動が他人にどう受け取られているかを知ることは、まず不可能だ。他人がどう思っているかを推測することは可能かもしれないが、直接聞くほうがずっと手っ取り早い。本音が聞ければ、大事にいたらないうちに自分の行動を修正できるだろう。それがわかっていても、人間はなかなかインプットを求めようとしないものである。数年前、ジャーナリストのトム・ブロコウからフェイスブックについて取材を受けた。トムはインタビューの名手で、いくつかの鋭い質問に私は答えに詰まって冷や汗をかいたものである。終了後に、どうすればもっと上手な受け答えができるか、アドバイスしてほしいとトムに言った。トムがこの質問に驚いた様子だったので、もう一度丁寧に頼んだ。すると彼は、この仕事を長くやってきたが、自分の意見を求められたのはあなたで二人目だと答えたのである。

広く意見を求める姿勢を最初に教えてくれたのは、財務長官のロバート・ルービンだった。私は一九九六年に財務省に入り、入って一週間目に内国歳入庁（ＩＲＳ）の改革に関する会議に出席した。この問題について何も知らなかった私は、部屋の後ろの隅に座った（テーブルに着くどころではない）。ところが会議が終わりに近づいた頃、ルービン長官が突然私に向かって「シェリル、君はどう思う？」と質問したのである。あまりのことにびっくり仰天して、私は石になってしまった。口を開いたものの、何も言うべきことが見つからない。この様子を見て取って、ルービン長官はなぜ私を指名したのか説明してくれた。「君は新人だから、私たちのやり方を十分理解していない。だからこそ、私たちが見落としているものに気づいたのではないか、と考えたのだ」。明らかに私は何も気づいていなかった。だがともかくルービン長官は、その場にいた全員に、文字通りどんな隅っこにいる人間からも意見を聞く価値があるのだという強力なメッセージを発信したのだった。

ルービン長官は、リーダーに盲従する危険、というより彼の場合には盲従される危険も十分理解していた。財務長官になる前、ルービンはゴールドマン・サックスの共同会長を務めていたが、就任一週間後に、ゴールドマンの金《きん》の買いポジションがひどく大きいことに気づいたという。そこで手近にいた社員に、どうしてこんなに大きなポジションをとったのかと質問した。するとその社員は目を丸くして、「会長がおっしゃったからです」と答えるではないか。「私が?」今度はルービンが驚いた。どうやら前日に彼が初めてトレーディング・フロアを視察した際に、「金《きん》はなかなかおもしろそうだな」と呟いたことが原因らしい。「新会長は金《きん》がお好きだ」という噂が広まり、新しいボスを喜ばせるためにトレーダーが数百万ドルを注ぎ込んだというわけである。

それから一〇年ほどのちに、私も「新会長は金《きん》がお好き」現象を経験することになる。フェイスブックに加わったとき、私はジレンマを抱えていた。業務を体系化して会社としての体裁を整えることが私に課された仕事だったが、フェイスブックの型破りな文化は維持したかった。それなら大方の企業で大流行のパワーポイントをやめたらどうだろうということで、私とのミーティングにはできるだけパワーポイントを使わないように、簡単なリストだけ用意すれば十分だ、と社員に伝えた。しかし誰も彼もがパワーポイントを使った懇切丁寧な説明をしたがる。二年間我慢した私はついに、日頃のルール嫌いにもかかわらず、「私とのミーティングではパワーポイントは禁止」というルールを決めた。

数週間後、グローバル・セールス・チームとの会議の準備をしていると、キルスティン・ネヴィル・マニングがやって来た。キルスティンはフェイスブックの有能な人事部長である。彼女によれば、ヨーロッパではみんなが私に腹を立てているという。「何ですって。私がヨーロッパ大陸をまるごと怒らせてしまうなんてことが、あり得るのかしら」。するとキルスティンは、クライアントとのミーティングをパワーポイントなしで進めるのはとてもむずかしい、だから、どうしてあんな馬鹿げたルールを決めたのか理由を説明してほしい、とみんなが怒っていると説明した。あのルールは私とのミーティングにだけ適用するつもりだったと弁解したが、後の祭りである。ゴールドマンのトレーディング・チームが「金《きん》＝善」と受けとめたように、フェイスブックの営業チームは「パワーポイント＝悪」と受けとめたのだった。結局営業チーム全員の前で、誤解を招くようなルールを決めたことを謝罪する羽目に陥った。このとき私は、もし何かばかばかしいアイデアに気づいたら、たとえそれを言い出したのがマークや私であっても、断固反対するか、でなければそんなものは無視してほしい、と付け加えた。

企業では、会議の場でも本音で話すのはむずかしいが、正直なフィードバックを伝えるのはもっとむずかしい。相手が部下でも、上司でも、同僚でも。ここで覚えておくとよいのは、フィードバックは真実と同じで、唯一絶対ではないことである。フィードバックとは、あくまで自分の観察や経験に基づく意見、あるいは自分が他人に対して抱く印象にほかならない。それは、ときに示唆に富むとしても、ときに不快なものである。そこで私たちは、進んで耳を傾けてくれる人にしかフィードバックをしない傾向がある。仮に私が何か好ましくない言動に気づき、こうしたほうがいいと相手に言ったときに相手が不快感を示したり怒り出しそうになったりしたら、すぐさまそれ以上言うのをやめるだろう。すると相手は、ほんとうに大事なことを聞かずじまいになる。これは、望ましくない。この点で模範的なのは、モリー・グラハムである。モリーは二〇〇八年にフェイスブックに入社して以来、コミュニケーション、人事、モバイルサービスと、さまざまな分野ですばらしい成果を挙げてきた。これほど多彩な仕事をこなせるのは、もちろん能力が高いからだが、それだけでなく、つねに学ぶ姿勢を貫いてきたからでもある。ある日、モリーと私は、揉めていたクライアントとのミーティングをうまく乗り切ることができた。クライアントが帰ってからモリーの手際のよさを誉めると、彼女は「ありがとうございます。でも、もっとこうすればよかった、という点をぜひ忘れないうちに指摘してください」と言ったのだった。

「どうすればもっとうまくできたでしょうか」「私が見落としていたことはありませんか」「これをしたほうがよかった、あるいは、これはしないほうがよかった、という点を指摘してください」——こうした質問から得られるメリットは大きい。ただし覚悟してほしい、真実は耳に痛い。自分からフィードバックを求めたときでさえ、相手の言葉を厳しすぎると感じることは多々ある。だがこの痛みは、おめでたい無知のままでいるデメリットを補ってあまりあることを肝に銘じよう。

助言を求めることは、関係作りにも役立つ。フェイスブックで結果を出すためには、何よりもまずマークとよい関係を構築することが大切だと私は考えた。そこでフェイスブックに移るとすぐ、週一回はフィードバックがほしい、あなたが気になったことを遠慮なく言ってほしい、と申し出た。マークはすぐさまオーケーしただけでなく、一方通行でなく両方で言い合おう、と言ってくれた。最初の数年間私たちはこの習慣を続け、毎週金曜日の午後には事の大小を問わず、気になったことを何でも話し合った。年月が経つにつれて、本音を言い合うことは私たちのあいだではごくあたりまえになり、いまでは週末を待たずにリアルタイムで何でも言えるようになっている。あらゆる人間関係において、これほどひんぱんにフィードバックが必要だとは思わない。「過ぎたるは及ばざるがごとし」という諺《ことわざ》もある。だが私たちの場合には、これが欠かせなかった。

真実を聞く姿勢は、自分の失敗に責任をとる姿勢でもある。このことは新人の頃にガツンと思い知らされた。財務省の首席補佐官として働きはじめてすぐ、私は各省庁のトップと直接仕事をするチャンスに恵まれる。ビジネス上の関係構築にはいいやり方と悪いやり方があるが、私が選んだのは悪いほうだった。最初に関税局長のレイ・ケリー（のちにニューヨーク市警察長官になった）に電話したのだが、こちらからの支援を申し出る前に財務長官からの要望を伝えたのである。これでは、私が要求し相手は聞くということになる。これは失敗だった。カチンと来たレイは、すぐさま立場をはっきりさせた。「(罵り言葉)、シェリル。私はラリー・サマーズお気に入りの(またもや罵り言葉)ご優秀な三一歳じゃないが、自分の仕事ぐらいちゃんとわかってるんだ。財務長官が何か頼みたいなら、(またもや罵り言葉)自分で電話しろと伝えてくれ!」ガチャンと電話は切れた。なんということだろう。仕事を始めて一週間で、重要な人物を怒らせてしまったのだ。

震えがおさまる頃には、ケリー局長が私にすばらしい教訓を与えてくれたことに気づいた。彼のこのうえなく有用な「フィードバック」は、けっして忘れられないような形で与えられたのである。そこで作戦を練り直し、他省庁の局長と対話を始めた。あなたの目標を達成するために私がお手伝いできることはありますか、と訊ねて回ったのである。すると誰もが以前より好意的に私を迎えてくれ、罵詈雑言もはるかに少なくなった。また「私にできることはありますか?」という姿勢で臨むようにしてからは、向こうも進んでお返しをしてくれるようになった。

社員には本音を言ってほしいと頼んでいるけれど、ほんとうに本音を聞き出すのはいまだに至難の業である。グーグルでチーム編成に着手した頃、私は内定を出す前に応募者全員と面談していた。チームが一〇〇人規模に拡大してからも、最終面接は私自身が行っていた。そしてある日直属の部下との会議の席上で、ふと、もう私の最終面接はやめようかしら、と言ってみたのである。そう言ったら、全員が、いやいやボスの意見はどうしても必要ですと言うにちがいないと確信しながら。ところが彼らは大歓迎するではないか。そして異口同音に、私が直接面談することがボトルネックとなり、応募者にとっては内定がなかなか出ない厄介な事態を招いていたのだと説明した。この私に対してチームの面々が遠慮して本音を言わなかったとは、思ってもいなかった。このことに私はひどくショックを受け、その後数時間もイライラしていた。ポーカーフェイスができるタイプではないので、周りにいた人たちはみな気づいたにちがいない。やがて、チームのメンバーが遠慮していたということは、「いつでも何でも言ってほしい」という私の言葉が十分に伝わっていない、あるいは本気で受け取られていないのだと理解した。この先もっと率直な意見表明を望むなら、そのことをはっきり伝える責任は私にある。そこでチームのところへ戻り、もう面接はしないことを改めて確認するとともに、みんなの意見をもっと早く、もっとひんぱんに伝えてほしいと話した。

本音のコミュニケーションを促すためには、自分の弱点をオープンに話すのも一つの方法である。一例を挙げるなら、私は問題が未解決のままだと我慢ができない性質《たち》で、ついつい担当者を急かしてしまう――ときにはどう見ても無理なほどに追い立てたりする。デービッド・フィッシャーとは、財務省、グーグル、フェイスブックとずっと一緒で一五年来の仲だが、彼はよく、私の声の調子を聞くだけで、大急ぎで仕事をやらないとヤバいとわかる、とジョークを飛ばす。そうしないとシェリルが出て来て自分でやってしまうからね、と。この欠点を私はおおっぴらに認め、頭を冷やす必要があるときは遠慮なく言ってほしい、と伝えている。欠点を自分から認めることで、私の短気に付き合ってほしいと許しを乞うと同時に、自分をジョークのネタにもしている。だから同僚なら、「シェリル、イライラしてチームを急き立てたら注意してくれと言っていただろ。いま、そうなってるよ」と言ってくれるだろう。でも私から何も言わなかったら、「シェリル、落ち着けよ。君のせいでみんな発狂寸前だ」なんて、誰も言ってくれないにちがいない。心の中ではそう思うだろうし、お互いに愚痴をこぼし合うかもしれない。でも私には言ってくれないだろう。

率直にほんとうのことを言ってもらったら、みんなの前で感謝することが大事だ。そうすれば、これからも言ってほしい、他の人たちもまねしてほしい、という強力なシグナルを送ることができる。あるときフェイスブックのエンジニア六〇名との会議の場で、私は今後拠点をグローバル展開したいこと、とくに現在ある地域への進出に興味があることを話した。そして、出席者のうちセキュリティ・チームのメンバーに意見を求めた。すると指名されないうちにチャド・グリーンが勢い込んで話しはじめ、その地域への進出はまったく好ましくないこと、私が完全にまちがっていることを全員の前で明らかにしてくれたのである。こんなふうに意見を言ってくれるのが私は大好きだ。それまでにはなかったことだけに、あの瞬間のことは忘れられない思い出となっている。私はチャドの率直な発言に感謝して会議を終え、すぐにこの話をフェイスブックに投稿して、みんなが彼を見習うようにと促した。マークもまったく同じ気持ちだったようである。四年前の夏にバーベキューをしたとき、一人のインターンがマークに向かって、公の場で話すスキルをもっと磨くべきだと言った。するとマークはみんなの前で礼を言ったうえで、このインターンを正社員に採用するように提案したのである。

言いにくいことを言うときには、ユーモアがすばらしい効果を発揮する。最近行われた調査では、有能なリーダーの形容として「ユーモアのセンス」が最もよく使われることが判明した。[*2] 私自身も、ユーモアのおかげで目的が達成された例を何度も目にしている。たとえばマーヌ・レビンがそうだ。マーヌはオバマ政権下のホワイトハウスで働いたあと、フェイスブックに加わってパブリック・ポリシーを担当している女性で、洗練された有能なプロフェッショナルである。入社して間もない頃、彼女は議会証言のための原稿を用意することになり、途中の部分を他部門の人間に書いてもらう必要が出てきた。その担当者は明らかにいやいやって来て、なんだかだと質問ばかりする。マーヌはすべてに適切に答えた。だがその後、待てど暮らせど原稿はできてこない。再びその担当者が現れてまた別の質問をしようとしたとき、マーヌはにこやかに笑いながら、彼に向かってきっぱりと言った。「私はどんな質問にも答えます。それは、請け合うわ。でもいま私がここで、そう、あなたの目の前で心臓発作を起こして倒れるのを防ぐ唯一の方法は、あなたがすぐにデスクに戻って原稿を書くことよ」。この言葉は魔法のように効いた。

グーグルで同僚だったアダム・フリードと私は、ある女性社員のことで手を焼いていた。私は何度も彼女と話し合い、反対のための反対をして代案を出さないならものごとは進まない、と諄々と説いた。そのたびに彼女は熱心に聞き、同意し、話してくれてありがとうと礼を言う。だが事態はいっこうによくならないどころか、悪くなった。アダムはまったくちがう方法をとった。彼はその女性をグーグル・カフェでのランチに誘い、おしゃべりし、それから彼女を見つめて冗談めかして質問した。「で、どうしてボクのこと嫌いなの?」。このとき、私が何度も撃退された壁にアダムは風穴を開けたのである。相手は、なぜそんな質問をするのかと訊き返した。ここぞとばかりアダムは説明した――相手が耳を傾けられるようなやり方で。

残念なことに、ユーモアのセンスは、いちばん必要なときに限って発揮できないきらいがある。感情的になってしまったら、冗談にまぎらすなどということは私にはとてもできない。グーグルに入って三カ月後に、じつに困った経験をしたことがある。私は入社当初エリック・シュミットの下で働いていたのだが、オミッド・コーデスタニの下に移ることになった。ところがその過程で、オミッドと私のあいだに重大な行き違いが発生してしまう。そこで、なぜ私が困惑しているのかを説明するためにオミッドのところへ行った。落ち着いて冷静に説明するつもりだったのに、話しはじめたとたんに涙が出てきた。新しい上司の前で泣くなんて、とんでもない。そう思って必死に涙をこらえようとしたが、かえって涙は噴き出してくる。だが私は幸運だった。オミッドは辛抱強く待ってくれ、「こんなことは誰にでもある。気にしなくていい」と言ってくれたのである。

調査によれば、ほとんどの女性が職場で泣くのは悪いことだと考えている。[*3] 私はけっして泣くことを奨めているわけではないし、職場で泣くのが「七つの習慣」として奨励できるとも考えていない。だがごく稀ではあるけれども、困り果て途方に暮れたとき、あるいは裏切られたと感じたときには、どうしても涙が湧き上がるのをこらえ切れない。あの頃より歳もとったし経験も積んだけれど、いまでもやはりそういうことはある。

フェイスブックで働くようになってほぼ一年が過ぎた頃、誰かが私について根も葉もないひどいことを言っているのを知った。それについてマークに話しはじめたとたん、必死の努力にもかかわらず、私は泣き出してしまった。マークは、あんなことは全部嘘なのだから誰も信じやしないと言ってから、「ハグしてほしい?」と訊ねた。ほしかった。あれは、私たちにとって新たなきっかけとなった瞬間だった。私はマークをより身近に感じられるようになった。後日私がこのことを公にしたのは、涙をこらえ切れなくなった経験のある人を楽にしてあげられるかもしれない、と考えたからだった。メディアでは「シェリル・サンドバーグはマーク・ザッカーバーグの肩を借りて泣いた」と報道されたが、それはちょっとちがう。実際に起きたのは、私が感情をあらわにしたのにマークが同情をもって応えてくれた、ということである。

感情を分かち合うことで、人間同士の関係は深くなる。私たちは、自分が興味をもっていることやいつも心にかけていることに取り組むときには、むくむくとやる気が出るものだ。同じように、いつも心にかけている人と一緒に仕事をするときには、モチベーションが一段と高まる。とはいえ他人のことをほんとうに気にかけ思いやるためには、まずはその人を理解しなければならない。どんなことが好きでどんなことが嫌いなのか、どんなふうに考え、感じるのか。感情は男女を問わず行動の原動力であり、どんな決定を下すときも感情の影響を受けずにはおれない。感情が果たす役割を認め、それを率直に話すことができれば、私たちはよりよい上司、よりよいパートナー、よりよい同僚になれるだろう。

とはいえ、若い頃はこのことをよくわかっていなかった。プロフェッショナルであるとは、つねに自分を律し、能率の権化に徹し、プライベートと仕事をきっちり分けることだと考えていた。グーグルに入って間もない頃、オミッドと週一回、一対一のミーティングをしていた。私はあらかじめ議題をタイプして用意し、オミッドのオフィスに入るなり本題に入った。自分はとても効率的で有能なつもりだったのである。だがある日、同僚のティム・アームストロング（のちにAOLのCEOになった）がそっと物陰に呼んでアドバイスをくれた。あまりビジネスライクにやらないで、オミッドともっと、こう、打ち解けて話す時間をとったらどうだい、と。ミーティングは二人きりでしていたのだから、誰がティムにそう言ったのかは明らかである。私はやり方を改め、本題に入る前にすこしおしゃべりをするようにした。いい勉強をしたと思う。ビジネスの場であっても、ビジネス一本槍のアプローチがつねにベストとは言えない。

こうして私は考え方を変え、いまでは自分というもののすべてを仕事に持ち込むのはけっして悪くないと考えるようになった。月曜から金曜までをプロフェッショナルとして過ごし、週末だけプライベートな自分に返るのが正しいあり方だとは、もう考えていない。自分をそんなふうに切り替えることは、もともと不可能なのだと思う。まして自己表現が容易になり、絶えずフェイスブックで近況をアップデートしたり、さらにひんぱんにツイートしたりするのがあたりまえになった今日では、なおのことだ。「冷徹なプロフェッショナル」の仮面をつけるより、自分の真実を語り、個人的な事情を正直に話し、感情は切り離せないものだと認めるほうが、総合的に見てメリットは大きいのではないだろうか。私自身の例をお話ししよう。一九九五年にビジネススクールを卒業した当時、ラリー・サマーズが財務省のポストをオファーしてくれた。私は職探し中で、その仕事はとても魅力的だった。ただ一つ問題は、ワシントンに行きたくなかったことである。当時の私は離婚協議中で、ワシントンはもうすぐ「元夫」になる人の家に近すぎた。私はラリーに電話して、お断りせざるを得ない、と苦渋の決断を伝えなければならなかった。当然ながらラリーは理由を聞きたがった。「コンサルティング会社に行きたいから」とでもと答えようかと思ったが、正直に話すことを決め、じつは離婚することになり、かつて暮らした家があり、つらい思い出の詰まったワシントンからできるだけ離れたいのだと打ち明けた。ワシントンは広いとラリーは言ったけれども、私には十分広いとは思えなかった。やがて一年が過ぎ、心の傷も癒えた頃、私は再びラリーに電話する。そして、まだチャンスはあるだろうかと訊ねたが、こんな質問ができたのも、最初にほんとうのことを言ったからだった。コンサルタントになりたいと言っていたら、ひどく移り気な人間だと思われたことだろう。プライベートな事情であっても、正直に打ち明けて理解を求めるのが結局はベストである。

人はよく、プロフェッショナルなら職場に家庭の事情は持ち出さないものだと言い、職場で家庭のことを話すのさえ恐れる。これでは、他人の事情を理解して助けてあげられるときでさえ、そうすべきではないと言わんばかりだ。また大半の女性は、子供のことを職場で話そうとしない。仕事と子供とどっちが大切なのか、と思われてしまうのを恐れるからだろう。だが仕事と家庭をきっちり分けることが鉄の掟になってほしくない。

たとえばアビー・エマニのケースを考えてほしい。アビーは義妹エイミー・シェファーの大学時代のルームメートで、いまはボストンの著名法律事務所のパートナーになっている。アビーには女の子の赤ちゃんがいるが、その子が七カ月のときにドラベ症候群（乳児期に発症する難治性てんかん）と診断されて以来、彼女にとって仕事とプライベートを分けることはもはや不可能になった。アビーによれば、同僚の大半は男性だが、自分が職場で思わず泣いてしまってもあたたかく見守ってくれ、「まるで自分の実の娘のように私に接し、慰めてくれる」という。はからずも感情を表したことで、同僚から支えてもらい、また就業時間の調整にも応じてもらえるようになったとアビーは話す。「事務所には、病気のお子さんを抱えて苦しんだ経験をもつ同僚が何人かいる。でも彼らは私のように家庭の事情を打ち明けようとはしなかった。私にはそれができなかったわけだけれど、かえってよかったのかもしれない」

とはいえ、すべての職場、すべての同僚がプライベートな事情を気持ちよく受け入れ、一緒になって心配してくれるとは限らない。だが、仕事とプライベートの境界が少なくともぼやける方向に進んではいるように思う。リーダーシップ研究の第一人者、たとえば『さあ、才能《じぶん》に目覚めよう』を書いたマーカス・バッキンガムのような人々が、旧来のリーダーシップの概念に疑義を提出している。彼らは、戦略的、分析的、実力主義といったさまざまな観点からリーダーの資質を決めるやり方はもう古い、むしろ真のリーダーシップは個性や人格に由来する、と主張する。そうした個性はストレートに表現されることもあれば、うまく表現されないこともあるが、リーダーは完璧をめざすよりも自分らしくあるべきだという。[*4] これは女性にとっては朗報である。というのも、働く女性はステレオタイプの「ビジネスマン」であろうとするあまり、職場では無理に感情を抑えようとしてきたからだ。そしてたぶん男性も同じようにしてきたのだろうから、これは男性にとっても朗報にちがいない。

スターバックスの社外取締役をしていた頃、自分らしいコミュニケーションの力を目の当たりにする機会があった。ハワード・シュルツは一九八七年から二〇〇〇年までCEOを務め、この間に同社はわずか数店舗のチェーンから世界に名を轟かす企業に急成長を遂げる。ハワードは二〇〇〇年にCEOから退くが、その後八年間に業績が落ち込んだのを受けて、二〇〇八年にCEOに復帰する。そして復帰直後にグローバル・マネジャー全員をニューオーリーンズに集めて会議を開いた。冒頭で会社が危機的状況にあることを認めたあと、ハワードは社員と家族の期待を裏切って申し訳ないと言って涙を流したのである。この会議を機にスターバックスは全社を挙げて危機に立ち向かい、みごと再生を果たす。そしてわずか三年後には過去最高の業績を挙げるにいたった。

いつの日か、職場で涙を流すのは悪いことでも弱さをさらけ出すことでもなくなり、単に真実の感情を素直に表しただけだと受け取られるようになるだろう。そのときには、従来はプロフェッショナルらしくないとされてきた感受性ゆたかなタイプの女性が、人間的なリーダーとして認められるようになるかもしれない。そしてこの変化は、後押しすることができる。私たちがいま真実を見つめ、声に出すことで。

7

辞めなければならないときまで辞めないで

数年前、フェイスブックの若い女性社員が、折り入ってご相談があると言ってきたことがある。会議室へ入ってドアを閉めるなり、彼女は仕事とプライベートの両立について質問を連発する。私は訊かれるままに答えていたが、矢継ぎ早の質問を不審に思って途中でやめ、逆に質問した。「赤ちゃんができたの？」答えはノーだった。だが、そうなる前に計画を立てておきたいのだという。そこで、そろそろ子供がほしいとパートナーと相談しているのかしら、と訊いてみた。すると彼女は、夫はいないしボーイフレンドもいないと答えたのである。

ずいぶん気の早い話だが、彼女の気持ちもわからなくはない。女の子はごく幼いうちから、バリバリ働くか、いいお母さんになるか、どちらかを選ばなければならないというメッセージを受け取っている。そして大学生になる頃には、はやくも仕事上の目標とプライベートの目標の両立はむずかしく、一方を追求すれば他方が犠牲になるだろうと考えはじめる。[*1]結婚か仕事かの選択を迫られたとき、女子学生は結婚を選ぶ確率が男子学生の二倍に達するという調査結果もある。[*2]しかもこの心配は、もっとずっと前から始まっている。ペギー・オレンスタインの『プリンセス願望には危険がいっぱい』には、五歳の女の子の話が紹介されている。その子には大好きな男の子がいるのだが、ある日動転した様子で家に帰ってくると、「あの子もあたしも宇宙飛行士になりたいの、困っちゃう」と言う。ママは意味がわからず、いったい何が問題なの、と訊ねた。「だって私たちが二人とも宇宙に行っちゃったら、誰がベビーの面倒をみるの?」なんと五歳にして、宇宙飛行の最大の障害は子育てなのだった。

前にもお話ししたとおり、私はあらかじめ計画を立てておくのが大好きである。どこへ行くときにも「やることリスト」付きの小さな手帳を持ち歩く——紙でできた手帳とインクの出るペンである(ハイテク業界では、これは石板と白墨を持ち歩くのに等しい)。だが家族絡みのことであまり前々から計画を立てるのは、むしろ将来の選択肢を狭めることになるだろう。そうしたケースはいやというほど目にしてきた。女性の多くは、仕事を辞めるという一大決心はしなくとも、家庭をもったときに備えて微調整をするとか、ささやかな犠牲を払うといった、小さな決断を何度も積み重ねていく。こうしてつねに控えめに遠慮がちになり、表舞台から引っ込んでしまう。職場を離れる前から、心は離れてしまっているのである。

ありがちなシナリオは、こうだ。意欲的で有能な女性がやり甲斐のある仕事に就いて熱心に働いている。ただし彼女は、いずれ子供をもとうと頭のどこかで考えている。そしてある日、この考えが心の中で重要な位置を占めるようになる。たとえば結婚相手と巡り会ったときが、そうだ。このまま働きつづけるのは大変だわ、と彼女は考える。そして将来生まれる子供に備えて仕事をすこし控えようと決心する。法律事務所に勤めている人だったら、パートナーへの昇格をめざすのをあきらめるだろう。学校の先生だったら、教務主任の昇進試験を見送るだろう。営業職にいたら小さな担当地域を選ぶだろうし、管理職になるのを辞退するだろう。当人は意識していなくても、新しいチャンスに手を挙げるのをやめてしまう。たとえ声がかかっても、ノーと言ったり、考えさせてくださいと言ったりする。そしてチャンスは誰か別の人のところへ行く。だが、仮にいまこの瞬間に妊娠したとしても、赤ちゃんが生まれるまでには九カ月あるのだ。しかも大方の女性は若い頃から出産と育児のことを思い描くので、心の中の助走期間は数年におよぶだろう。私を質問攻めにしたあの若い社員にいたっては、一〇年あるかもしれない。

そんな姿勢でやっているうちに、ほんとうに妊娠する頃には、仕事を控えなかった場合に比べ、彼女のキャリアはすっかりちがうものになっているだろう。仕事を控えるまで、彼女はトップセールスだったかもしれないし、任される仕事も将来性も報酬も同僚と対等だったかもしれない。だが母親になる何年も前から高い目標をめざさなくなっているので、同僚に後れをとるようになる。産休をとって職場復帰しても、実力を発揮できなかったり、やり甲斐のある仕事を与えられなかったり、評価が下がったりする可能性が高い。どうして自分より経験の乏しい人間（たいていは男である）の下で働かなければならないのか、と彼女は苛立つ。あるいは、前ほど新しいプロジェクトにわくわくしないし、昇進したいとも思わなくなる。この時点でたぶん仕事上の目標を下方修正することになるだろう。もうトップになれないのはわかりきっているのだから。そして家計が許すなら、仕事を辞めていく可能性が高い。

もっと仕事が好きで仕事に満足していれば、当然ながら辞める確率は低くなるにちがいない。[*3]だから皮肉なのは、いや皮肉以上に悲劇なのは、全力投球しないまま職場にとどまっていたせいで辞める決心にいたることである。そして誠意があるからこそ、以前ほど熱意をもてず達成感も得られなくなった仕事から離れようと考える。いざ子供が生まれたときの選択肢といえば、家にとどまってフルタイムのママになるか、前ほど魅力的でなくなった職場に戻るか、ということになってしまうのである。

『五〇対五〇を手に入れるには』の共著者ジョアンナ・ストローバーは、出産後に復帰する決心をしたのは、夢中になれる仕事に巡り会ったからだと明かす。「社会人になった頃、子供をほったらかし、家庭をないがしろにする女性重役の話をどっさり聞かされた。あるエグゼクティブの話は有名だった。彼女には女の子がいたのだけれど、大きくなったらクライアントになりたい、と言ったらしい。そうすればママの注意を独り占めにできるから、と。そういう話をあまりにひんぱんに耳にするので、上をめざす前にあきらめたくなるほどだった。でも五年後にほんとうに夢中になれる仕事を見つけた。だから産休を数週間とっただけで、もう職場に戻りたくなった。そういう女性役員はたくさんいる。彼女たちは私と同じように子供を愛しているし、私と同じように仕事も愛している」

出産後に仕事を辞める理由は、いくらでもあるものだ。家で子供を育てるのはすばらしいことだし、多くの場合に必要な選択肢でもある。親になった人の誰もが外で働きたいと思うわけではないし、それを要求されるべきでもない。それに、家庭の事情や子供の健康状態など、自分ではコントロールできない要因もたくさんある。さらに、多忙な職場や厳しい競争からもう解放されたいと考える人も大勢いるだろう。これらはきわめて個人的な事柄であり、それをどう決めようと他人が口を出す筋合いではない。男であれ女であれ、次の世代を育てることに人生を捧げるという決定を私は尊重するし、応援する。それはこのうえなく大切でやり甲斐のある仕事、そして喜びに満ちた仕事だ。

ここで私が言いたいのは、子育てのために仕事を辞めるのはその必要ができたとき、つまり子供が生まれたときだということである。その前ではない。まして何年も前ではない。実際に子供が生まれるまでの年月は、けっして後退《あとじさ》りする時期ではない。前に進むべき大切な時期である。

数年前、私はフェイスブックのある社員に重要な新しいプロジェクトを任せようと考えた。私の提案に、はじめ彼女は感激してお礼を言ったが、それから明らかにためらう様子を示す。そして、これ以上仕事を引き受けられるかどうか自信がないと言い出した。何か理由があるにちがいないと考えた私は、静かに切り出した。「あなたが躊躇しているのは、もしかして近いうちに子供を産もうと考えているからではないかしら?」数年早かったら、こんな質問は怖くてできなかっただろう。そもそも採用や職務分担を決定する際に、この人は出産するかどうかなどということは考慮に入れるべきでないとされている。職場でこの話題を持ち出したら、大方の労務専門弁護士は卒倒しかねない。だが有能な女性が理由を言わずに大きなチャンスをみすみす見送るのを何度も見てきた私は、この問題を正面から取り上げることに決めていた。ただし、「答えなくてもよい」と必ず留保条件を付けている。だがこれまでのところ、質問を投げかけられた女性は全員、話し合う機会を得たことに感謝してくれる。また、この質問をする理由はたった一つ、あなたが自分の選択肢を不必要に狭めているのではないかと懸念するからだ、ということもはっきりさせている。

フェイスブックでは二〇〇九年にプリティ・チョクシーを事業開発チームに採用した。内定通知を出すと、プリティはいくつか確認したいことがあるからとオフィスにやって来た。とくにプライベートとの両立や勤務時間のことを訊かれたわけではないが、彼女はちょうど平均的な出産年齢に該当する。そこでミーティングが終わって彼女が立ち上がったとき、私は一歩踏み込んでみることにした。「もしかするとあなたは近々子供を産みたいと計画していて、内定を辞退しようと考えているのではないかしら。よかったら、それについてお話ししませんか」。話す気がなければそのままドアへ向かうだろう。だがプリティは戻って来てまた座った。「ぜひお話しさせてください」。そこで私は言った。直感には反するかもしれないが、子供をもつ直前というのは、じつは新しい仕事を始めるのにまたとないよい時期なのだ、と。新しい仕事がおもしろくて得るものが多いとわかれば、出産後にわくわくして職場復帰できるだろう。もし、転職を考えるようないまの仕事にとどまるか、あるいは仕事からすっかり離れた状態で出産したら、もう犠牲を払ってまでやる価値があるようには思えなくなるかもしれない……。プリティはフェイスブックに入ることを決めた。働きはじめたときには妊娠しており、八カ月後に無事出産。四カ月の産休をとると、大好きな仕事に戻って来た。あとになってから、あのときあなたと話さなかったら、たぶん辞退していただろうと言ってくれた。

キャロライン・オコナーも、大方の女性と同じく、いずれは仕事か家庭のどちらかを選ばなければならないだろうと考えていた。その日は予想したより早くやって来た。スタンフォードのデザインスクールを卒業してすぐ起業のチャンスを摑むが、その時点で自分が妊娠していることに気づいたのである。その瞬間にキャロラインは、両立はとうてい無理だと感じた。だがこの仮定が正しいのか、一度分析してみようと決心する。「ちょうど制約条件の中でデザインをするときのように、自分のジレンマを眺めてみた」とオコナーは書いている。「有望なスタートアップを起業するのと同時に赤ちゃんを育てるのは絶対に両立不能だと考えるのをやめ、可能かどうかを確かめる問題として捉えることにした。そして、答えを見つけるために、自分が開発したツールを使ってみた」。オコナーは数十人の働くママからデータを集め、どんな条件ならうまくいくかを検討する。さらに、授乳のために夜中に何度も起こされて睡眠不足になるとどうなるか、フィールドワークも実行した。そして出した結論は、夫や友人のサポートを得られるチーム文化があれば両立は十分可能だ、というものである。オコナーはいまでは自分たちを「仕事も愛する両親」だと考えている。そのほうが「働く母親」よりずっとすてきだ。*4

人生にはさまざまな要因があるのだから、どんな状況であれ女性は両立をめざすべきだ、などとはすこしも考えていない。私にも、両立は無理と思った時期がある。あれは二〇〇六年の夏のことだ。リンクトインという小さなスタートアップがCEOを探していて、創業者のリード・ホフマンから声をかけられたのである。すばらしいチャンスだった。それにグーグルで五年間同じポストにいて、新しいことをやってみたい気持ちにもなっていた。だが、タイミングが微妙だった。当時私は三七歳で、二人目の子供がほしかったからである。リードにはほんとうのことを話した。とても残念だけれど、お断りしなければならない。妊娠と新しい仕事を両立できそうにはないから、と。リードは信じられないほど親切に理解を示してくれ、妊娠期間中は自分がフルタイムで働いて君をサポートするよ、とまで言ってくれた。でもそれでうまくいくとは思えなかった。

女性の中には、妊娠してもふだん通りに行動できる人もいる。それどころか、集中力が高まって仕事に邁進できるという人もいる。幼友達のエリーズ・シェックは妊娠時代を懐かしそうに振り返り、あんなに能率が上がったことはなかったと言う。弁護士としていつものとおり働いたあと、出産後に備えて家の大掃除をし、溜まっていた五年分の写真を整理したそうだ。だが私を含めて大半の女性にとって妊娠はつらい期間であり、通常通り働くことさえむずかしい。私はつわりがひどくて絶えず吐き気があり、トイレにかがみ込みながらメールを書こうとしたこともある。これではとても効率的なマルチタスク処理とは言えない。第一子の妊娠でさんざん苦労したので、二番目もそうなるとわかっていた。だから、リードのオファーを断らざるを得なかったのである。案の定、ほどなくつわりが始まって判断は正しかったとわかった。

すばらしいチャンスを逃してしまったことを惜しむ気持ちは強かったが、女の子を産んで七カ月後に、今度はマークから声がかかるという幸運に恵まれる。このときも、タイミングが理想的だったとは言えない。二人目の出産前にたくさんの人から脅されたとおり、二人の子供を育てるのは生易しいことではない。一人を育てるときの倍以上のめまぐるしさで、新しい仕事をしたいと思うどころか、一日一日を無事終えるだけで精一杯だった。それでもデーブも私も、理想のタイミングが来るまで待っていたらチャンスはみな逃げてしまうだろうとわかっていた。この種の決断がすべてそうであるように、仕事を再開することは最終的に自分で決めた。それでもフェイスブックに加わって最初の半年は、この選択は正しかったのだろうかと疑うときが何度かあった。だが一年が終わる頃には、はっきりとわかった――これは私のためにある仕事だと。

子供が生まれた瞬間に、親になった人の意識はがらりと変わる。女性は母親に、男性は父親になり、二人は両親になるのだ。カップルにとっての優先順位もがらりと変わる。子育ては最も実りの多い経験かもしれないが、じつに大変で失敗だらけの経験でもある。子供を育てる正しい方法というものがあれば誰でもそれを実行するだろうが、そんなものは存在しない。

両親になった二人にとってさしあたり最大の問題は、誰が子供の世話をするか、ということである。伝統的には、それは母親の役割だった。授乳一つとっても、それが合理的だし生物学的にも妥当な選択だったからである。だがいまでは搾乳器というものがあるので、かつての選択が絶対ではなくなっている。グーグルにいた頃、私は電話会議のあいだドアにカギをかけて搾乳していた。誰かに「何の音?」と訊かれると、「えっ、何か音がする?」と言ってごまかした。何かビービー音がすると言い張る人がいたら、「いまちょうど消防車が通ったからじゃないかしら」と言ったものである。自分では賢いつもりでいたが、よく考えれば電話会議の相手は同じビル内にいることも多いのだから、消防車など通っていないとわかっているはずだ。それに気づいたときは一人で赤面してしまった。

搾乳した母乳は保存できるので、生物学上の制約条件は大幅に緩和されたはずだが、それでも女性は子育ての大半を引き受けている。したがって、子供ができると女性の労働参加率は低下する。しかし男性はほとんど影響を受けない。[*5] アメリカでは、三歳以下の子供をもつ女性の就業率は五四%まで落ち込み、六〜一四歳の子供をもつ女性では七五%まで回復する。日本では、三歳以下の子供をもつ女性の就業率は三〇％、六〜一四歳の子供をもつ女性では六七％である。[*6]

最も仕事を辞める確率が高い女性は、所得水準が最も高いか低いかの両極端に集中している。つまり、高所得の男性と結婚した女性か、低所得の男性と結婚した女性である。アメリカの二〇〇六年の統計によると、夫の所得水準が中程度（二五〜七五パーセンタイル）の場合、子供をもつ女性の退職率は二〇％にとどまった。対照的に、所得水準が低い（下位二五パーセンタイル）場合には五二％が退職し、所得水準がきわめて高い（上位五パーセンタイル）場合には四〇％が退職している。[*7]家庭にとどまる理由が両者でまったく異なるのは明らかだ。所得が少ない男性と結婚した女性の場合、保育費をまかなえるだけの仕事を見つけるのが困難だという事情がある。しかも保育費は年々増える傾向にある。保育費は過去一〇年間で、子供のいる世帯の所得中央値の二倍のペースで上昇した。[*8]二人の子供（乳児と四歳児）を保育施設に預ける費用は、アメリカのどの州でも、年間家賃中央値を上回る。[*9]ヨーロッパではアメリカより育児施設が充実し、また補助金も潤沢だが、それでも保育費がかさむことに変わりはない。とりわけ、五歳以下の子供はそうである。[*10]

所得の多い男性と結婚した女性が仕事を辞める理由はさまざまだが、重要な要因の一つは夫の労働時間の長さである。子供のいる世帯で夫の労働時間が週五〇時間以上のケースと五〇時間未満のケースを比べると、前者では妻の退職率が四四％も高くなる。[11] しかもこうしたケースの多くで、妻はきわめて教育水準が高い。二〇〇七年にハーバード・ビジネススクールの卒業生を対象に行われた調査によると、二〇〇〇年代前半に卒業した男女の正社員就業率は、男性が九一％を下回ったことがないのに対し、女性は同八一％だった。また一九九〇年代前半の卒業生では、女性の正社員就業率はわずか四九％だった。[12] イェール大学の卒業生を対象に行われた調査では、二〇〇〇年に四〇代に達する男女では、仕事を続けている女性がわずか五六％にとどまったのに対し、男性は九〇％だった。[13] 教育水準の高い女性がこのように職場を去っていく状況が、女性リーダーが少ない大きな原因ではないかと考えられる。

親になったときの反応は人それぞれだが、世間の反応は画一的である。赤ちゃんが生まれたことをカップルが報告したら、誰もが「おめでとう！」と父親になった人に言うだろう。そして大多数の人が、「おめでとう、で、仕事はどうするの？」と母親になった人に言うはずだ。世間では、子育ては母親の仕事という認識がいまも一般的なのである。この見方は、かれこれ三〇年もほとんど変わっていない。プリンストン大学の一九七五年の卒業生を対象にした調査によると、仕事と家庭の両立を困難と予想した人は女性の五四％に達したが、男性は二六％だった。さらに二〇〇六年の卒業生を対象に同じ調査をしたところ、女性の六二％が困難を予想し、男性は三三％にとどまった。二つの調査のあいだには三〇年の年月が流れているにもかかわらず、両立を困難と考える女性はどちらも男性の倍に達している。しかも二〇〇六年でさえ、両立は困難と予想した男性の四六％は、妻が子育てのために仕事を辞めるだろうと答えている。一方、子育てのために夫が退職または転職するだろうと答えた女性は五％にすぎない。*14

辞めるか辞めないかは個人の選択ではあるが、実際には見かけほど自分で決めているのではないかもしれない。誰しも、社会の慣例、周囲からのプレッシャー、家族の期待といったものに左右されるからだ。とりわけ、仕事を辞めてもやっていけるだけの金銭的余裕のある場合には、女性はありとあらゆる方面から「辞めてもいい」どころか「辞めたほうがいい」と奨められる。

キャリアはマラソンだと想像してほしい。長い距離を苦労しながら走りつづけ、ようやく最後に努力が報われる。このマラソンのスタートラインに男性ランナーと女性ランナーがついたとする。どちらも同じだけ練習を積み、能力も甲乙つけがたい。二人はヨーイドンで走り出し、並走を続ける。沿道の観衆は、男性ランナーに「がんばれー」と声援を送りつづける。ところが女性ランナーには「そんなに無理するな」とか「もう十分。最後まで走らなくていいよ」と声をかけるのである。距離が伸びるほど、この声はうるさくなる。男性ランナーには相変わらず「いいぞ」「その調子」と声援が飛ぶのに、女性ランナーに対する声にはしだいに疑念や懸念が含まれるようになり、ときには敵意さえ混じるようになる。そして女性ランナーが喘ぎながらもなんとかゴールをめざそうとすると、見物人はこう叫ぶのだ――「どうして走りつづけるんだ、子供が家で待っているのに?」

一九九七年に、デビ・ヘメーターは食品・家庭用品大手のサラ・リー(現ヒルシャー・ブランズ)のエグゼクティブに昇格した。デビは、当時ペプシコのペプシコーラ北米部門CEOを務めていたブレンダ・バーンズに憧れており、いつかは自分も大企業を率いるようになりたいと考えていた。だから結婚してからも、仕事に全力投球していたのである。ところがそんなある日、出張先のホテルでUSAトゥデイ紙の大見出しが目に飛び込んでくる。「ペプシのCEO、仕事より家庭を選ぶ」。小見出しには「二二年勤続のベテラン、燃え尽きたか」とあった。その瞬間にデビは野心が急激にしぼむのを感じたという。あとになってこう話してくれた。「あの人にできないことを他の人にできるはずがないと思った。その後すぐにある銀行から魅力的なオファーがあったのだけれど、娘もまだ一歳だったし、とうてい無理だと思って断ってしまった。それから一〇年ほどして同じようなオファーがあり、今度は受けて、うまくいっている。でも私は一〇年を失った。あの記事の切り抜きはまだとってある――次の世代には同じ過ちを犯してほしくないから」

沿道の声を無視して走りつづければ、いちばんつらい中間地点を過ぎるあたりから女性ランナーは本領を発揮できるようになる。数年前、ニューヨークの投資銀行で働く女性と話したことがある。夫は公益事業の職員だった。彼女によれば、同期の女性はみな辞めてしまったが、自分の収入で家計を支えているので辞めるわけにはいかなかったという。一時期は辞めていった人たちがうらやましくて、自分もそうできたらどんなに楽だろうと悶々としたそうだ。それはちょうど子供がまだ小さくて手がかかるうえ、仕事でも次から次へと雑事に追われる時期だった。だが辞めるという選択肢はなかった。いまでは彼女は雑用が少なく影響力の大きな地位に就いており、当時を振り返って、大変だったけれど続けてきてよかったと話す。子供たちとは仲がいいが、もう大きくなって離れて住んでいるので、なおのこと仕事があってよかったという。

学者や評論家や政治家は（大半は男である）、育児は最も重要で最も価値のある仕事だとひんぱんに口にする。だが、仕事を離れた女性は大きなペナルティーを払わされることになる。アメリカでは、専門職の女性が出産後に何らかの形で仕事に復帰する率は七四％にすぎず、正社員としての復帰はわずか四〇％にとどまる。[*15] しかも復帰しても、給与水準は大幅に下がる。教育水準と労働時間を考慮して計算したところ、一年仕事を離れただけで、女性の平均年収は二〇％減少することがわかった。[*16] 二年または三年仕事を離れていた場合には、三〇％減少する。[*17] しかし二、三年というのは、女性が出産と育児で仕事を休む平均的な年数である。[*18] この「育児ペナルティー」は日本でも顕著に見受けられ、長い産休をとると、働く母親と父親の給与格差は大幅に拡大する。子供のいる女性が正社員として就労する場合、給与水準は同等の男性より約六一％も少ないのである。子供のいない女性の場合には、約二四％減にとどまっている。[*19] 社会が子育ての価値をほんとうに評価しているなら、企業も行政も、この重大な格差を減らす方法を見つけられるにちがいない。そして、仕事と家庭をうまく両立できるような環境がつくられていくと期待したい。硬直的な職務分担や勤務時間、有給の産休制度の未整備、途方もなく高い保育費……。どんなにがんばるつもりでいても、こうした障害物に突き当たってあきらめる例が多すぎる。

女性が犯しがちな判断ミスの一つは、自分の給料では保育費をカバーするのがやっとだという理由で早々に辞めてしまうことである。たしかに保育費はかさむし、一生懸命働いても全部保育費にもっていかれるのではむなしい思いもするだろう。だが保育費を考えるときに対比させるべきなのは、現在の報酬ではなく将来の報酬である。アンナ・フィーラーは、マーケティング部門で頭角を現しはじめた三二歳で出産した。本人曰く「さあこれから、というとき」である。アンナは、手取り額から保育費を払ったらほとんど残らないのではないかと懸念した。「はじめは、夫のほうが多く稼ぐなら、彼のキャリアに投資するほうが投資効果は高いように見えた」という。だがよくよく考えてみたら、すでに自分のキャリアに多大な投資をしているのだから、ここで辞めることが経済的に見て正しい判断とは思えないという結論に達する。そこでアンナは、「ままよ」とばかり突き進む決断を下した。そしてはやくも数年後には、給与は辞めようかと思った時点の数倍に達したのである。アンナもそうだが、育児にかかる費用は家族の将来のための投資だと考える女性が増えてきている。これは合理的な考え方だ。一般に給与は年とともに増えるものだし、地位が上がれば時間やスケジュールの融通も利くようになるのだから。

では、父親になったのを契機に男性が辞めようとしたらどうだろう。じつは社会は、女性がキャリア・マラソンから離脱しやすい以上に男性は離脱しにくいようにできている。母親になった女性が子供の世話を主に引き受けるのは自分だと考えるように、男性は今後の家計を支える責任は自分にあると考える。そして仕事で成功することに自らの存在意義を見出し、マラソンを最後まで走り切る以外に選択肢はないと思い込む。

子供を預けて仕事に復帰するのは、誰にとっても厳しい選択である。私自身もそうだが、この選択をした親は誰でも、それがどれほど心痛むことかを身に沁《し》みて知っているだろう。自分が夢中になれる仕事、やり甲斐のある実り多い仕事に打ち込むことだけが、その選択の正しさを自分に納得させてくれる。それからもう一つ、大事なことだが、選択をしたあとでも、両親は途中でいつでも方針転換することができる。

こうしたわけだから、選択の余地がある幸運な立場にいるなら、最後までその余地を残しておいてほしい。仕事を始めるときから出口を探さないでほしい。ブレーキに足を載せてはいけない、アクセルを踏もう。どうしても決断しなければならないときまで、アクセルを踏みつづけよう。全力疾走しつづけるからこそ、その日が来たときにきっと納得のいく決断を下せるはずだ。

8

パートナーをほんとうのパートナーに

母親になるのはまちがいなくすばらしい経験だが、出産自体は、私にとってはすばらしいとは言えない体験だった。九カ月ずっとひどい吐き気が続き、早く逃れたいと気は焦るのに、お腹の中の赤ちゃんはしごくのんびりしている。予定日が来ると、担当のドクターは陣痛促進剤を使うほうがよいと判断した。両親と妹のミッシェルが付き添ってくれ、夫のデーブもやって来た。アメリカでは、子育てには村人全員が力を貸さなければならないという言い伝えがある。だが私の場合には、赤ちゃんをこの世に送り出すためだけにも全員の力が必要だった。陣痛は始まったものの、どうがんばってもいっこうに産まれる気配がない。最初は何かと力づけてくれた妹たちも、さすがに飽きてしまったらしい。いきんでいる最中に私が呼んでいるのに、誰も気づかなかったことさえあった。みんな部屋の反対側にいて、おしゃべりしながらドクターに家族の写真などを見せていたのである。いまだにこのときのことは我が家のジョークのネタになっている――何ごとであれ長時間注意を維持するのはむずか しい、たとえ第一子の出産であってもね。

三時間半も奮闘した末にようやく誕生した息子は、なんと四三〇〇グラムもあった。しかも体重の半分が頭というじつに立派な赤ちゃんである。妹は小児科医として数百件の出産に立ち会った経験があるが、どうやら私のお産はこれまでに見た中で一、二を争う難産だったらしい。私を気遣ってか、妹はだいぶあとになるまでそのことを言わなかったけれど。でも、「健康な赤ちゃんですよ」と言われた瞬間に苦労は吹き飛んだ。しかも産み落としてすぐ、九カ月も私を苦しめ続けてきた吐き気は嘘のように消える。最悪の時は終わった、はずだった。

ところが翌朝、病院のベッドから下りて一歩踏み出した瞬間に、私は床に倒れてしまう。分娩室でがんばりすぎて腱を傷めたのだった。結局、一週間松葉杖のお世話になる羽目に陥った。立てないせいで母親としての最初の一週間はますます大変になったが、その反面、予想もしていなかったいいこともあった。生まれたばかりの赤ちゃんの世話がデーブの担当になったことである。夜中に赤ちゃんが泣くとデーブが起きて赤ちゃんを抱っこし、私のところへ連れて来る。私がおっぱいをあげると、デーブがおしめを替え、赤ちゃんをベッドに戻して寝かしつける、という具合に。ふつうなら、母になった女性はたちどころに育児の専門家になる。だが私の場合は、赤ちゃんが生後八日になった時点で、おしめの替え方をデーブから教わることになった。生まれる前からこうした事態に備えて計画を立てていたら、私たちは天才にちがいない。だがもちろん私たちは天才ではなかった。

　実際のところ、私たちはもっと計画を立てておくべきだった。妊娠六カ月になった頃、共働き夫婦について論文を書いている博士課程の学生が電話取材を申し込んで来た。彼女は「どうやってすべてをこなしているのですか？」という質問から始めた。「すべてなんて、こなしていないわ。まだ子供もいないし」と私は答え、現在妊娠中だと付け加えた。すると相手は、「数カ月後には赤ちゃんが生まれるでしょう、そうしたら、たとえばお子さんが保育園で熱を出したとき、誰が迎えに行くのですか？　誰が病気の子供の世話をするのですか、誰かに頼むとして、ご主人とあなたのどちらが手配するのですか？」といった質問を連発する。私は一問も答えることができず、取材が終わる頃には完全にパニックになっていた。デーブも自分もそういうこまかい点をまったく考えていなかったことに、ほとほと呆れ果てたのである。デーブが帰宅した瞬間に、私は叫んだ。「ねえ、私たちときたら、もうすぐ赤ちゃんが生まれるのに、何もそれについて話し合っていなかったわ」。デーブは私をまじまじと見た。「気はたしかかい。ボクたち、ずっと、そのことばかり話してたじゃないか」

　この見解の相違にはちゃんと理由がある。デーブと私は、赤ちゃんが生まれたらどんなかしらとか、こうしよう、ああしようとか、たしかにそのことばかり話していた。でも、すべては楽しい空想で、抽象的なことに終始していた。だから、私たちが赤ちゃんのことを始終話していたというのは、デーブの言うとおりほんとうだ。だが、現実的な話をしていなかったという点では、私が正しい。問題は、親になるのは初めてなので、いったいどんなことをあらかじめ決めておかなければならないのか、見当がつかないことだった。これからどんなことが待ち受けているのか、私たちはほとんど何もわかっていなかった。

そのうえ私たちは、子供が生まれれば生活ががらりと変わる、しかもその日は刻々と近づいていているという事実から目を逸らしていた。妊娠した時点では、デーブと私は同じ市内で働いてさえいなかった（妊娠した瞬間にはもちろん同じ場所にいた）。南北に長いカリフォルニア州で、デーブの勤務先は南、私は北である。彼はロサンゼルスでローンチ・メディアという会社を起業し、数年前にその会社をヤフーに売却した。ヤフーの本社はカリフォルニア北部だが、デーブのチームは引き続きロスに残ったため、彼の自宅もそこにあった。付き合いはじめて間もなく私たちはサンフランシスコのベイエリアに移り、デーブは月曜から木曜までロスで働き、飛行機でサンフランシスコに来て週末を一緒に過ごすことになった。このパターンは結婚後も続いた。

息子が生まれると、デーブは週に何度も飛行機で行き来するようになる。その余裕があったのはそれとして結構なことだが、しかし理想的な生活とは言い難かった。デーブはできるだけ私や赤ちゃんと一緒にいられるよう超人的な努力をしたけれども、やはり家にいないことが多い。結局子供の世話の大半は、家にいる私がやることになった。この分担はどうしても不公平だと感じられて、私たちの生活はぎくしゃくしはじめる。ナニー（住み込みのベビーシッター）を雇っても問題は解決しなかった。慣れない育児をする中で夫と感情を分かち合い経験を共にすることは、お金では買えないからである。出産直後の一時期が過ぎると、私たちは伝統的な男女の役割分担にすっかりはまり込んでしまった。

現代のアメリカでも、これは特別なことではない。過去三〇年間、女性を取り巻く環境は仕事の面では進歩したが、家庭についてはそうは言えない。アメリカで、ともにフルタイムで働く共稼ぎ夫婦を対象に最近行われた多くの調査では、母親は育児を父親より四〇％多く、家事は三〇％多くやっているとの結果が出ている。[*1] 二〇〇九年に行われた調査では、子供のいる共働き夫婦のうち、家事、育児、家計の負担をすべて均等にしていると答えたのは、全体のわずか九％にとどまった。[*2] また日本では、育児・家事ともに女性は男性の五倍こなしているという調査結果が出ている。[*3] 男性の家事参加が増えてきていることはたしかだが、その歩みはきわめてのろく、公平な分担にはほど遠い[*4]（とくに意外ではないかもしれないが、同性婚では家事などの分担ははるかに公平である）。[*5]

公共政策も、この傾向を助長している。アメリカの国勢調査局は、たとえ両親がともに在宅でも、「育児を主に担当する親」は母親としているのだ。[*6]つまり母親が育児をすれば、それは「親として」やることになるが、父親がすれば[*7]「育児を代行している」ことになる。日本の公共政策でも、子供の世話を主にするのは女性だとみなされている。[*8]私は少なからぬ男性が「今日はこれから家に帰って子守りをしなくちゃ」と言うのを聞いたことがある。だが女性が自分の子供の「子守りをする」なんて聞いたことがない。ある友人は、社員旅行でチームの結束を図る一環として参加者に趣味を質問したところ、なんと男性参加者の半数が「子育て」を趣味に挙げたという。絶句するしかない。ほとんどの母親にとって、子育ては趣味ではない。花を育てるのは趣味かもしれないけれど。

友人のミティック夫妻、ケイティとスコットは、このパターンをあっさり逆転させた。二人はどちらもシリコンバレーの起業家で、フルタイムで働いている。スコットから聞いた話だが、一年ほど前に東海岸に出張したところ、午前の会議が始まった瞬間に携帯電話が鳴った。「サンドイッチ、ニンジンのスティック、リンゴ一切れ、プレッツェル、クッキー」と電話に出たスコットが言うのを出席者は耳にした。電話を切ってからスコットはニヤッとして「子供の弁当に何を持たせるのか、かみさんから訊かれたんだ」と説明し、全員爆笑になったという。数カ月後、スコットは再び同じチームと東海岸に出張し会議に臨んだが、やはり同じ時間に電話があった。そして驚き呆れるメンバーを尻目に、スコットは辛抱強く「サンドイッチ、ニンジンのスティック、リンゴ一切れ、プレッツェル、クッキー」と説明したのだそうだ。

このエピソードは愉快でほほえましい。でも、電話で説明するのがケイティだったら、この話はすこしもほほえましくないだろう。大半のカップルにとって、それは単に現実である。家庭での役割分担に対する期待を二人がものの見事に裏切っているところにおかしみがある。じつはこのエピソードには続きがある。スコットがまた出張したとき、ケイティはついにお弁当を持たせること自体を忘れてしまった。昼近くになってそれに気づいたケイティは、ピザを学校のカフェテリアに配達させて問題を解決する。子供たちは大興奮だったが、スコットはぞっとした。いまでは出張前にお弁当を詰め、うっかり者の妻にメモを残すようにしている。

子供の好物は何か、ランチボックスには何を詰めるのが適切か、といったことはどんな親でも徐々に学んでいくのだろう。女性は母乳をあげるのだから赤ちゃんにとって最初のお弁当の作り手と言えるかもしれないし、だから自然に子育てに入っていけるのかもしれない。だが父親も知識と努力と経験で補える。女性がよい仕事をしたいと考え、男性がよい子育てをしたいと考えるなら、堂々と社会通念を覆せばよい。著名な女性活動家のグロリア・スタイネムがかつて言ったように「大事なのは生物学ではなくて意識」なのだから。[*9]
意識の力で生物学的特性を乗り越える例はほかにもある。たとえば、食糧が乏しい時代には体脂肪を溜め込むことが生き延びるために必須だった。だから人間は脂肪の豊富な食物を探し求め、見つかったらすぐさま食べていた。だがものがゆたかになった現代では、大量の燃料を体内に保存しておくにはおよばない。そこで私たちは長年の食習慣に逆らい、カロリーを摂りすぎないよう節制している。言ってみれば、意志の力で生物学に打ち克とうとしている。だから、「子供のことをいちばんよく知っているのは母親である」という通説が生物学に根ざしているとしても、それが絶対とは言えない。必要なのは、親が子供を大切に思う気持ち、それだけだ。もちろん、誰かがお弁当を作らなければいけない。でもケイティの例からもわかるように、それが母親でなくてもかまわない。
女性が職場でもっと力をもつ必要があるのと同じように、男性はもっと家庭で力を発揮しなければならない。多くの女性が、うかつな一言や不注意なふるまいで夫のやる気を削いでいるように思う。こと家事や育児となると、女性は口を出しすぎたり、厳しい要求をしすぎたりすることが多いのではないだろうか。社会学者はこれを「母親の管理者意識（maternal gatekeeping）」とか「家庭責任意識」と呼ぶ。これは要するに、「あらあら、そんなやり方じゃだめ！ ちょっとどいて、私がやるから」という行動に駆り立てる意識の総称である。[*10]

子供のことになると、父親は何かにつけて母親の様子をうかがうことが多い。だから母親の出方次第で父親は積極的に育児にかかわるようにもなれば、やる気をなくしてしまうことにもなる。母親の責任意識が強すぎて、父親に任せるのを渋ったり、やり方にけちをつけたりするようだと、だんだん家事や育児に参加しなくなってしまう。

夫の育児参加についてアドバイスを求められたとき、私はいつも「彼に任せなさい」と言う。彼が自分でやろうとする限り、どんなやり方でおしめを替えたって文句を言わないことだ。こちらから頼まなくても彼が夜中に起きておしめを替えようとしたら、にっこりほほえむこと。たとえ赤ちゃんの頭におしめをかぶせたとしても、である。そんな彼だって、何度もやるうちにはベストの方法に行き着くにちがいない。だがあなたのやり方を強制したら、結局はあなたがやらなければならなくなる。

パートナーをほんとうのパートナーにしたいなら、彼を対等に、つまり対等の能力をもつ人間として扱うことである。「そんなこと言われても」と思った読者は、次のことを覚えておいてほしい。ある調査によると、管理者然としてふるまう妻は、より協力的なアプローチをとる妻に比べ、週五時間もよけいに家事・育児を引き受けているのである。[*11]

女性が家事や育児の一部をパートナーに割り当てる提案をするときには、好ましくない力関係が発生しがちだから注意が必要である。分担をするのは正しい方向への第一歩だが、それはあくまで責任の分担だということを忘れないように。つまり各自は、その役割を全うする責任を引き受けなければならない。おしめを替えるにせよ、子供を保育園に連れて行くにせよ、それぞれがそのことに責任をもち、自分の仕事と心得ることだ。さもないと、自分の責任を果たすのではなくて、「やってあげる」という態度になりやすい。

彼の役割と決まったら、あとは彼のやり方に任せること。これは、言うは易く行うは難し、である。弟のデービッドと妻のエイミーは、初めての子供が生まれたとき、このむずかしさを身をもって知った。「うちの娘は、私に抱っこされると泣きやむことが多かった」とエイミーは話す。「彼には、おっぱいをあげるという究極の手段が使えないでしょ。その彼が必死にあやしているのに、全然泣きやまないのを聞いているのはつらい。でもデービッドは、泣いている赤ちゃんを私に渡すのは簡単だけれど、たとえ時間がかかってもボクにやらせなくちゃいけない、と言い張るの。そのときは大変だったけど、長い目で見ればよかったわ。パパだってママと同じようにできるってことが、しまいには赤ちゃんにもわかったのだから」

キャリアを左右するような最も重要な決断を一つ挙げろと言われたら、私なら結婚と答えるだろう。結婚すると決めること、そしてそれがどんな相手かということは、決定的に重要だ。トップの座にある女性で、パートナーの全面的なサポートを得られていない人を私は一人も知らない。一人も、である。世間では、出世する女はみな独身だと考えているようだが、実際には成功した女性リーダーの大半は結婚している。フォーチュン五〇〇社のうち二八社は女性がCEOを務めているが、二六人は既婚者である。一人は離婚しており、一度も結婚していないのは一人だけだ。[*12] これらのCEOの多くは、「夫が育児や家事を助けてくれなかったら、そして転勤にも快く応じてくれなかったら、とてもここまでは来られなかった」と語っている。[*13]

夫のサポートが得られないと、当然のことながらキャリア形成はうまくいかない。高度な教育を受け専門職に就いていた女性退職者を対象に二〇〇七年に行われた調査では、六〇%が夫絡みの理由で退職を決意したことがわかった。[*14] とくに夫が育児や家事に参加しないと、妻が仕事を減らすか辞めるかすべきだと考えていることが最大の原因に挙げられている。ハーバード・ビジネススクールのロザベス・モス・カンター教授は、ある会議の席上で、女性のキャリアアップに男性はどんな貢献ができるでしょうかと質問されて「洗濯」と答えたそうだが、その気持ちはよくわかる。[*15] 料理、洗濯、掃除、食料品の買い出しなどは毎日のようにしなければならない義務的な家事だが、一般にこれは女性が引き受けている。

二〇一二年の一月に、私はTEDで講演を聴いたというルース・チャンから手紙をもらった。チャンは医師で、小さな子供が二人いる。じつは講演を聴く前に五つの病院の医師七五名を監督するポストをオファーされたのだが、子供が小さいからこれ以上仕事を増やすのは無理だと反射的に考えていたという。それでも心は揺れていた。ちょうどそのとき、「あなたが〝テーブルに着きましょう〟と言うのを聞きました。その瞬間に、昇進を受けるべきだとわかったのです。その夜、夫にオファーを受けることにしたと話し、買い物リストを作って彼に渡しました」。家事の負担を分かち合うことで、局面は一気に開けるものである。

私の場合も、仕事と結婚は表裏一体の関係にある。最初の子供が生まれて一年が過ぎるあいだに、夫婦の勤務先が遠く離れた状態を続けるのはしあわせな家庭作りにマイナスでありこそすれ、けっしてプラスにはならないことがはっきりした。だがどうすればいいだろう。私はグーグルでの仕事が大好きだったし、彼はロスでの自分の仕事に夢中だった。私たちはさらに一年、理想にはほど遠いこの状態を続けた。そしてデーブがヤフーを辞める決心をする。彼はサンフランシスコ限定で次の職探しをした。ロスのほうがおもしろい仕事が多いし、築き上げた人脈もある。彼にとっては大きな犠牲を伴う選択だった。最終的にデーブはサーベイモンキーのCEOに就任し、本社をポートランドからベイエリアに移した。

同じ市内で働くようになっても、スケジュールのすり合わせは必要である。デーブと私はとてつもなく幸運で、すばらしい育児のプロを雇う余裕があったけれども、どちらがいつ家を離れなければならないか、その分を誰が埋め合わせるか、やはり苦渋の決断を下さなければばならない。週の初めには二人で手帳を突き合わせ、何曜日は誰が子供を連れて行き、誰が迎えに行くかを決めた。二人ともできるだけ夕食には帰宅するようにした（夕食のときには、テーブルを囲んでその日最高の出来事と最低の出来事を報告し合う。あえて言わなかったけれど、多くの場合、先に帰宅することは私にとって最高の出来事だった）。どちらかが出張のときは、もう一人はほぼ確実に家にいられるようスケジュールを調整した。週末には仕事のことは完全に忘れ、子供たちに集中するようにしている（とはいえ、サッカー場の洗面所からこそこそメールを送信したことを白状しなければならない）。

どんな結婚もそうであるように、私たちの結婚も未完成である。デーブと私は、いろいろな厄介事をおおむね半分ずつ負担している。さんざん議論し努力した末に、役割だけでなく、責任の分担においても対等のパートナーになってきたと思う。つまり、どちらも引き受けた仕事はきちんとやる責任を負っている。家事の分担そのものは、かなり伝統的な分け方になっている。デーブは請求書の支払い、財産の管理、大工仕事やハイテク関連などが担当だ。一方私は、子供たちのスケジュール管理、食料品の買い出し、お誕生日会の計画などを担当する。ときどき、こんな昔ながらの役割分担に縛られている自分に苛立つことはある。こんなパターンを続けていたら、永久にステレオタイプはなくならないのでは、と思ったりするわけだ。でもよく考えたら、子供たちのパーティーを計画するほうが保険の支払いをするよりずっと楽しい。デーブは私とまったく逆なので、この分担はうまくいっていると思う。危ういバランスを保つコツは、コミュニケーションをとること、嘘をつかないこと、寛大であることだ。ある一瞬だけを取り出したら、私たちはけっして「半々」にはなっていないだろう。そもそも完全に対等な分担は、決めるのも維持するのもむずかしい。だから私たちは、二人のあいだで振り子が振れたり戻ったりすることでよしとしている。

この先は、バランスをとるのがもっとむずかしくなるのかもしれない。いまはまだ子供たちは小さくて早く寝てしまうから、夜に仕事をする時間がたっぷりあるし、デーブから「まったくくだらない」と言われるテレビ番組を見る時間だってある。子供たちが大きくなったら、また考えなければならないだろう。大方の友人は、ティーンエイジャーの子供にはもっと親が注意を払わなければならないという。どのライフステージにも固有のむずかしさがあるにちがいない。幸いにもデーブは「子供は母親にお任せ」というタイプではなく、一緒に考えてくれる。私がテレビを見ると馬鹿にするのはちょっと癪だが、それでもデーブほどすばらしいパートナーはいない。

デーブのようにほんとうの意味でのパートナーになる男性はまだめずらしい。そもそも私たちは、女性が育児をすることは期待しても、同じ期待を男性に対しては抱かない。弟のデービッドの話によれば、最初の子供が生まれたとき自分はサッカーをしていたと自慢する同僚がいるのだそうだ。デービッドの名誉のために付け加えると、その発言に同調せず、そんなの全然カッコよくもないし男らしくもないね、と反論したという。こういう意見をもっと大きな声で、繰り返し言うことが必要だろう。サッカー場で、仕事場で、そして家庭でも。

弟には、父という立派なお手本がいた。父は子育てに熱心で協力的な人だった。父の世代の大方の男性と同じく、家事はほとんどしなかったけれど、大方の男性とは異なり、おしめを替えることや子供をお風呂に入れることは進んでやっていた。父は眼科医だったので、出張はなく、急患もほとんどなかったから、毎日夕食を一緒に食べた。弟と妹が入っているスポーツチームのコーチも買って出ていた（私にもうすこし運動能力があったら、喜んで私にもコーチしてくれたにちがいない）。宿題も頼めば見てくれたし、私が弁論大会に出たときは、熱心な聴衆として来てくれた。

両親が子育てにかかわると子供に多大な好影響があることは、世界各国の調査で明らかになっている。過去四〇年間に行われたさまざまな調査により、父親が積極的に育児参加した子供は、そうでなかった子供に比べて精神的充足感が高く、認知能力もゆたかであることが繰り返し確認されている。[*16] 父親がごくあたりまえの世話をするだけでもちがいは顕著に表れ、成長した子供の教育水準と経済的水準はともに上昇する一方で、非行に走る率は下がる。[*17] また、思いやりがあり社会的適性を身につけた子供に育つ傾向があるという。[*18] 社会的・

経済的な状況を問わず、また母親の育児参加が多いか少ないかにも無関係に、こうした調査結果が出ている。

私たちは、男性がもっと家庭のことに積極的に参加するよう促す必要がある。残念ながらアメリカでは、伝統的な役割分担が個々の家庭だけでなく、雇用方針によっても強化されている。その点、フェイスブックは立派で、私がここに来たときにはすでに男女どちらも同じ日数だけ産前・産後休暇（産休）をとれるようになっていた。だがアメリカ企業の大半では、女性の産休の日数が男性より多く設定されている。それに男性が家庭の事情で長期休暇をとるケースはきわめて少ない。[*19] アメリカでは、新生児の育児に何らかの措置を用意している州は五州にとどまる。このこと自体、重大な問題だが、さらにこの五州のうち三州ではこの制度の恩典に与《あずか》れるのは女性だけで、それも妊娠に伴う障害給付金という位置づけである。残り二州だけが、有給の育児休暇を父親もとれるようになっている。[*20] 一般に、父親は子供が生まれてもあまり休暇をとらない。雇用労働者の父親を対象に行われたある調査では、妻の出産時にとる休暇の大半は一週間未満である。これでは対等の育児参加を始めるのに十分な時間とは言えない。[*21] 一方、ＥＵ加盟国の大半では、両親のどちらにも産休が法制化されている。ただし過半数の国で、母親に認められた日数は父親を大幅に上回る。[*22] 日本では、母親には一四週間（産前六週間、産後八週間）の有給の産休が与えられる。父親への産休は法制化されていないが、両親はどちらも子供が一歳になるまで育児休暇をとることができる。ただし、男性が育児休暇をとる率はきわめて低く、二〇一一年に民間企業で育児休暇を取得した男性はわずか二・六三％にとどまった。公務員ではこの率はさらに低く、一・八〇％にすぎない。[*23]

だが、父親のための休暇や就業時間短縮など家庭にやさしい制度が用意されれば万事解決するかと言えば、そうではない。これを利用したら仕事への熱意が足りないと思われるのではないか、と男も女も心配する。そしてこれは、根拠のない不安ではない。こうした恩典を利用した社員は、手ひどいしっぺ返しを喰う——給与を大幅にカットされる、昇進のチャンスを失う、左遷される、等々だ。[*24] 家庭優先だとみなされれば、男も女も仕事で不利益を被るが、男のほうが払う代償は大きい。[*25] 男性は病気の子供を看病するために休暇をとるか、早退するだけで不利になる。職場でからかわれるだけならまだしも、昇級や昇進のチャンスを失うことさえある。[*26]

仕事を完全に辞めて家事と育児に専念する父親は、社会の非常にネガティブな反応に直面することになる。現在のアメリカでは、父親がいわゆる主夫をしている世帯は全世帯の四％に満たない。そして多くの報告が、こうした父親は疎外され孤立すると指摘している。[*27] 友人のピーター・ヌーンは数年間主夫をやったことがある。ピーターによると、その選択は尊敬に値すると誰もが口では言うものの、近所の人たちには全然歓迎されていないと感じたという。遊び場でも、あるいは「母親学級」（じつに不適切なネーミングである）でもピーターはたいてい唯一の男であり、知らない人からは不審者を見るような目で見られた。母親同士はすぐに仲よくなっておしゃべりしているのに、ピーターに声をかけようとはしない。[*28] 自分は仲間はずれだった、とピーターは嘆く。

男女の役割に対する期待は、そのまま現実のものになりがちだ。母親は仕事より家庭に専念すべきだという社会通念のために、女性は損をしている。雇用主は、仕事への献身という点で女は男に劣ると考えるからだ。これとはまったく逆のことが男性に当てはまる。男は何よりもまず仕事に全力投球すべきだと考えられており、出世や昇進で個人の価値が判断されがちだ。裏返せば、たとえ家庭でよき父親であっても、世間にはまったく認めてもらえないことになる。だから、出産という大仕事をした妻と生まれたばかりの赤ちゃんを放っておいてサッカーをしていた、と自慢するような輩が出現するのである。

そのうえ、男性の成功が妻と比較されがちなことが問題を一段と厄介にする。世間が「しあわせなカップル」と考えるのは、社会的に成功した夫に寄り添う妻、という形なのだ。逆のことが起きると、あの夫婦は危ないのではないかと思われたりする。私もよく物陰で同情的に質問されることがある。「デーブはどう、大丈夫なの？　彼、気にしてないかしら、あの、わかるでしょ、あなたが（声を潜めて）大出世したことに？」。デーブは私よりずっと自信に満ちているし、彼自身の仕事もうまくいっているのだから、そんな心配は鼻で笑うにちがいない。これからは、もっと多くの男性がデーブを見習わなければならないだろう。アメリカでは働く女性の約三〇％が、日本でもおおよそ一〇％が、夫より多く収入を得ている。[*29] この数字が増えつづければ誰も物陰で声を潜めて質問しなくなるだろうし、そうなってほしいものである。

デーブのプライドがそれほどヤワだと考えられていることを本人も私も笑って済ませるが、多くの女性にとって、これは笑いごとではない。そもそも女性の行く手にはさまざまな障害物が待ち構えている。そのうえ成功したら夫が不快になるというのでは、どうして平等な世界など望めるだろうか。

一生を共にするパートナーについてアドバイスを求められたら、私はこう答える。いろんな男性とデートしなさい。不良っぽい男の子、クールな子、臆病な子、頭のいかれた子。どんな男の子と付き合ってもいいけれど、結婚してはだめ。不良っぽい男の子はセクシーかもしれないが、必ずしもよい夫にはならない。家庭を築き、仕事も続けたいなら、対等のパートナーになれる人を探すことである。女性は自分の意見をもち、聡明で意欲的であるべきだと考えている男性、公平であろうとし、家庭でも自分の役割を果たすべきだと、いや果たしたいと考える男性である。そういう男性は必ずいる。そして信じてほしい、そういう人こそすてきなのである（私を信用できないという人は、イケメン四人が登場する『女性のためのポルノ』という愉快な本を見てほしい。あるページでは、そのうちの一人がキッチンを掃除しながら「こういうことは、言われる前にやるのが気持ちいいんだぜ」と歌う。別のページでは、夜中に起き上がって「ベビーが泣いてるんじゃないかな？　よしよし、いま行くからね」と呟く[*30]）。

証券大手のフィデリティでメディア・インターネット投資グループを率いるクリスティナ・サレンは、よきパートナーを探すためのこんな鑑定法を教えてくれた。ボーイフレンドがどの程度自分の仕事に理解を示してくれるか知りたかったので、独自のテストを編み出したという。まずデートの直前に、仕事上のトラブルが起きてどうしても行けないとドタキャンする。彼がすぐに事情を了解してすんなりデートを延期してくれたら、大いに有望である。いよいよ真剣な段階になったら、もう一つのテストをやってみる。一九九〇年代後半に新興市場国の案件を担当していたクリスティナは、「今度の週末に会わない？」と持ちかけた――ただしサンパウロで。これは、自分に合わせてくれる気があるかどうかをチェックするのに最高のテストだそうだ。おかげでクリスティナは最高のパートナーを見つけ、一四年の長きにわたってしあわせな結婚生活を送っている。夫のダニエルはクリスティナの仕事に理解を示し、応援してくれるだけではない。二人の子供の育児を主に担当している。
理想のパートナーと巡り会ったとしても、初めから完璧というわけにはいかない。最初の役割分担が大事だということを、私は母から教えられた。家事の大半をやっていたのは母だったけれども、夕食後に床に掃除機をかけるのはいつも父だった。母が父に「掃除して」と頼むのを聞いたことは一度もない。結婚第一日目から、それは父の仕事と決まっていたのである。恋愛が始まったばかりでのぼせている頃は、とかく女性は古典的な「女らしさ」を示したがるものである。それで、いそいそと手料理をふるまったり、あれこれと世話を焼いたりしがちだ。こうして私たちは一気に六〇年前に戻ってしまう。二人の関係がこんなふうに始まった場合、子供が生まれると、役割分担はいよいよ古典的になりやすい。だから最初から分業を確立するほうが好ましい。ちょうど映画『恋人たちの予感』の中の会話のように。

ハリー：君は空港まで見送りに来てもらったんだろ。これが君たちの関係の始まりってわけだ。だからボクは、付き合いはじめたばかりの相手は絶対に空港まで送ってやらないのさ。
サリー：どうして？
ハリー：どんなことだって、やがては変わるものだよ。空港まで見送りに行かないことだってあるじゃないか。そのときになって「どうしてもう送ってくれないの?」なんて言われたくないからね。

対等のパートナーシップを望むなら、最初からそのパターンを確立することが肝心である。数年前、マーク・ザッカーバーグとパートナーのプリシラ・チャン(二人は二〇一二年に結婚した)はニュージャージー州ニューアーク市の公立学校制度改善のために多額の寄付をし、財団の運営者を必要としていた。私は、学校改革に関して深い知識と経験をもつジェン・ホールランを推薦した。ジェンには一四カ月になる双子の男の子がおり、出産後は勤務時間を三分の一まで減らしている。夫のアンディは小児精神科医で、家にいるときには積極的に育児参加していたのだが、ジェンが勤務時間短縮を選択したとたん、一切やらなくなってしまった。その結果、ジェンが家事万端を引き受け、家計の管理もしている。マークとプリシラからのオファーを聞いたとき、ジェンは出張の多いフルタイムの仕事をするのはとても無理だと考えた。二人の関係を変えたいなら、遅いより早いほうがいい、と私は強く奨めた。ジェンは「対等のパートナーシップを望むなら、いまこの瞬間に始めなければ」という私の口癖を思い出してくれたようである。

ジェンとアンディはオファーについて話し合い、この仕事の意義を考えたらジェンは引き受けるべきだという結論に達する。では、誰が子供たちの世話をするのか。アンディしかいない。彼は仕事を調整し、朝と夜、そしてジェンが出張中は、必ず家にいられるようにした。家計の切り盛りと食料品の買い出しも、いまはアンディがやっている。料理と掃除もするようになったし、子供の検診など家族のスケジュールも把握している。そして週の半分はまっさきに必要とされる親である現状に、いまはとても満足しているという。ジェンが財団で働きはじめてから一年半が経った頃、アンディは、子供たちと過ごす時間はほんとうに楽しいし、子供のために果たす役割が増えたことをうれしく思っていると話してくれた。ジェンのほうも、仕事は大好きだし、自分たちの結婚がより対等になったことはとてもうれしい、と言う。「いまでは私の時間は彼の時間と同じぐらい貴重になった。その結果、私たちは以前よりしあわせなカップルになったと思う」

ジェンのこの印象は、調査でも裏付けられている。対等なパートナーはよりしあわせな関係を築くのである。夫が家事や育児を担当するようになると、妻のストレスは減り、夫婦喧嘩も減り、満足度は高まる。[*31] 女性が外に出て働き家計を応分に負担するようになると、結婚は長続きする傾向にある。事実、妻が世帯収入の半分を稼ぎ、夫が家事の半分をこなすようになれば、離婚率は半分に下がるという。[*32] 子育てにかかわれば、男性は忍耐心、思いやり、融通性を身につけることができる。これは、あらゆる人間関係にとってプラスになるにちがいないいない。[*33]女性は、収入を得ることによって家庭でも決定権が強まるだろう。また、万一離婚となったときの支えになるし、通常は妻のほうが夫より長生きするのだから、老後の備えにもなるはずだ。[*34]さらに、家庭での責任を分担するカップルはセックスの回数が多い。[*35]なんだか直感に反する結果かもしれないが、妻をその気にさせる最善の方法は皿洗いをすることなのかもしれない。

とはいえ専業主婦も仕事をしていると考えるべきである。実際、そうなのだから。子育ては会社勤めに劣らずストレスが多く、気配りの必要な大変な仕事である。母親は夜中まで働いて当然とみなされているのに対し、父親は帰宅すればくつろいでいるのは不公平ではないか。父親も、家にいるときは家事と育児の半分を負担すべきだろう。また、外で働いている父親の大半は、日がな一日大人と接しているのに対し、家にいる母親は、夜になるまで大人と話すことができない。弁護士としてのキャリアを断念して専業主婦になった友人がいるが、彼女の切なる願いは、夫が帰宅したら、自分のことを話し出す前に「今日は何かあった?」と訊ねてくれることだ。

家庭で真のパートナーシップを実現することは、今日のカップルにメリットをもたらすだけでなく、次世代のためのよい土壌作りにもなる。家庭より職場のほうが速いペースで進化してきたのは、大人として職場に入ることが一因だろう。だから、当事者である世代が新しい関係作りに着手できる。だが家庭での関係性は、おおむね子供の頃の経験に根ざしている。私たちの世代は、「お父さんは一家の大黒柱で、お母さんは家事と育児をする」という家庭を見て育った。だから、大人になってこのパターンにはまり込む可能性が高い。一方、共稼ぎの家庭で父親が家事をするのを見て育った男性であれば、結婚後に家事や育児への参加率が高くなるのは驚くにはあたらない。[*36] 早くこちらのパターンを確立するほど、より平等な関係に近づくことができるだろう。

デーブが理想のパートナーである理由の一つは、父親が並外れた手本を示した家庭で育ったことと関係がある。デーブの父メルは、お目にかかる機会のないままに他界されてしまったのだが、まちがいなく時代の先を行く男性だった。メルの母親は夫とともに小さな食品店を切り盛りしており、メルは男と女は対等だと自然に考えるようになった。これは、当時としてはじつに稀なことである。やがてメルは女性運動に興味をもつようになり、世界的ベストセラーとなったベティ・フリーダンの『新しい女性の創造』を読む。妻のポーラ（デーブの母である）に、この女性運動家の主張を教えたのはメルだった。一九六〇年代のことである。そして、妻が障害をもつ子供を支援する非営利の全国組織ＰＡＣＥＲを設立するのを応援した。また、家族と一日一度は食事を共にしたいと考えた末に、法学教授で夜のクラスも多かったメルは、朝食を一緒にとることを決める。そして手ずから食事を用意し、オレンジを絞ったフレッシュジュースも添えていたという。

両親がより公平に家事を分担している家庭は、次世代にとってよい見本となるだろう。多くの女性はこんなことを言う――「もっと夫に子供の世話をしてほしい。でも、あと数年辛抱すれば子供が学校へ行くようになる。だから、いま無理に変えようとしてバトルをするにはおよばない」。そうだろうか。望ましくない関係は、いつだって変えるために闘う価値があると私は思う。それに、そんなことを言っていると、同じ問題が年老いた両親の介護でも持ち上がるのではないかと心配だ。実際、女性は自分の両親だけでなく夫の両親の介護も、夫の二倍引き受けている。[*37] これは夫と妻が分かち合うべき負担だし、さらに、分かち合う姿を子供たちに見せるべきだ。そうすれば、子供たちの世代も両親の手本に倣うようになるだろう。

二〇一二年に、グロリア・スタイネムはオプラ・ウィンフリーのインタビューに応じ、家庭における女性の地位向上は、職場における地位向上に後れをとっていると指摘した。「いままでは、男にできることは女にもできるとわかっている。だが、女にできることは男にもできると、まだ理解されていない」。[*38] それを理解することは可能だし、「女にできることは男にもできる」ことを証明するチャンスをもっと男性に与えるべきだと私は思う。

この革命は、一つの家庭で親と子に同時に起きる。若い世代が先行世代に比べて真のパートナーシップ形成に熱心なのは心強い。「どんな仕事があなたにとって重要か」を訊ねる調査では、四〇代の男性は「やり甲斐のある仕事」が最も重要だと答えることが多いのに対し、二〇代と三〇代の男性は「家族と過ごす時間がとれるような仕事」を選ぶことが多い。[*39]この世代が年をとってもこの傾向が続くなら、大きな変化が期待できそうである。

男性の多くは女性の気持ちに敏感である。より多くの女性がボーイフレンドにやさしさや理解や支えを求めるようになれば、より多くの男性がそれを示すようになるだろう。例のパートナー選別テストを考案したクリスティナ・サレンは、最近息子がこんなことを言い出したと話してくれた。ボクは大きくなったら「パパみたいに」子供たちの世話をするんだ、と。これを聞いてクリスティナも夫のダニエルもすっかりうれしくなったことは言うまでもない。もっと大勢の男の子がこんなふうに考えるようになったら、どんなにすてきだろう。多くの女性が仕事に前向きになったら、男性はもっと家庭に前向きになることが必要になってくる。男性が家庭での役割に意欲的になるよう、女性は背中を押す必要がありそうだ。

さあ、殿方もテーブルに着きましょう――会議室の、ではなくて、キッチンの。

9　スーパーママ神話

すべてを手に入れる――そんな望みを抱くのは、女性にとって危険な罠である。この言葉は、夢をもたせるために発せられるのかもしれないが、実際には欲求不満を募らせる。男であれ、女であれ、「すべて」を手に入れた人がいるのだろうか。自分がいま持ち合わせているものに満足し、感謝している人はいるだろう。だが、実際にすべてをもっている人はいない。

そもそも「すべてを手に入れる」ことは、経済学の基本にも常識にも反する。コーネル大学の経済学教授シャロン・ポッターが言うとおり「この時代遅れの言い回しは、あらゆる経済活動に見られるトレードオフの関係を無視している。私たちは、制約がある中での最適化に取り組まざるを得ない。人生とはそういうものだ。仕事、子供、社交などさまざまな要素に時間というリソースをできるだけうまく配分することによって、自分自身を最大限に活用できるよう試みている。時間は有限の稀少資源なのだから、誰も『すべてを手に入れる』ことはできない。もし手に入れたという人がいたら、おそらくは嘘をついているのだ」[*1]。

こうしたわけだから、「すべてを手に入れる」のは神話の一種と思っておくほうが無難だろう。だが多くの神話がそうであるように、この神話からも役に立つ教訓を引き出すことができる。手作りの翼で空を飛んだイカロスの話は読者もご存知だろう。イカロスは太陽に近づきすぎてはいけないと父親から警告されていたにもかかわらず、高く飛びすぎ、翼を固定していたロウが溶けて墜落死した。仕事とプライベートの両方で高みをめざすのはすばらしいことだが、高すぎてはいけない。女性はイカロスの勇気を学ぶべきだが、現実の限界があることは忘れないようにしよう。

「すべてが手に入るか」と問うよりも、「すべてをこなせるか」を問うほうが、まだしも現実的かもしれない。しかしここでも、答えはノーである。私たちは、仕事と家庭のあいだで、がんばることとくつろぐことのあいだで、誰かのための時間と自分自身のための時間のあいだで、絶えず選択せざるを得ない。親になるとは、のべつ調整し、妥協し、犠牲を払うことである。多くの人が、この犠牲と苦労を自ら選ぶのではなく、必要に迫られて引き受けている。アメリカでは、子供のいる夫婦の約六五%が共稼ぎで、その大半が二人の収入で家計を支えている[*2]。片親の場合には事態は一段と切迫する。子供のいる世帯の約三〇%は片親で、その八五%が母親である。[3] 日本では、子供のいる夫婦の五一%が共稼ぎである。[4] 子供の約九%は片親に育てられており、その多くは母親である。[5]

外で働く母親は、仕事と家庭の両立の問題を絶えず指摘される運命にある。たとえばエミー賞を何度も受賞した女優兼脚本家のティナ・フェイでさえ。フェイはスティーブ・カレルと映画『デート&ナイト』で共演したとき、記者たちから「どうやって家庭とのバランスをとっているのか」としつこく質問された。しかしカレルも二児の父親であるにもかかわらず、彼には一切そういう質問はなかったという。フェイは全米ベストセラーになった回顧録『親分肌(*Bossypants*)』の中で、「女性に対するいちばん失礼な質問は何だと思う? 年齢を訊くこと? 体重を訊くこと? それとも、双子の妹と二人だけでヒュー・ヘフナー氏(プレイボーイの創刊者)と会ったときにレズビアンのふりをしたのか、と訊くこと? ちがう、ちがう。最悪なのは、どうやって全部こなしているのか、という質問よ。いろんな人がしょっちゅうこの質問をする。明らかに非難の色を目に浮かべて。あなたは家庭のことをほったらかしにしているにちがいない、とその目は語っている」[6]。

フェイの言葉は的を射ている。子供のいる共稼ぎ夫婦は、父親も母親もやることが多すぎるというのに、さらに母親は、残酷な質問や非難がましい視線に耐えなければならない。世間は容赦なく、あなたは仕事も不十分なら子育てもさぼっていると母親に思い出させる。そうしないと忘れてしまうとでも思っているかのように。実際には立派な仕事をしている女性の大半が、自分は基準に達していないのではないかと始終不安を抱えている。仕事場では、家事や育児の負担の少ない男性の同僚と自分を比べる。家庭では、専業主婦と自分を比べる。そのうえ世間から「あなたはもっとがんばらなければいけない」とか「あなたは失格だ」と言われるのでは、まさに傷口に塩を塗られるようなものだ。

すべてをこなそうとしたり、さらには完璧にやろうと考えたりすれば、まちがいなくみじめな思いをすることになる。完璧主義は大敵である。女性運動家のグロリア・スタイネムは、このことをみごとに表現した。「すべてをやってのけるなんて、無理。フルタイムの仕事を二つこなせる人は一人もいない。仕事をし、子育てをして、三度三度の食事を手作りする……そんなスーパーウーマンは、女性解放運動の敵と言わざるを得ない」*7

ウェイル・コーネル・メディカル・カレッジの学長を務めるローリー・グリムシャー博士は、子育てをしながら仕事を続けるポイントはどこに注意を集中するかを決めることだと話す。「重要なこととそうでないこととをきっちりと分け、重要なことでだけ、完璧主義者になることにした」。彼女の場合には、科学的なデータは完璧でなければならないが、大学の事務その他は九五%で十分、ということにした。また、まともな時間に家に帰ることを優先事項に掲げたという。そして家にたどり着いたら「シーツやタオルがちゃんと畳んであるかとか、クローゼットが整頓されているか、といった雑事は一切気にしないことにした。そういう不急不要のことをいちいち気にしていたらやっていけないわ」[*8]。

私は子供が生まれる数年前に、パロアルトで地元企業の女性会議にパネリストとして出席したことがある。すると、同じパネリストで二人の子供をもつエグゼクティブが、どうやって仕事と育児のバランスをとっているのかと質問された（働く母親が逃れられない質問である）。すると彼女はこう答えた。「こんなことを公にすべきではないのでしょうけれど……朝の貴重な一五分を節約するために、子供たちを学校へ着ていく服で寝かせたこともあるわ」。そのとき私は「あらまっ、そんなこと、人前で言わなければいいのに」と思ったものである。

だがいまや自分が親になってみると、あの女性エグゼクティブは天才だとつくづく思う。とにかく時間が足りない。それに、忍耐心も。まだ子供に翌日の服を着せて寝かせたことはないが、そうしておけばよかったと思った朝は何度もある。それからいままでは、どんなに計画を立て準備していても、子育てではそれを裏切る出来事が次々に起きることも知っている。いまさらながら、あの女性エグゼクティブの勇気はすばらしいと思う。じつは私は、まだその勇気をもてていない……。

昨年のことだ。私はある会議に参加するのに子供たちを連れて行くことにした。シリコンバレーの同業者が何人か出席することになっており、イーベイのCEOであるジョン・ドナホーが私たちを自家用機に乗せてくれるという。離陸が数時間遅れたため、私は他の乗客の迷惑にならないよう、子供たちをおとなしくさせておくのに必死だった。やむなく無制限にテレビを見てよい、スナックも食べてよい、ということにした。ようやく離陸すると、今度は娘が、頭がかゆいと言い出す。「ママ、かゆい、かゆい！」貪欲にテレビを見つづけようとヘッドセットをつけたままのものだから、大声で叫ぶ。だが私は原因に思いいたらなかった――娘のかゆがり方は異常になり、ますます大きな声で訴えるようになるまでは。そこでようやく私は娘の頭を調べ、小さな白いものを発見する。それが何か、おおよその見当はついた。機内で子連れは私だけであり、その私の子供の頭におそらくシラミがいるのだ！そのあとは着陸するまで、完全にパニックだった。娘を他の乗客から隔離し、静かにさせ、頭をかかないようにさせつつ、ウェブでシラミの写真を探した。着陸するとみんなはレンタカーで会場のホテルに向かうことになったが、私はあとから行くと伝えた。「ちょっと取ってきたいものがあるの」。そして最寄りの薬局に飛び込み、まちがいなくシラミであることを確認する。幸いにも、機内で他の乗客と直接の接触はなかったので、シラミが他の人に移る危険性はないという。おかげで私は最悪の事態を免れた。そうでなかったら全員に事情を話し、頭を調べてくださいと言わなければならないところだった。薬局でシャンプーを買い入れた私は、まず娘の頭を、次に息子の頭を洗い、調べ、また洗うという調子で一晩を費やす羽目に陥る。前夜祭のディナーを欠席した私は、みんなにどうしたのかと訊かれ、「子供たちが疲れてしまって」と答えたが、実際には私もへとへとだった。シラミは私には移らなかったものの、数日間は気になって仕方がなかったことを覚えている。

万事がこんな調子だから、前もって計画を立て、こと子育てに関する限り、あらゆる要素をコントロールするのは不可能だ。前もって計画を立て、それをきちんと実行するタイプの女性にとって、このカオス状態は受け入れがたいかもしれない。心理学者のジェニファー・スチュアートは、イェール大学の卒業生を調査した結果、このタイプの女性にとっては「仕事と育児の両立はとりわけむずかしい。こうした女性は家庭でも仕事でも完璧を求めようとし、高すぎる理想に届かないとすっぱりあきらめてしまう。仕事を辞めて家庭に専念することもあれば、その逆もある」と結論づけている。[*9]

私が大好きなフェイスブックのポスターがもう一つある。「完璧をめざすより、まず終わらせろ」がそれだ。私はこのモットーを守ろうと試みてきた。おかげで、とうてい実現できないような基準を自分に課すことから逃れられるようになった。完璧をめざしていたら、よくてフラストレーションが溜まり、悪ければ失敗を恐れるあまり何もできなくなってしまう。だから私は、脚本家のノーラ・エフロンの言葉に全面的に賛成だ。エフロンは名門女子大ウェルズリー大学の卒業式でスピーチし、仕事と家庭の両立の問題についてこう語った。「きっと散らかり放題になるでしょう。でも、それもよしとしてください。面倒なことが次々に起きるでしょう。でも、それを楽しんでください。予想通りのことはまず起きません。でも予想外の驚きはいいものです。恐れることはありません。ものの見方なんて、いつだって変えられるのです。私がいい証拠です。なにしろ四つの仕事と三人の夫を経験してきたのですから」[*10]

私の場合、駆け出しの頃に「すべてをやろうとするな」と警告されたのはとても幸運だった。この有意義な警告をしてくれたのは、深く尊敬するラリー・カナレックである。カナレックは、マッキンゼーのワシントン・オフィスでインターンをしていたときのディレクターだった。ある日ラリーは全員を集めて次のように話した。「ディレクターになると、退職を決意した社員と話すことになる。何人もと話すうちに、辞めたいと思う理由はただ一つであることがわかった。要するに燃え尽きてしまうのだ。長時間働き、あちこち飛び回ることに疲れ切ってしまう」。この不満はよく理解できる、とラリーは言う。だがラリーに理解できないのは、辞めたいという人間が一人残らず、休暇を消化していないことだった。辞めると決めるその日まで、彼らは会社から要求されたことをすべてこなす。そして突如、もうたくさんだ、と考えるのである。

ラリーは、どうか自分の仕事をもっと上手にコントロールしてほしい、と言った。マッキンゼーは社員に要求しつづけるだろう。だからあなた方は、どれをしてどれをしないのか、自分で決めなければならない。線引きをするのはあなた方の責任だ。一日何時間働けるのか、どの程度の頻度で出張できるのか、自分で決めなければならない。それでうまくいかなかったときは、自分の条件を見直すことになる。直感に反するかもしれないが、自分に出された要求をすべてこなそうとしないことが、長く仕事で成功を収める秘訣なのだ、と。仕事とプライベートの両方の余地をつくる最善の方法は、意識的に選択することである。上限を決め、決めたら守ることである。

グーグルに入って最初の四年間、私は毎日最低でも、朝七時から夜七時までオフィスにいた。私はグローバルに展開する複数のチームを統括していて、こまかいこともできるだけ知っておくべきだと考えていたからである。毎日一二時間働いてくれと頼まれたわけではない。シリコンバレーでは大方の企業がそうだが、グーグルでも勤務時間は決まっていなかったし、会社で働こうが家で仕事をしようが自由だった。とはいえ設立間もない頃は、二四時間ぶっ通しで働くことを奨励するような文化が根付いていた。やがて私は妊娠し、グーグルで用意されている三カ月の産休をとろうと考えはじめる。その一方で、職場復帰する頃には仕事はなくなっているのではないか、という不安もあった。グーグルは急成長中だったから、いろいろなことがひんぱんに変わる。この傾向がますます激化する一方なので、出産が近づくにつれて私の不安は募った。チームはグーグルで最大級に規模が大きく、新しい仕事がのべつ出現し、したがって業務の再編も始終行われている。休んでいるあいだに同僚の仕事はどんどん増え、私の仕事はどんどん減っていくだろう。同僚（すべて男性である）は私の産休に備えて肩代わりする仕事の分担を自発的に決め、中には私が復帰しない場合に備えて権限委譲を早急にやったほうがいい、と上司に進言する者もいた。

私はラリー・カナレックのアドバイスに従い、線引きをしようと試みた。そして、ともかくも産休中は赤ちゃんに全力投球すること、パソコンの電源は入れないことを決める。しかもそれを公言した。一般に、やると決めたことを公表すれば、説明責任が生じるので初志貫徹しやすくなるからである。私は、三カ月の産休を完全にとること、そのあいだ仕事は一切しないことを公表した。

誰も信じなかった。同僚たちは、私が出産後何日間メールを見ずにいられるか賭けをしたが、「一週間以上」に賭けた人は一人もいなかった。それを知って私はかなり気分を害した――もっとも、同僚が私以上に私をよく知っていたとは言えない。私は出産の翌日、病院のベッドでメールを開けた。

その後三カ月間、私はほとんど仕事と縁が切れなかった。定期的にメールをチェックし、リビングルームで打ち合わせをした。ときには打ち合わせ中に授乳して相手を動転させたこともある（息子が眠る時間を狙って打ち合わせを設定するのだが、赤ちゃんには赤ちゃんの予定があるのだった）。本社での重要な会議には、息子をベビーカーに入れて出席した。振り返ってみれば、赤ちゃんとくつろぐしあわせな瞬間もあるにはあったけれど、全体としてすばらしい産休だったとは言い難い。そもそも初めての子育ては神経をすり減らすものなのに、息子が眠っているあいだ、私は休まないで仕事をしていたのである。最初の宣言を私がすこしも守っていないことをみんなが知っていた。それは自分でもわかっていた。最低である。自分で自分がいやになった。

三カ月後、全然休みでなかった私の産休は終わる。いよいよ大好きな仕事に戻れるのだ。だが復帰第一日目にガレージから車を出した瞬間に、胸が締め付けられるのを感じ、どうしようもなく涙があふれてきた。たしかに産休中もずっと仕事はしていたけれど、その大半は家でしていたのだし、横にはいつも赤ちゃんがいた。職場復帰するとなれば、息子を見られる時間は激減してしまう。以前のように一二時間勤務をしていたら、息子が目を覚ます前に家を出て、眠ったあとに帰宅することになる。息子とすこしでも一緒に過ごしたいなら、今度こそルールを決めて、それを守らなければならない。

私は、九時頃に出社して五時半にはオフィスを出ることにした。こうすれば家を出る前にも帰ってからもおっぱいをあげられる。ただし、またもや約束破りと思われたくなかったし、こんな勤務時間を知られたら仕事を失うかもしれないという不安もあったので、誰にも内緒にしていた。オフィスにいない時間を埋め合わせるために、朝五時に、つまり結局は息子より早く起きてメールチェックした。夜は夜で、息子が寝入るとパソコンの前に飛んで行って、仕事の残りを片付けたものである。かなり長いあいだ、この新しい勤務スタイルはほとんどの人に知られずに済んだ。有能なエグゼクティブ・アシスタントのカミーユが、一日の最初の打ち合わせと最後の打ち合わせを別棟で行うという天才的なアイデアを出し、自分のオフィスに着く時間と出る時間がめだたなくなったことも一因である。オフィスからまっすぐ帰宅するときは、ロビーで一休みし、駐車場に誰もいないときを見計らって車に乗り込んだ（こんなときの私は、びくびくしてひどくあやしく見えたことだろう。私がＣＩＡ勤務でなかったのは、万人にとってじつによいことだった）。

いま思えば、第一子のときに仕事を失うことをあんなに心配したのは、自分に自信がなかったからだとわかる。グーグルは仕事に対する要求が厳しく、競争の激しい職場ではあったけれども、仕事と育児の両立には理解があるし、そのことをトップが身をもって示してもいる。ラリー・ペイジとセルゲイ・ブリンはベビー・シャワー（出産前に妊婦を祝福するパーティー）に来てくれ、「毎日一時間赤ちゃんと過ごしてよい」という許可証をプレゼントしてくれた（それなのに、私は一度も活用しなかった。今度許可証を探し出して、チャリティー・オークションに出品しよう）。生え抜きのベテラン社員スーザン・ウォジスキは、四人の子供を育てながら仕事を続け、ベビーシッターが病気になったときは子供をオフィスに連れて来たこともある。上司であり、チームのシニアリーダーでもあるオミッド・コーデスタニとデービッド・フィッシャーはしっかりと私をサポートしてくれ、担当業務を誰も横取りしないよう取りはからってくれた。

やがて私にも、ほんとうはオフィスで一二時間働く必要などないのだとわかってきた。そして、仕事のやり方が効率的になった。たとえば、どうしても必要な会議だけに出席するようにしたし、そもそも必要な会議しか開かないようにした。家を一歩出た瞬間から、どの一分でもアウトプットを最大にしようと強く決心し、重要なことにだけ集中するようにしたほか、自分だけでなく同僚や部下の時間にも注意を払うようになった。無駄な会議をなくすのは、彼らの時間を有効活用することにもつながる。思えばフェイスブックであのポスターを目にするだいぶ前から、「完璧をめざすより、まず終わらせろ」を実践していたと言えるだろう。「終わらせる」のだって簡単ではないが、「完璧」よりは達成可能だし、終わらせればとにかく解放される。二人目の産休をとったときには、私はパソコンの電源を（ほとんど）入れなかったし、二人の子供と過ごす時間を心から楽しむことができた。

義理の妹で医師をしているエイミーも、まさに同じような経験をしている。「最初の子供のときは、一日一二時間働いて、仕事中に搾乳していた。家にいるときは、わずかな時間でも赤ちゃんと触れあっていたくて、夜中の授乳はもちろん、おしめを替えるのも、全部一人でやった。みんながそれを望んでいると思っていたの。つまり、職場では上司が、家では赤ちゃんがね。でも実際には、一人で空回りして、自分で自分を苦しめていただけだった」。そして二人目が生まれたとき、エイミーはやり方を変える。「三カ月産休をとったあと、職場復帰するときに自分の事情に合わせて勤務条件を決めた。前はそうすることが怖かったけれど、結果的には評価も下がらなかったし、生産性だって下がらなかったわ」

仕事より家庭を優先していると思われるのではないか、という心配はよくわかる。子供をもつ女性としては、仕事に対する熱意が男に劣るとか、独身の女性に劣るとか、絶対に思われたくない。そして、育児にとられる時間を過剰に埋め合わせようとする結果、オーバーワークになってしまう。時間短縮やフレックスタイムが用意されている職場でさえ、勤務時間を減らしたら今後の昇進に響くと怯える人が多い。[*11] しかもこれは、けっして杞憂ではない。フレックスタイム制を利用した社員はしっぺ返しを喰うケースが多いうえ、同僚に比べて熱意が足りないと評価されたりする。[*12] しかもこの制裁は、専門職に就いている女性にことのほか厳しいというデータもある。[*13] こんなことはもうやめにしなければいけない。最近の調査では、在宅勤務のほうが場合によっては生産性が向上するという結果も出ている。[*14]

とはいえ、どの仕事が必要不可欠で、どれがそうでないかを見きわめるのはむずかしい。判断に悩む状況、線引きが困難な事態というのはたしかに存在する。エイミーは医師会のディナーでの出来事を話してくれた。そこには数週間前に出産したばかりの女性医師も出席していたという。食事が始まってしばらくすると、この女性は明らかに当惑した様子を示し、携帯電話を何度も確認する。同じ働く母親としてエイミーは状況を察知し、「赤ちゃんにおっぱいをあげる時間なのでは?」と訊ねた。彼女は恥ずかしそうにそうだと認め、じつは母に赤ん坊を連れて会議場まで来てもらっている、と打ち明けた。携帯電話を気にしていたのは、赤ちゃんがむずかっている、と母親がメールで知らせて来たためである。エイミーは、すぐに行ってあげて、大丈夫よ、と促した。あとになって、この女性医師のメンターを務めていた熟年の男性医師は、会議場に赤ちゃんを連れて来ていたのを全然知らなかった、もし事前に知っていたら早く退席するよう促していたのに、と話したという。彼女は不必要に自分を苦しめていたのである。こんなときまで、無理して「テーブルに着く」必要はない。

テクノロジーのおかげで、いまや大半の仕事をオンラインでこなせるようになった。だから、オフィスに縛りつけられる必要はなくなっている。グーグルやフェイスブックのような企業では勤務時間に大幅な弾力性を認めており、他の産業もこの方向に向かいはじめている。それでも、成果でなく勤務時間の長さで社員を評価する旧態依然の習慣はいまだに消えない。そのせいで、多くの社員ができるだけ効率よく結果を出そうとせずに、長時間オフィスで過ごしている。結果重視に転換すれば、社員一人ひとりにとっても有益だし、企業の生産性と競争力も向上するにちがいない。[*15]

コリン・パウエル陸軍大将・元国務長官は、近著の中で、自分の考えるリーダーシップ像では「忙しがり屋」は認められないと書いている。「忙しがり屋」とは、長時間にわたってオフィスで働き、それが部下に与える影響を全然わかっていない輩のことである。「私がトップになったときは、プロフェッショナリズムを徹底し、つねに最高の基準を掲げる。どうしてもやらなければならない仕事があるときは、部下には徹夜も厭わないでほしい。しかしその必要がないときは、通常の勤務時間だけ働き、まともな時間に家に帰り、子供と遊んだり、家族や友人と語らったりしてほしい。本を読み、頭の中を整理し、あるいはぼーっとしてリフレッシュしてほしい。部下には、オフィスの外での生活をもってほしいのだ。私は仕事のクオリティに対して報酬を払うのであって、勤務時間の長さに払うのではない。こうしたプロフェッショナルな環境は、必ず最高の結果をもたらす」[*16]。だが残念ながら、パウエル陸軍大将のように聡明な上司の下で働くチャンスはめったにない。

アメリカ人の労働時間は長くなっている。[*17] 二〇〇九年には、子供をもつ中間所得層の親は、一九七九年に比べて週八・五時間多く働いた。[18]この傾向は、専門職や管理職の男性でとくに顕著である。[19]企業部門の高報酬の専門職従事者を対象にしたある調査によると、六二％が週五〇時間以上、一〇％が週八〇時間以上働いていることがわかった。[20]ヨーロッパでは、政府が労働時間を制限する政策を打ち出しているため、こうした傾向は見受けられない。[21]

テクノロジーは物理的なオフィスから労働者を解放してくれる一方で、結局は一日の労働時間を増やしている。雇用労働者を対象に二〇一二年に行われた調査では、回答者の八〇％が退社後も仕事をしていることがわかった。夕食中にメールチェックをする人は三八％、寝る前に必ずチェックする人は六九％に達する。[22]

母の目には、私たちの世代が無限労働に苦しんでいるように映るという。母の子供時代は、いや私の子供時代もそうだが、フルタイムの仕事とは週四〇時間働くことだった。月曜から金曜まで、毎日朝九時から夕方五時までである。「仕事のしすぎですよ、あなたも、あなたの会社の人たちも。そんなことではまともな生活は送れません」と母はいつも言う。でも、私たちの多くにとっては、これがいまの「まとも」になっている。

要するに、時間が足りないのである。私は何年も睡眠時間を切り詰めてこの問題に対処しようとした。よくある手だが、実際には生産性の低下を招くだけのことが多い。ほんの二、三時間睡眠が足りないだけで、機嫌のよかった赤ちゃんがむずかる様子を見ていて、それに気づいた。じつは大人もたいして変わらないことがいまではわかっている。四、五時間しか睡眠をとらない場合、認知能力は低下し、運転できないほど酩酊したのと同じ状態になるという。[*23] 睡眠不足の人は、イライラし、怒りっぽくなり、判断を誤りやすい（デーブに訊いたら、そうだそうだ、と言うだろう）。もし昔に戻って何か一つだけ変えられるなら、もっとゆっくり眠るようにしたいと思う。

時間が足りなくて右往左往しているのは、子供のいる人だけではない。子供のいない人だって、働きすぎになっている。いや、彼らのほうがもっとひどいかもしれない。ビジネススクールの学生だった頃、コンサルタントや起業家のためのパネル「ウィメン・イン・コンサルティング」に出席したことがある。講師は三人、うち二人は子供のいる女性で、一人は独身女性だった。既婚女性二人が仕事と育児の両立がどれほど大変かを話すと、独身女性が苦々しく言った。私にもプライベート・ライフというものがあるのに、周りの人たちはそれに気づいていない、と。同僚は家族と過ごすために大急ぎで帰り、結局残った仕事は自分が片付けなければならない羽目になる。「私にはその日パーティーがあるのだということを、みんなにわかってほしいわ。そのパーティーは、家庭のある人が子供とサッカーゲームをするのと同じぐらい大事だってこともね。パーティーへ行かなかったら、出会いのチャンスなんて、ない。私だっていつの日か家庭をもち、子供と一緒にサッカーゲームをしたいのよ！」私はよくこのエピソードを紹介し、既婚か独身かを問わず、プライベートな時間を楽しむ権利は誰にも平等にある、と話す。

私にとって仕事と家庭の両立が二度目に重大な問題になったのは、グーグルからフェイスブックに移ろうと考えていたときだった。グーグルには六年半いて、どのチームにも実力十分のリーダーがいる。その時点でグーグルは社員二万人以上を抱え、業務手順は整備され円滑に運営されており、私はほぼ毎晩子供たちと夕食を一緒にとることができていた。これに対してフェイスブックは五五〇人しか社員がおらず、スタートアップに近い状態である。夜遅くの会議や徹夜のハッカソン（ソフト開発イベント）が常態化し、企業文化の一端として受け入れられている。フェイスブックに移ったら、苦労してようやく確立したいまのバランスが崩れてしまうのではないかと心配だった。デーブがベンチャー・キャピタルの経営者で、ほぼ完全に自分でスケジュールを調節できるのが頼みの綱である。ボクがもっと家のことをやるから大丈夫だよ、とデーブは請け合ってくれた。

フェイスブックでの最初の半年間は、ほんとうにきつかった。「やり甲斐があった」と言うべきなのはわかっているが、やっぱり「きつかった」としか言えない。会社の大半はマークの指揮の下に動いており、エンジニアの深夜勤務はあたりまえである。あるとき朝九時にミーティングを設定したら、相手は来なかった。当然夜九時のことだと思い込んでいたからである。他の人がいるあいだは自分もいなければならず、あまり早く帰宅したら、ひどく浮いてしまいそうだった。私は何日も夕食までに家に帰れなかった。デーブは、自分がいるし子供たちは大丈夫だよと言ってくれたが、私は全然大丈夫でなかった。

そうやって日々が過ぎていくうちに私はマッキンゼーのラリー・カナレックの話を思い出し、自分がコントロールしなかったらこの仕事は持続不能になってしまうと気づく。家族と過ごす時間をとれないことを逆恨みし、休暇を消化せずに辞める社員になりかねない。そこで、断固として五時半にオフィスを出ることを自分に義務付けた。仕事人間のDNAはオフィスにとどまれと金切り声を上げたが、よほど重要な会議でもない限り、私は敢然と退社した。そして、やってみればできたのである。自分は週四〇時間しか仕事をしないと言ったことはないし、いまも言うつもりはない。フェイスブックは、一日二四時間年中無休で世界中どこでも利用できる。そしてだいたいにおいて、私もそうだ。週末や休暇中は電源を切ると思っていた日々は、もう遠い昔のことになった。そのうえ、グーグルでの私の仕事はカリフォルニアが中心だったが、フェイスブックでのいまの仕事は出張がとても多い。だから、せめて出張していないときは家族と過ごせるよう、五時半帰りのルールを守っている。

仕事と家庭のトレードオフは、いまだに毎日悩ましい。私の知っている女性の大半も同じである。ただ、自分がほんとうに恵まれていることはよく承知している。夫は理想のパートナーだし、オフィスでも家でも有能なすばらしい人たちに助けてもらうことができ、またある程度自分でスケジュールを調整できる立場にある。そのうえ私には、完璧な妹がいる。妹は近くに住んでおり、いつでも快く子供たちの世話を引き受けてくれる――ときには、SOSを出したその瞬間に。しかも妹は小児科医なので、愛にあふれるうえに訓練された専門家の手に子供たちを委ねることができる（誰もが家族の近くに住めるわけではないし、仲よくしているとも限らないだろう。でもありがたいことに、友達同士でお互いに助け合うことができる）。

長時間労働が職場の新しい標準なら、じつは家庭にも新しい標準がある。仕事に費やす時間に対する期待が大幅に増えたのとまさに同じように、母親が子供のために費やす時間に対する期待も大幅に増えているのである。一九七五年には、専業主婦が主に子供のために使う時間、すなわち食事や入浴といった日常的な世話プラス読み聞かせなど子供のしあわせのために使う時間は、週約一一時間だった。一方、働く母親が主に子供のために使う時間は週六時間だった。これに対して今日では、専業主婦は週約一七時間、働く母親は週約一一時間を子供のために使っている。言い換えれば、今日の働く母親は、一九七五年の専業主婦と同じだけの時間を子供のために使っている。[*24]

自分の子供時代を思い返してみると、専業主婦だった母は、呼べばいつでも応じてくれた。でも、いつも私のそばにいるとか、私が何かをするときに始終付き添っていたわけではない。私も弟妹も、近所の子たちもみんな、親の監視なしに自転車で近所を乗り回していた。両親はときおり宿題を見てくれたことはあるが、私たちがちゃんとやるか見張っていたことはない。今日では「よい母親」はいつでも子供に付き添っていて、子供が何かを必要とするときにいつでも応じるべきものとされている。比較的最近のこの現象を社会学者は「高密度育児（intensive mothering）」と名付けており、今日の文化では、子供とたくさんの時間を過ごす女性が賞賛される傾向にある。[*25] 育児に身も心も捧げるこうした傾向からすれば、外で働く母親は育児失格と感じざるを得ない――たとえ私たちの母親世代と同じ時間を子供に費やしていても。

子供を学校に送り届けたとき、何人ものお母さんがボランティアでそこに残っているのを目にすると、うちの子供たちは立場が悪くなるのではないかと心配になってしまう。こんなときは、さまざまなデータや研究を参照して自分で自分を慰めている。どの調査も、「母親は家にいるべき」で「それが子供のために最善である」という社会的圧力は感情的なものであって、何の根拠もないと結論づけているのである。

国立小児保健発育研究所（ＮＩＣＨＤ）早期育児調査ネットワークは、一九九一年に、育児と子供の発達に関する調査を行い、とくに母親のみによる育児とそれ以外の育児のちがいについて調べた。これは今日にいたるまで、この問題に関する最も包括的で画期的な調査となっている。ネットワークに所属する全米主要大学の児童発育の専門家三〇人以上が一八カ月をかけて調査を設計し、一五年にわたり一〇〇〇人以上の子供の追跡調査を行って、子供たちの認知能力、言語能力、社会行動を定期的に評価した。発表された論文は数十本に上り[*26]、二〇〇六年には全体を総括した報告書が発表されている。そこでは、「母親が全面的に育児をした子供とそれ以外の人が育児に携わった子供のあいだでは、発達に何らちがいは認められなかった」と結論づけられている。[*27] 認知能力、言語の理解力、社会的能力、対人関係の構築・維持の能力、母親と子供の絆のいずれをとっても、両者のあいだに差は認められなかった。[*28] 両親の行動、たとえば父親が育児に協力的・積極的であるとか、母親が自律的な子育てに賛成であるとか、両親の仲がよく安定した結婚生活を送っているといったことのほうが、育児形態の二倍あるいは三倍も子供の発達に影響をおよぼすという。[*29] とりわけ注意を払う価値があるのは、次の一節である。「母親のみによる育児は、子供の発達の度合いを向上させるとも低下させるとも言えない。したがって母親が働くことを決めたとしても、子供にとって害になると感じるべき理由は何一つない」[*30]

言うまでもなく、子供は親の献身、愛情、世話、時間、注意を必要とする。だがたとえ両親が外で働いていても、子供に愛にあふれた安定した子供時代を過ごさせてあげることは十分に可能だ。両親ともに外で働いているほうが、子供とくに女の子の発達に好ましい影響があるというデータすら、存在する。[*31]

こんなふうにデータを知っていて、自分の仕事がけっして子供たちにマイナスではないと頭ではわかっていても、ときに自分の選択に不安を感じることがまだある。友人の一人も同じ気持ちだったようで、セラピストに相談したという。そして、こんな話をしてくれた。

「セラピストは、子供たちと何時間も離れていると心配することは、子供たちにとってより私にとってよくないと言うの。私たちはまるで子供の問題のように話すけれど、実際には母親の問題なんですって」

子供たちにもっと何かしてあげたい――私はいつもそう思っている。仕事のために、子供を医者に連れて行くこともできなければ、PTAにも参加できず、子供が熱を出しているときでも出張に行かなければならない。子供のダンスの発表会を欠席したことはまだないが、そういう日はたぶん来るだろう。それに、子供たちの日常生活のこまかいことを私は把握していない。息子が一年生になったとき、同じ学校のママに、一年生で誰か知っている人がいないかしら、と訊いたことがある。知り合いがいたら心強いと思ったからだ。すると彼女は全生徒の名前をすらすらと挙げ、誰が何組で、どんな性格か、両親は何をしているか、兄弟は何人いて何年生かといったことまで、二〇分もかけて逐一説明してくれたのである。

私は動転した。何も知らない自分は悪い母親なのだろうか。いや、そもそもどうしてこんなことに私は動転するのだろう……。

最後の質問の答えは、もうわかっている。選択の余地のある人が誰でもそうであるように、私も自分の選択に完全には納得できていないからだ。その年の聖パトリックの日（三月一七日）に、私はいつものように息子を学校に送っていった。息子はお気に入りの青いTシャツを着ていたが、学年中の子供を知っているあのママが「あら、緑じゃないのね」と言うではないか（この日は緑色のものを身につける習慣がある）。その瞬間に私は事態を理解した。どうしよう。今日が聖パトリックの日だなんて、すっかり忘れていたわ。なんて悪い母親なんだろう……。

母親にとって、罪悪感のマネジメントは時間のマネジメントと同じぐらい重要である。出産後に職場復帰したとき、子供のいる女性社員からこう言われた。赤ちゃんがママよりナニーに抱っこされたがる日が来ることを覚悟しておきなさい、と。実際その日は来た。あれは一一カ月の頃だろうか、息子はハイハイをしていて膝をおもちゃにぶつけてしまった。そして泣きながら助けを求め、私ではなくナニーのところへ行ったのである。私の胸はきりきりと痛んだ。だがデーブは、これはいいことだと言う。息子の生活の中で両親がいちばん大切なのはわかりきっている、だが日頃世話をしてくれる人に愛情を感じるのは息子の発育にとって好ましいことだ、と。あとになって冷静に考えればデーブの主張はよく理解できたけれど、でもそのときは「こんなにつらいことはない」と感じられたものである。

　私はいまだに子供たちから離れている時間を数え、一緒に夕食をとれなかったり、夜そばにいられなかったりすると、やるせなく感じる。あの出張はほんとうに必要だったのだろうか、この講演はフェイスブックにとってほんとうに重要なのだろうか、この会議はどうしても必要なのだろうか、と考えずにはいられない。だがデーブは、一緒にいられない夜を数えたりはしない。こんなにしょっちゅう子供と一緒に晩ご飯を食べられるボクたちはスーパーマンだ、という。これほど二人の見方がちがうのは、男女の置かれた状況のちがいと密接な関係がある。デーブは、世間の父親に比べて文句なしに家事・育児に積極参加している。一方の私は、世間の母親に比べて子供と離れている時間が長い。共稼ぎ夫婦の父親、母親を対象にした聞き取り調査でも、やはり私たちと同じような反応が確認されている。母親は、仕事が家族に与える影響について罪悪感に悩まされているのに対し、父親はまったくそうではない。[*32] 非営利団体ホワイトハウス・プロジェクトの創設者であるマリー・ウィルソンの名言のとおり「罪悪感を感じていない女がいたら、それは男よ」[*33]。

　自分がやっていないことを数えたてて時間を費やすのは簡単である。多くの働く母親がそうであるように、自分を責める理由はいくらでも見つかるし、万全のサポート体制が整っているとはいえ、自分が手を広げすぎだと思うことは多々ある。だが仕事と家庭のせめぎ合いについてくよくよ考えず、目の前の仕事に集中するとき、私は安定し、充足感に満たされる。いまの仕事を愛しているし、一緒に働くとびきりの才能と魅力にあふれた人たちが大好きだ。そして、子供たちと過ごす時間も心の底から愛している。オフィスの喧噪に背を向けて家に飛んで帰り、家族そろって夕食を食べ、娘の部屋の揺り椅子に腰掛けて子供たちを膝に乗せる――それが私にとって極上の一日である。椅子を揺すりながら一緒に本を読む静かな（あるいは騒々しい）ひととき。喜びに満ちた一日の終わり。こうして子供たちが寝入ると、私はそっと（いや走って）パソコンの前に座るのだった……。

私の二つの世界が交差するときもある。これはとても楽しい。一時期、マークは月曜日の夜に自宅で戦略会議を開いていた。このときは子供たちも呼んだ。フェイスブックは小さい子にひどく甘い会社なので、子供たちにとっては天国だったようだ。ピザは食べ放題、キャンディーも食べ放題、おまけに大量のレゴがあって、いくらでも使わせてもらえる。フェイスブックの面々と子供たちが知り合いになれるのはうれしかった。マークは息子にフェンシングを手ほどきしてくれ、二人はおもちゃの剣で闘った。それは愉快な見物だったけれど、子供たちに数々の悪ふざけまで教え込んだのはいただけない。

いつも心は平静だとか、どの瞬間も集中している、などと言える日はきっと永遠に来ないだろうと思う。そういう理想の状態にはほど遠い。それでも、すべてをこなせる人はいないのだと思い出し、自分にとって家では何がいちばん大切か、仕事では何が最優先かを見きわめれば、いくらか心はおだやかになる。そういうときはオフィスでは効率が上がるし、たぶん家でもいくらかいい母親になっているだろう。スタンフォード大学のジェニファー・アーカー教授の研究も、達成可能な目標を定めることがしあわせになる秘訣だと結論づけている。[*34] 完璧をめざすのはやめ、持続可能で実現可能な目標を立てよう。「すべてをこなせるだろうか」と悩むのはやめ、「自分と家族にとっていちばん大事なことをできるだろうか」と問うことだ。私の目標は、子供たちがしあわせで、元気に成長すること。聖パトリックの日に緑のTシャツを着せるのは、そうできればいいけれど、できなくてもいい。

成功を定義しなければならないとしたら、「自分にできる最善の選択をし、それを受け入れること」と私なら答えるだろう。ジャーナリストのメアリー・カーティスは、成功のための誰にでもできる最高のアドバイスとして、一瞬のうちに罪悪感を断ち切ってくれるアドバイスを教えてくれた。「成功の秘訣なんてないってこと。[*35] 要するに、自分に与えられたものでベストを尽くすしかない」ワシントン・ポスト紙にこう書いた。

二〇一〇年の一二月、私はTEDの出番を待っていた。パーレー・メディアセンターのCEOパット・ミッチェルがそばにいてくれる。その前日、娘を保育園に送り届けたとき、今日は東海岸へ行かなければならないからママは今晩いないの、いい子にしててね、と言い聞かせた。娘は私の足にしがみつき、行かないで、と泣いた。そのことがどうしても忘れられない。いよいよ出番というときに、この話をスピーチに付け加えたほうがいいかしら、とパットに訊いてみた。「絶対話すべきよ」とパット。「大勢の人がそういう経験をしている。あなたにとってもこれがつらい体験だということを率直に話せば、みんな気が楽になるわ」

私は深呼吸してステージに上がった。そして、自分の真実を話そうと努力した。会場にいる人々に、そしてインターネットでつながっているすべての人々に、私は話した。すべてをこなすことはとてもできない、と。パットは正しかった。正直に認めるのは自分にとってもよいことだったし、その気持ちは多くの人に共感してもらうことができた。

10

声を上げよう

女だという目で見られなかったら、自分の暮らしはどんなふうに変わるだろうか、とときに思うことがある。もう「フェイスブックの女性COO」として今日は何をしようかしら、と毎朝考えずに済むだろう。女性パイロット、女性技術者、女性レーシングドライバー……。何であれ「女性」が付くときは、多少なりとも意外感が込められている。男性がそうした目で見られることは稀だ。たとえば「フェイスブックの男性CEO」とグーグルで検索しても、「一致はありません」と答えが返ってくる。

グロリア・スタイネムが慧眼《けいがん》にも指摘したとおり、「力をもつ者が名詞を獲得し、それが標準となる。力のない者には形容詞が付く」のである。[*1] 誰だって力が劣るとは見られたくない。だから多くの女性が「女性ナントカ」と呼ばれるのを嫌い、「私は女性パイロットではなく、パイロットである（または弁護士、アスリート、社長、なんでもよい）」と主張する。もっともな主張である。誰だって、女だからという色眼鏡で自分を低く見られたくはない。みんな名詞になりたいのだ。それでも世間は、女が女であることを何かにつけて思い出させる。

高校二年と三年のあいだの夏休みに、私は議会で雑用係のアルバイトをした。生まれ育ったフロリダ出身のウィリアム・リーマン下院議員付きである。当時の下院議長は、大物政治家のトーマス・フィリップ・オニール、通称ティップ・オニールだった（五期連続で下院議長を務めた）。リーマン議員は、そのうち議長に紹介してあげようと言ってくれたが、なかなか機会がないうちにとうとう最後の日になってしまう。でも彼はちゃんと約束を守って、議場の外のホールにいたオニール議長のところへ私を引っ張って行った。私はこちこちに緊張していたが、リーマン議員は最高にうれしい紹介の仕方をした。「この子は夏の間中とても一生懸命働いてくれたんですよ」と言ってくれたのである。オニール議長は私を見てから頭を撫で、それから議員に向かって「かわいい子じゃないか」と一言。その後再び私を見て、「君はチアガールをしてるの？」と質問した。

完全に頭に来た。あとから考えれば、議長は私をうれしがらせようとしたのだとわかるが、そのときは馬鹿にされたとしか思えなかった。私としては、自分の仕事で認めてもらいたかったのである。そこで私はひどく意固地な反応をした。「いいえ、あんなものになるには勉強のしすぎなので」。言ってしまってから、大統領継承順位が三位の人になんてことを言ったのだろうと震えが走った。だがこの社交性ゼロのそっけない返事に誰も注意を払わなかったらしい。議長はまたしても私の頭を撫でてから立ち去った。リーマン議員はにこにこしていた。

ティーンエイジャーの私から見ても、議長の女性観は時代遅れに感じられた。議長は一九一二年生まれだから婦人参政権が認められるより八年早いが、私が議長に紹介された年までには社会は大きく進歩し、男にできることは女にもできると認められていたはずである。私の子供時代は、女性が何か目立つことをすればどれもこれも「初」だった。イスラエルのゴルダ・メイヤー首相は世界初の女性首相、ジェラルディン・フェラーロはアメリカ初の女性副大統領候補、サンドラ・デイ・オコナーはアメリカ初の女性最高裁判事、サリー・ライドはアメリカ初の女性宇宙飛行士、という具合である。

こうした社会的背景を踏まえ、大学入学当時の私は、一九六〇〜七〇年代のフェミニストは後続世代のために平等を勝ちとるという立派な仕事を成し遂げたと考えていた。それでも誰かが「あなたはフェミニストだ」と言ったら、ちがうと否定しただろう。社会学者のマリアンヌ・クーパー（彼女は、本書の調査に多大な貢献をしてくれた）によれば、こうした反応はいまだに一般的である。クーパーは二〇一一年に発表した論文「フェミニズムという言葉に対する反応」の中で、英語教授ミッシェル・エランが気づいた奇妙な現象を報告している。男女平等の問題に強い関心をもち、ジェンダーに関する講義を履修するような学生でさえ、大半が「フェミニズム」という言葉を使うことに抵抗があるという。さらに、「自分がフェミニストとみなされる」ことをよしとする学生はほとんどいない。エラン教授が指摘するように、「フェミニストとみなされるのは、何かひどく軽蔑的なあだ名を付けられたようなもの」なのである。[*2]

フェミニスト論の講義をとっている女子学生がフェミニストとみなされて怒るなんて、まるでジョークである。だが大学生の頃の私も、まさにこの矛盾を抱えていた。「もっと経済学や政治学を専攻しよう」と女子学生に呼びかけるグループを組織する一方で、フェミニストになりたくはなく、絶対にそうならないように細心の注意を払っていた。私だけではなかった。大学時代の友人でフェミニストを自認していた人は一人もいない。いまにして思えば痛恨の極みだが、私たちはいわゆるフェミニストに対して無意識のうちに反感を抱いていたのである。[*3]過激で男嫌いでユーモアのかけらもないと揶揄《やゆ》された世間のフェミニスト像を私たちは容認した。そして「ああはなりたくない」と思っていたが、その理由の一つは「モテない」からだった。男に気に入られたいとかデートに誘われたいといった理由でフェミニズムを拒否するとは、なんと皮肉でなさけないことだろう。ただ弁解させてもらうなら、友人も私も無知だったのである。私たちは、もう女性解放運動は必要なくなったと考えていた。闘って勝ちとるべきものはもうないと、あさはかにも思い込んでいた。

そんなふうに思い込んだまま、私は社会人になった。たとえ職場に男女差別が残っていたとしても、それがまちがいだということは自分が身をもって示せばいいと考えていた。自分は自分の仕事をするだけだ、きっといい仕事をしてみせよう、と。問題の存在を無視するのが昔からあるサバイバル術だということを、当時はわかっていなかったのである。伝統的な組織で成功する女性は、黙って同化するタイプ、言い換えれば「男の一人」になりきれる女性であることが多い。職場に初めて女性が進出した頃、たいていの女性は男のようなスーツにボタンダウンのシャツを着ていた。ある銀行の古株のエグゼクティブは、女と思われたくなかったので、一〇年間ずっと髪の毛は毎日ひっつめにしていたという。いまでは服装や髪型をそこまで意識する女性は少なくなったものの、職場で女らしさを示さないようにする傾向はいまも消えていない。知り合いのあるエンジニアは、仕事場に入る前にイヤリングを外す――自分が（じつは）男ではないことを同僚に気づかれないように。

駆け出しの頃の私は、女性であることをあまり意識されなかった（自分の息子の嫁にしようとしたクライアントは例外である）。男っぽいスーツはもうはやらなかったが、私は女らしさを隠したこともなければ強調したこともない。それに、直属の上司が女性だったことも一度もなかった。同じ会社で高い地位に就いている女性はいたが、そういう人と日常的に接する機会はなかった。ジェンダーを論じる会合に出席するよう言われたこともなければ、女性の能力開発といった女性のためのプログラムもとくになかったと思う。女性を巡る問題は何もないように見えた。私たちは職場に順応しており、自分たちに注意を引く理由は何もなかった――と思われた。

だが公には認識されていなくても、さまざまな見えない差別は存在していたのである。やがて私は、女性に対するさまざまな姿勢や処遇のちがいに気づきはじめた。客観的な実績ではなく、どれだけ環境に順応しているか、という主観的な基準で評価されがちなこともわかってきた。たとえばマッキンゼーの夏の社員旅行は海釣りで、社員の食事会と言えばしめくくりはウィスキーに葉巻と決まっていた。この「適性試験」をパスするのはむずかしい。一度、私は男性のパートナーにそそのかされて葉巻をふかしてみた。「男の一人」になるために。するとすぐさま吐き気がして、その後何日も煙の匂いを嗅ぐだけで不快になった。完全に不合格である。

私が「男の一人」でないことは、みんな気づいていたようである。一九九九年に財務省の首席補佐官に指名されると、かなりの人から「女性だったことが有利に働いたにちがいない」と言われた。じつに腹立たしいことである。百歩譲って悪意から言ったのではないとしても、その言葉が意味するところは明らかだ。あなたは実力で選ばれたのではない、ということである。しかも、私に面と向かってそう言う人が一人いたら、陰で言う人は一〇人いるにちがいない。どうやってしっぺ返しを喰わせてやろうかと私は考えた。チェックした限りでは財務省にアファーマティブ・アクション（女性や少数民族などの優遇措置）はない、と指摘しようか。私の経歴や資格は男性前任者に何ら劣らない、と説明しようか。何世紀にもおよぶ女性差別の歴史を調べ上げて弁じ立てるのも、時間さえあればいいかもしれない。それとも、失礼な発言をする奴はひっぱたいてやろうかしら……。いま挙げたことを私は少なくとも一度は試みたが（いや、ひっぱたく勇気はなかった）、どれもまったくうまくいかなかった。

そもそも勝ち目のない状況だったのである。まず、女であることを否定するわけにはいかない。否定したところで、誰もが私を女とみなすだろう。そしてあれこれ言えば、結局言い訳がましく聞こえるだけだ。直感も、周囲から受け取るシグナルも、この問題で論争するのは筋金入りのフェミニストに見られるだけだ、と警告していた。そしてその時点でもまだ私はフェミニストと見られたくなかった。それに、職場で女性が直面する不利益をことさらに指摘するのは、弱音を吐いているように見えるのではないか、あるいは特別待遇を要求しているのだと受け取られるのではないか、と心配でもあった。そこで結局私は、失礼な発言をすべて無視することにした。聞こえないふりをし、ひたすら仕事に打ち込んだ。やがて数年が過ぎる頃、女性の友人や同僚が次々に仕事を辞めていくのに気づきはじめる。進んで辞める人もいたが、やむを得ず辞める人も少なくない。その大半が、勤務時間や労働形態の弾力的な運用に応じてもらえず、家事や育児を分担しようとしない夫に従う形である。職場にとどまる場合でも、仕事と家庭をやりくりするために目標を下方修正せざるを得ない。私たちの世代から女性リーダーが増えるという希望がどんどんしぼんでいくのを私は目の当たりにしたのである。グーグルに移って数年が過ぎる頃には、問題はいっこうになくなっていないことがわかった。もう聞こえないふりをしている場合ではない、声を上げなければならないと決心したのは、このときである。とはいえ、そう決心してもまだ私は怖じ気づいていた。

幸いにも私は一人ではなかった。二〇〇五年に同僚のスーザン・ウォジスキとマリッサ・メイヤーと一緒にウィメン@グーグルを立ち上げる。きっかけはグーグルが講演に招く人たちはみな魅力的な著名人ぞろいだけれども、ほぼ全員男性だと気づいたことだった。ウィメン@グーグルではグロリア・スタイネムやジェーン・フォンダ（二人はウィメンズ・メディア・センターの創設者である）といった錚々たる女性を招いて一連の講演会を開いた。ジェーン・フォンダにはおおいに興奮し、エアロビクスでも有名な彼女に馬鹿にされないよう、会っている間中お腹を引っ込めていたものだ。それに、グロリア・スタイネムにはすっかり魅了された。女性の権利運動のことはよく知っていたから、エネルギッシュで行動的な人だろうとは予想していたが、それ以上にチャーミングで愉快であたたかい女性だったのである。ユーモアのかけらもないフェミニストという学生時代の幼稚な想像とは、正反対だった。

ウィメン@グーグルのイベント後に、グロリアがニューヨークのウィメンズ・メディア・センターで講演をしないかと誘ってくれた。私は二つ返事で引き受けた。講演の前日に飛行機でニューヨークへ飛び、機内でキム・マローン・スコットに演説原稿を書く手伝いをしてもらえば何とかなるだろうと考えていた。キムはグーグルの広報チームにいる経験豊富なライターである。ところが未処理のメールをすべて片付け、いざ書きはじめようとしたときには真夜中になっており、キムはと言えば熟睡している。起こすに忍びなかったので一人で考えることにしたが、すっかり途方に暮れてしまった。考えてみれば、女性が抱える問題について公の場で話したことは一度もない。いったい何を話したらいいのか……。それから、自分自身がショックを受けた数々の出来事を思い出し、話したいことは山ほどあると気づいた。

次の日、女性は職場で同化し順応するよう教えられてきたが、これは正しいアプローチではないのではないか、と話しはじめた。そしてすこし声を大きくして言った。男と女は行動もちがうし、その行動がどう見られ、どう評価されるかということもちがう。現状ではそれがあたりまえになっているが、問題を解決するには、ジェンダーについて適切に発信できるようになることが必要だ。適切に、とは、弱音を吐いていると受け取られないように、特別待遇を求めていると解釈されないように、あるいは訴えを起こすとみなされないように、問題を指摘することだ、と。これまで言いたかったことが、その日は次々に口からほとばしった。カリフォルニアに戻ってからも、このことを考えつづけ、連絡をとり合った。

その後四年間に、働く女性をテーマに二回講演したが、どちらも働く女性だけが聴衆の講演会で、場所もスタンフォードの近くだった。そんなある日、パット・ミッチェルから、TEDウィメンを立ち上げるので、ソーシャルメディアについて話してほしいと声がかかったのである。そこで私は、別に話したいことがあると返事をし、パットと相談の末に、どうしたら女性は仕事で成功できるか、というテーマで話すことになる（のちにTEDでは「女性リーダーが少ないのはなぜか」というタイトルを付けた）。私は大いにわくわくしたが、すぐに、誰もいっこうに感心していないことに気づいた。友人も同僚も、男女を問わず、そんなテーマで話すのは経歴に傷をつけるだけだと警告した。たちどころに本物のエグゼクティブではなく「女性COO」のイメージが固定され、実業界で浮いた存在になってしまうというのである。

みんなが正しいのだろうかと私は心配になった。TEDで話すのは、これまでの講演とはまったくちがうだろう。そこにいるのは好意的な聴衆だとしても、講演はウェブ上で公開され、誰でも見ることができ、評価し、批判することができる。

フェイスブックの社内では、TEDでの私の講演に気づいた人はごく少数だったし、みんなよかったと言ってくれた。だが社外では、手厳しく批判された。たとえば財務省の元同僚が電話をしてきて、みんな（もちろん彼以外である）どうしてフェイスブックについて話さないで女性問題などを取り上げたのか、ふしぎがっていると言った。だが私は二年半フェイスブックにいて、ソーシャルグラフを活用したマーケティングについては数え切れないほど講演している。公の場でジェンダーを取り上げたのは、あの一回だけだ。別の誰かはこう言った。「ふーん、あんなことに関心があるんだ」

そのときは、どう答えたらよいかわからなかった。だがいまならイエスと答えられる。そう、いまは関心をもっている。なぜなら、現状を打破しなければならないと考えるからだ。黙って順応することは、職場に進出した第一世代の女性がやって来たことだ。彼女たちにはそうするしかなかった。このやり方は、いまでも安全な方法かもしれない。だがこの戦略は、女性全体に実りをもたらすものではない。私たちは声を上げる必要がある。女性が思い切って踏み出せない要因を見きわめ、解決策を探さなければいけない。

TEDの講演に対する反応を見て、公の場でこの問題を取り上げるのはちがいを生み出せるのだとわかった。たくさんの女性が友達に、同僚に、娘に、姉妹に動画を転送した。世界中の女性からメールや手紙が来るようになった。そのどれもが、チャンスを摑む勇気、テーブルに着く勇気、自分を信じる勇気を出せるようになったと伝えていた。

とりわけ感動したのは、サビーン・ヴィラニからの手紙である。サビーンはコンサルタントとして社員三〇〇人を抱えるドバイのクライアント企業で働いており、そこでは唯一の女性である。サビーンにとっては、女性用トイレの場所を知らなかったエグゼクティブの話が印象的だったという。というのもそのオフィスには、そもそも女性用トイレがなかったからだ。さらに、プロジェクトの最初の週にクライアントがサビーンのチームをディナーに招待してくれたが、彼女は参加できなかったという。レストランが女性入店禁止だったからだ。テーブルに着くどころか、店に入ることすらできなかったわけである。一部の男性はあからさまにサビーンに敵対的で、他の男性からは無視された。それでもサビーンは降参しなかった。もっと女性にやさしい職場に移るのではなく、女性だって有能なプロフェッショナルになれることを全員に見せてやる、と決めたのである。そしてとうとう実力で納得させ、クライアントは彼女一人のためにトイレを女性用に改修してくれた。私に送られてきた写真では、「女性専用トイレ」とはっきり表示されたドアの前にサビーンが誇らしげに立っている。

TEDの講演に好意的に反応する男性がいたことは、ほんとうにうれしかった。ジョンズ・ホプキンス大学医学大学院のジョン・プロバスコ博士は、女性が男性ほど手を挙げつづけないという指摘に感じるものがあったという。そこで博士は授業で挙手方式をやめ、男子学生と女子学生を均等に指すことにした。すると、女子学生もちゃんと正しく答えられる、いや、男子よりよく理解していることがわかったという。こうして一日にして女子学生の授業参加率を引き上げることができた。小さな変更が大きな変化を生み出したのである。

実際、大きな変化は、こうした「ナッジ」から生まれることが多い。ナッジとは「そっと肩を押す」といった意味合いで、大事な瞬間のわずかな介入によって人々の行動を好ましい方向に促すテクニックを指す。[*4] 男女の行動パターンを公の場で話しただけで、無意識だったことが意識されるようになる。たとえばグーグルには、エンジニアが自分で自分を昇進に推薦する一風変わった昇進制度がある。この制度では自薦するのは男性が多く、したがって男性は女性より速いペースで昇進する。そこでグーグルの経営チームはこのデータを女性社員に公開した。すると女性の自薦は大幅に増え、ほぼ男性と同じ率に達した。

TEDからのフィードバックはすべて、私の決意をいよいよ強固にした。行き詰まりを打開するには、声を上げつづけなければならないし、ほかの人にもそうするよう励まさなければならない。言葉は意識を変え、意識は行動を変え、行動は制度を変えるだろう。

簡単でないことは承知している。職場における男女差別の問題を取り上げるのは、泥沼に足を踏み入れるようなものだ。平等の扱いをめざしながらも、男女のちがいは認めざるを得ないのだから、そもそもこの問題自体が矛盾をはらんでいる。女性、とりわけまだ地位の低い女性は、ジェンダー問題を口にしたらプロフェッショナルらしくないと見られるのではないか、他人を非難しているように受け取られるのではないか、と恐れる。能力を過小評価されているとか、屈辱的な扱いを受けているといった不満を女性からよく聞くけれども、上司に一度でもそれを言ったのかと訊ねると「とんでもない、そんなことできません」と答える人がほとんどだ。声を上げたら事態は悪くなるだけで、評価を下げられ、昇格は見送られ、最悪の場合にはクビになりかねないと考えてしまうからだろう。それなら不公平に黙って耐えるほうが安全だ、ということになる。

男性の場合には、この問題を取り上げるのはもっとむずかしいかもしれない。大きな会社を経営する友人（男である）は、「ジェンダーについて話すより、人前でセックスについて話すほうがまだやさしい」とこっそり告白した。これを公に言おうとしないこと自体が、問題の困難さを示している。ボーダフォンのCEOであるビットリオ・コラオは、TEDの講演を経営チームに見せたと話してくれた。女性は自分から引っ込んでしまうことがある、という指摘に共感したからだという。このメッセージを言ったのが男ではなく女だったのがよかったのだろう、と彼は付け加えたが、これは正しい。もし男性が、たとえやんわりとでも、女性は自分の可能性を狭めてしまうような行動をとりがちだなどと言ったら、大いに顰《ひん》蹙《しゅく》を買うにちがいない。

議論を避けるのは、自ら負けを認める行為であり、前に進む途を閉ざしてしまう。私たちは声を上げ、耳を傾け、議論し、反論し、教え、学び、そして変わっていかなければならない。管理職の大半は男性だから、彼らがこの問題を気楽に女性社員と話せるような環境づくりも必要である。女性が部屋の隅っこに座ったら、テーブルに着くよう男性が手招きし、次からはテーブルに着くべきだと話せるようになったら、どんなにいいだろう。

アメリカン・エキスプレスのCEOであるケン・シュノールトは、この点で模範的である。ケンは、会議では男女ともに女性の発言を遮る傾向があり、しかも女性が最初に出したアイデアを男性のものにしてしまうことがよくあると率直に認める。そしてこうした行動を見かけたら、即座に議論を止めて指摘する。トップが本気となれば、社員も自分の行動をよく考えるようになるのは当然だろう。同社では、下の地位の女性（あるいは男性）でも、女性が発言中に横から口を出されたらたしなめるという。おだやかに、しかしきっぱりと「先に進む前に彼女の発言を最後まで聞きましょう」と言うのである。この行動は、助けられた側だけでなく、助けた側にもメリットをもたらす。他人のために立ち上がる行為は、勇気とチームプレーを表すものと受け取られるからだ。こうして助けた側の評価も上がる。

フェイスブックで私は、マネジャーは女性社員に出産の計画があれば相談するよう促し、可能性にチャレンジしつづけられるよう支えてあげてほしい、と話している。男性の口から言うのがためらわれるような場合には、私がそう言ったと伝えてよい、とも言っている。だがこのアプローチはまだうまくいっているとは言えないし、他社に拡がってもいない。誰もがこの問題を公の場でも、職場でも話せるようになったらいいと思う。

一つ大きな障害となっているのは、職場はだいたいにおいて実力主義だと大勢の人が信じていることである。つまり、集団ではなく個人を見て、結果の差は実力から来るのであって、男か女かは関係ないと判断する。トップの座に就いている男性は、自分が享受している恩典に気づいていないことが多い。なぜなら――男だからだ。だから、女性につきまとう不利益に目が向かない。下の地位にいる女性のほうも、男性がトップにいるのはそれだけの能力があるからだろうと考えがちだ。だから現在のルールに従ってがんばれば昇進できると信じ、ジェンダー・バイアス（性差に関する偏見や固定観念）の存在に疑問を提出することも、声を上げることもしない。その結果、不公平なシステムがいつまでも続く。これは、男女両方の責任である。

とはいえ、見境なく議論にジェンダーを持ち込まないよう、私たちはよくよく注意しなければならない。たとえば、女性の雇用や昇進にたいへん理解と熱意のある男性ＣＥＯが、女性社員と昇進について話すとしよう。この女性は、自分にはもっと高い地位がふさわしい、現在過小評価されているのは自分が女だからだ、と言い出す。この瞬間にＣＥＯは話し合いに応じられなくなってしまう。彼女は自分の真実を話したのかもしれないが、この場合のそれは面倒な法律問題を伴う非難となる。問題を男女差別の枠組みで捉えた瞬間に、ＣＥＯは建設的な話し合いを打ち切り、労務関係の専門家を呼ばざるを得ない。この女性社員は単に、自分は会社にこれこれの貢献をした、だから昇進に値する、と言えばよかったのである。

今日でも、仕事絡みでジェンダーについて発言するのは明らかに不快感を招くことが多い。企業の名誉のために付け加えると、職場での差別に気をつけるよう、とりわけセクシャル・ハラスメントに無頓着でいないよう、社員に注意を促している。だが、この種の人事セミナーは、社員の意識を高め、弱い立場の社員を守る一方で、「これをすれば訴えられかねない」「ああ言えば訴訟で不利になる」と不安を煽ることにもなる。そしてこれは、この問題を論じるうえでほんとうの障害になりかねない。差別から労働者を守るために設計された法律は、連邦法であれ州法であれ、雇用主は性別、妊娠、年齢などの情報に基づいて決定を下してはならない、と定めているだけである。ところが企業は多くの場合、自主的に一段と強力な方針を導入し、これらの項目にすこしでも関係のある事柄は取り上げないよう、管理職を指導している。親切な配慮をするつもりで「結婚しているの？」とか「お子さんは？」と訊ねるだけで、あとになってこの情報に基づいて人事判断をしたと非難されかねないというのだ。その結果、男女の性差を踏まえたうえで女性社員に手を貸したいと考える上司は、そのために差別行為に問われることになる。

子供を産む予定があるのかと内定者に初めて質問したとき、この行為が私自身も会社も法的リスクにさらしかねないことを十分承知していた。それでも、このリスクを評価する立場にいながら、私はあえてそれを選んだ。女性やマイノリティーや障害のある人を差別から守る法律は絶対に必要であり、破ってよいなどと言うつもりは毛頭ない。だが、この種の法律が日常の会話にまで冷たい影響をおよぼし、ときに守るべき当の人たちの不利益になっているのを何度も見てきた。このジレンマをどう解決したらいいのか私にはわからない。公共政策や法律の専門家に期待したい。この問題は本気で取り組む価値があると信じているし、守るべき人を守りつつ、行きすぎにならないような方法で取り組む道筋がきっと見つかるにちがいないとも信じている。

たいていの人がジェンダー・バイアスの存在を認めているが、自分はちがうと言い張る。私たちはそんなごまかしを信じるほど馬鹿ではないが、しかしじつは私たち自身がそうしたバイアスに振り回されている。男らしさ、女らしさに関する先入観は、職場での接し方や、さらには評価にまで影響をおよぼしている。二〇一二年に行われたある調査によると、主任研究員の選抜で新卒者のまったく同等の履歴書を審査したにもかかわらず、男女いずれの研究者も男子学生を高く評価したという。学歴と経験は、どの学生も同じだった。だが研究者たちは女子学生を低く評価し、低い初任給を提示し、メンターによる指導も不十分だった。[*5] 求職者、奨学金応募者、オーケストラ奏者のオーディション応募者を対象に行われた他の調査でも、同じ結論にいたっている。すなわちジェンダー・バイアスが評価に影響を与え、男性応募者は高く、女性応募者は低く採点された。[*6] 今日でも、性別を隠した評価では、女性に有利な結果が出ている。[*7] だが残念ながら、大半の選抜試験は面接で行われる。

私も含めて誰もが、自覚のあるなしを問わず、バイアスに影響されている。そして「自分は客観的だ」という思い込みは事態を一段と悪くし、社会学者が「バイアスの死角」と呼ぶ現象を引き起こす。死角のせいで自分の客観性に過剰な自信を抱き、バイアスを正すことができなくなってしまうのである。[*8] 具体的には、こうだ。警察署長の候補者として、まったく等しい経歴と実績をもつ男女がいる。両者を評価するに当たり、自分は最も公平だと主張した審査官が、実際には男性候補者に肩入れするバイアスを最も多く備えていた。これは非生産的なだけでなく、きわめて危険な現象である。この調査では、審査官が男性に有利になるよう採用基準を変えてしまうことが確認された。たとえば男性候補者が高学歴の場合には、学歴が警察署長として最も重要な条件になるが、学歴が低い場合には、学歴はさほど重視されない。このようなえこひいきは、女性候補者には働かない。逆に女性があるスキルや能力で上回っている場合には、そうした資質は警察署長としてさほど重要ではないとみなされる。この調査から、「長所や資質は差別を正当化するために操作される」という腹立たしい結論が導き出される。[*9]

いまも、新種のバイアスが次々に社会学者の手で発見されている。二〇一二年には、「現代的な」結婚（妻がフルタイムで外で働いている）をしている男性と「伝統的な」結婚（妻が専業主婦である）をしている男性を比較する研究が行われた。研究者の狙いは、この結婚形態のちがいが職場でのふるまいに何らかの影響を与えているかどうかを突き止めることにある。結果は——明らかな影響が認められた。「伝統的な」結婚をしている男性は、「現代的な」結婚をしている男性に比べると、職場での女性の存在にあまり好意的ではない。条件を十分に満たしている女性の昇進を却下する率が高く、女性の多い職場は面倒が多いと考えている。研究者は、「伝統的な」結婚をしている男性が必ずしも女性に敵対的だとは考えていない。むしろ、女性にけっして否定的ではないが、時代遅れの見方に囚われた「善意ある性差別主義者」なのだと推定している[*10]（ちなみに私は「いい男は働く女が嫌い」という通説を耳にしたことがある）。こうした男性は、ある面では女性のほうがすぐれているとさえ、認めているのかもしれない。たとえば倫理観念などがそうだ。しかしそうしたものは育児にとって好ましくても、職場ではさほど重要でないと考えているのだろう。[*11]こうした考え方をする男性は、十中八九、自分の自覚的あるいは無自覚的な思い込みが職場の女性をどれほど苦しめているかに気づいていない。

自分と共通性の多い人と一緒に働きたいという願望も、バイアスを生む。コンサルティング会社のイノバイザーが二九カ国を対象に行った調査では、一緒に組んで働く同僚を選ぶとき、男女いずれも同性を選ぶ傾向があることがわかった。[*12]しかし多様な集団ほどパフォーマンスは高まるものだ。[*13]こうした点を踏まえ、マネジャーはチーム編成に際して多様性を高める配慮をすることが望ましい。少なくとも、部下にこうした傾向の存在を指摘し、積極的に多様な人材との交流を図るよう促すべきである。

職場でジェンダー・バイアスを指摘しようとする私の努力は、必要以上に失笑と軽蔑を買っているようだ。自分の行動を見直し、死角になっていたバイアスに気づいてもらえることもあるが、下手をすると相手を怒らせ自己防衛に走らせてしまう。埋もれていたバイアスの存在が明らかになりやすいのは、人事考課のときである。たとえば査定者は、女性の考課で

「きわめて有能だが同僚に嫌われている」と評価することが多い。こういうとき、私はハイディとハワード実験のことを話し、実績と好感度は女性の場合、反比例しがちだと説明する。そして査定者に対し、この有能な女性が性差によるペナルティーを受けてはいないか、もう一度考えてみてほしいと伝える。一般に学術研究の結果は信頼され、敬意を払われており、ほとんどの人が納得し、同意する。ところがいざその結果が自分のチームにも当てはまるのではないかと言われると、とたんに腹を立てることが多い。そして、自己弁護する――これは、ジェンダーとは無関係だ、なぜなら、男も女もあの女性を嫌っている、と。だが「できる女」は不幸にも男からも女からも嫌われることを忘れてはいけない。女性も、このしつこいバイアスに一役買っているのである。

言うまでもなく、女性がみな好かれるわけではない。女性の中には、よからぬ態度や行動のせいで嫌われる人もいる。だがそれは直せるはずだ。理想的には、そういう女性には建設的なフィードバックを行い、行動を正す機会を与えることが望ましい。しかしバイアスの存在に注意を払うよう促すだけでも、その女性にほんとうに問題があるのか、それとも周囲の認識の問題なのか、査定者は再検討するようになるだろう。男性には「疑わしきは罰せず」の原則が自動的に適用されている。女性にもそうなってほしい。

一方、女性の側も上司に「疑わしきは罰せず」の原則を適用してほしい。つまり、「どうせ上司に言っても無駄だ」と決めつけないでほしい。シンシア・ホーガンは、ジョー・バイデンが委員長を務める上院司法委員会で首席法律顧問として働き、出産のため一九九六年に辞めた。数年後に職場復帰するつもりだったが、第二子を早産したため復帰を見合わせ、結局まるまる一二年職場から離れていた。そこへ次期副大統領となったバイデンから声がかかる。今度は、首席法律顧問としてホワイトハウスのスタッフに加わってほしいという要請だった。「それを聞いて最初に考えたのは、ヨガ用のパンツしか着るものがないわ、ということだった」とシンシアは笑う。それから、ホワイトハウスでの長時間労働と家庭とを両立できるだろうか、と真剣に悩んだという。それについて、シンシアはこんなすてきな話を聞かせてくれた。「うまくいくかどうかは二人の男性次第だとわかっていた。そこでまず、第一の男性である夫に、あなたは手を貸せるだろうか、子供たちの世話をもっと分担できるだろうか、と質問した。すると彼は、『もちろんだよ、今度は君の番だ』と言ってくれた。次に私は次期副大統領に、夜はできるだけ子供たちと一緒に夕食をとりたい、と話した。すると彼は『電話というものがあるじゃないか。どうしても君に用があるときは、夕食後に電話をするよ』と言ってくれたの」[*14]

シンシアによれば、この話の教訓はこうだ——たとえ見込みが低くても、要求することを恐れてはいけない。上級ポストをオファーされるのは、長いこと職場を離れていた場合であればなおのこと、めったにないビッグチャンスである。多くの女性は、条件も付けずに、そう、たとえば家族と過ごす時間を確保することを試みもせずに、飛びつきがちだ。あるいは、家族と夕食をしたいなんてとても交渉できるはずがないと考えて、断ってしまうだろう。率直に事情を明かして要求する勇気が、道を拓くことになる。

どんな仕事でも、ある程度の犠牲はつきまとう。ここで重要なのは、不必要な犠牲を避けることである。完全な献身が評価されるアメリカの職場文化では、これはきわめてむずかしい。仕事以外に重要なことがあると匂わせるだけで、社員としての評価が下がってしまうのではないかと心配になる。私自身もそうだった。すでに書いたように、子供が生まれてから私は勤務時間を変え、夕食に間に合う時間に家に帰るようにしたが、そのことはずっと内緒にしていた。公の場で話すようになったのは、つい最近のことである。すると、私が早く帰宅すること自体は仕事にほとんど影響を与えないにもかかわらず、五時半帰宅を公に認めたことは、驚くほど大きな反響を呼んだのだった。

勤務時間のことを初めて公にしたのは、フェイスブック・ウィメンを立ち上げたときである。これは社内の組織で、ローリー・ゴーラーと主席エンジニアのマイク・シュローファーが運営し、フェイスブックの社員なら男女を問わず誰でも参加できる。第一回の会合で、私は予想通り仕事と家庭のバランスについて質問された。そこで、子供たちと夕食をとれるような時間に帰宅していること、子供たちが寝入ってからオンラインに戻ることを話した。そして、自分の帰宅時間をあえてここで話すのは、他の人もそうしやすいようにするためだ、と説明した。初めからこのことを話そうと決めていたにもかかわらず、話しながら不安になったものである。自分が仕事に一〇〇%ではなく他に大切なものがあると認めるのは賢明ではない、という考えが長年のあいだに染み付いていたからだ。この発言を聞いた誰かが、ひょっとすると同僚が、私の熱意や献身を疑うかもしれない……。幸いにも、そういうことは起きなかった。フェイスブックの社員たちはこの発言に感謝し、そのときはそれで終わった。

数年後、プロデューサーのダイアン・マクギーからメイカーズ・シリーズのためのインタビューを受けた。さまざまなことが話題に上り、その中には私の日々のスケジュールも含まれていた。この録画がウェブにアップされると、たちどころに大反響を呼んだのである。身から出た錆と言うべきか、ソーシャルメディアのおかげで大勢の人が私の五時半帰りについて意見を言うことができる。そして、匿名のサンキューカードが付いた花束がたくさん届いた。当時ヤフーの相談役を務めていたマイク・キャラハンは、法務部で上級職に就いている女性の多くが共感し、私の例に倣うようになったと教えてくれた。ビジネス書作家のケン・オーレッタは、私が斧で誰かを殺したとしても、これほど世間を騒がすことはできなかっただろうと言ったものである。一気に議論を活性化できたことはうれしかったが、これだけ注目を集めてしまうと、誰かが私を敵視し、クビにするのではないか、という不吉な感情がつきまとうようになった。そんなことは馬鹿げている、と私は自分に言い聞かせなければならなかった。そして、かまびすしい議論の中で気づいた——もっと地位の低い女性にとっては、五時半帰りを要求したり公言したりするのは、はるかに困難なのだ、と。ほとんどの職場でフレックスタイムが認められるようになるまでには、まだまだ時間がかかる。そのためにも、声を上げつづけなければいけない。

それは容易ではないが、よいこともたくさんある。気づいていないことを変えることはできない。だがいったん気づけば、必ず変えられる。

伝統的な組織であっても、問題に正面から取り組めば、変わることは可能だ。たとえばハーバード・ビジネススクール（HBS）がそうである。HBSではこれまでずっと、アメリカ人の男子学生が学業成績で女子学生と留学生を圧倒してきた。ニティン・ノーリアは二〇一〇年に学長に就任すると、この差を埋めようと決意する。そしてヤンミ・ムンをMBAプログラム担当学科長に指名した。一世紀近い同校の歴史で初の女性学科長である。ノーリアは、ジェンダーと多様性の専門家であるロビン・イーリーにも新しいポストを用意した。

ムンはフランシス・フライ教授と共同で、まず一年目は同校の文化を徹底的に調査した。二人は各クラスを回り、女子学生と留学生が直面している問題を洗い出した。次にこの調査結果に基づき、ノーリア曰く「気配りの基準」を定めた。たとえば、教室での言葉遣いにもっと注意を払う、などである。こんな具合に、大々的な改革はせず、学生が誰でもすぐにできるようなソフト面にさまざまな小さな工夫を導入した。学内でのリーダーシップの定義も打ち出している。それによれば、「リーダーシップとは、あなたの存在によって他の人の満足感を高め、あなたがいなくてもそれが維持されるようにすること」である。学生は自分のふるまいが他人に与える影響には責任をもたなければならないとし、この原則に違反した学生や、この原則が守られないようなイベントを主催した学生は、責任を問われることになる。続く二年目には、自主的には交流しないような学生同士の共同作業を促す目的で、少人数のグループによる演習が導入された。また、一年間にわたる現場研修も取り入れられた。これは、大人数のクラスではうまく授業参加ができない学生の強みを活かす目的で設計された。

こうした試みのおかげで、男子学生と女子学生・留学生の成績格差はほとんどなくなり、優等賞や奨学金などはそれぞれの比率に見合うようになる。さらに、驚かれるかもしれないが、すべての学生の満足度が高まったのである。女子学生と留学生だけでなく、アメリカ人男子学生の満足度も上がった。より平等な環境は、誰にとってもハッピーだったということである。しかもこれらすべては、わずか二年のあいだに成し遂げられた。[*15]

社会的な利得は、配られるものではない。勝ちとらなければならない。私たちがいまあたりまえのようにさまざまな権利を手にしているのは、女性運動のリーダーたち、スーザン・B・アンソニー、ジェーン・アダムズ、アリス・ポール、ベラ・アブズグ、フロ・ケネディなどたくさんの人たちが勇気をもって声を上げたおかげである。彼女たちの勇気が文化を変え、法律を変え、そしてすべての人に実りをもたらした。いま考えれば、大学時代の自分たちが、女性運動初期のフェミニストたちが闘って勝ちとった成果をもう過ぎたことのように眺めていたのは、じつに馬鹿げたことだった。私たちは彼女たちの努力を称えるべきだったのに、もう闘いは終わったと考えて声を上げようとしなかった。あのときの沈黙が、いま私たち自身を傷つけている。

いまこそ私は、誇りをもって、自分をフェミニストと呼ぼう。ティップ・オニールがいま生きていたら、私はフェミニズムのためのチアリーダーになると答えよう。この旗印の下に多くの女性、多くの男性が集まってくれることを期待する。現在のアメリカでは、自分をフェミニストと認める女性は二四％しかいない。だが、「フェミニストとは、社会、政治、経済における男女平等の正しさを信じる人のことである」と定義した場合には、その比率は六五％まで跳ね上がる。[16] これは、正しい方向への大きな一歩ではないだろうか。

とはいえ、大事なのは自分をどう呼ぶかではなく、男であること、女であることが与える影響について発言する意志をもつことである。バイアスが存在しないふりをしたり、それについて沈黙を続けたりすることは、もうやめよう。ハーバード・ビジネススクールがやってのけたように、より平等な環境をつくれば、組織としての生産性が上がるだけでなく、すべての人がよりしあわせになれるのだから。

11

ともに力を

本書の始めに、先進国の女性を取り巻く状況はかつてよりはるかに改善されているが、男女平等の約束はまだ実現されていない、と書いた。ではどうやって前へ進んだらいいだろうか。まず第一歩は、真の平等が長きにわたって望まれながらもいまだ実現していないことを認め、この目標の達成には、政府でも産業でもトップの地位に就く女性が増えることが必要だと認識することから始まる。次に、そのために全力で取り組む。ステレオタイプやバイアスが決意をくじき、信念を揺るがせ、現状維持を続けさせてきたことを、男女を問わずすべての人が認め、理解しなければならない。男女のちがいを無視するのではなく、それを受け入れ、乗り越えていくことが望まれる。

私たちは数十年にわたり、家で働くか外で働くかの選択肢を女性に与えるべく努力してきた。そしていまでは、この決断を女性自身が下す権利をもっていることを誇らしく思っているし、たしかに誇る価値はある。だが私たちはいま一度胸に手を当て、女性に職場進出の選択肢を確保することに目が向きすぎ、女性がリーダーをめざすよう励ましてこなかったのではないか、と考えてみる必要がありそうだ。いまは、女性がテーブルに着き、やり甲斐のある仕事に挑み、果敢にキャリアの道を歩むことを応援すべきときである。

私たちは多くのものを勝ち得たけれども、今日なお女性も男性も真の意味での選択肢はもっていない。パートナーが家事や育児を分担するようになり、そして雇用主と同僚から理解と協力を得られるようになるまで、女性に真の選択肢はない。と同時に、家事や育児を引き受ける男性が理解と尊敬を得られるようになるまで、男性にも真の選択肢はない。機会の平等は、その機会の活用を誰もが奨励され応援されるようになったとき初めて真に実現するのであり、そのときこそ男も女も能力を思い切り発揮することができる。[*1]

これらはどれも、男と女がともにめざさなければ実現できないことである。男性は女性を支えなければならないし、これを言わずに済めばどんないいかと思うのだが、しかし、女性も女性を支えなければならない。スタンフォード大学のデボラ・グルーエンフェルド教授は「私たちはお互いの味方になり、手を携え、一つの共同体として行動することが必要だ。一人ひとりの力は弱くとも、力を合わせることで、私たちは人口の半分を占める性として真の力をもつことができる」と語る。[*2] あたりまえのことのように聞こえるかもしれないが、女性はこれまでつねに共同戦線を張っていたとは言えない。いや、実際には逆のことをしていたという残念な例は少なくない。

だが私たちは新しい世代であり、新しいアプローチを必要としている。

二〇一二年の夏、グーグルの元同僚のマリッサ・メイヤーがヤフーのCEOに指名された。友人やヤフーの取締役会も、私も、その時点でマリッサが妊娠後期に入っていることを知っていた。妻があと数週間で出産となれば、夫にとっては大ニュースだが、誰もことさらそれを話題にしたりはしない。だがマリッサの状況はたちまちニュースの題材になり、「フォーチュン五〇〇社で初のお腹の大きいCEO」と報道されるようになった。フェミニストはこのニュースに快哉を叫んだものだ。ところがマリッサが「産休は二、三週間で、そのあいだもずっと働く」[*3]と宣言したとたんに、大方のフェミニストからの称賛の声は途絶えた。誰もがそんなに短い産休で済ませられるわけではないし、それは望ましくもない、マリッサのせいで今後世間は不合理な期待を抱くことになり、かえってマイナスだ、と言うのである。

ではこの一件は、女性にとって大きな前進であると同時に小さな後退なのだろうか。もちろん、答えはノーだ。マリッサはフォーチュン五〇〇企業で最年少のCEOになった――妊娠中に。だから仕事と家庭を両立させるために彼女にとっていちばんいい方法を決めたのであり、それが誰にでも当てはまるとは一度も言っていない。もしマリッサが全社員を対象にヤフーの産休を二週間に短縮したら、そのときは疑義を提出すべきである。だがそんなことはしていない。にもかかわらず手厳しく非難され、ヨーロッパの閣僚まで彼女を批判する騒ぎとなった。[*4] だが置かれた状況で自分に何ができるかをいちばんよく知っているのは、自分自身である。マリッサもそうだ。ジャーナリストのカーラ・スウィッシャーも、マリッサには「育児を引き受けられる夫がいるのに、誰もがそのことを忘れているようだ」と指摘する。[*5] 女性が出産と育児のために休みをとる場合、それが二週間であれ、二日であれ、二年、あるいは一二年であれ、その事情は尊重され、理解されるべきだろう。

マリッサの件が示すように、高い地位に昇った女性は厳しい目で見られることが多い。リーダーの大半を男性が占める現状では、女性リーダーに何か落ち度があれば、それが女性代表のようにみなされがちだ。[*6] にもかかわらず、女性リーダーの一つのケースを一般化することはできないはずである。女性リーダーが過小評価され嫌われやすいことを考えれば、こうした一般化は致命的である。当人にとって不公平であるだけでなく、「できる女は嫌われる」という呪いをいっそう強めることになりかねない。私の例をお話ししよう。二〇一二年五月にフォーブス誌のブロガーが「シリコンバレーで人気急上昇中のシェリル・サンドバーグはキム・ポレーゼの二の舞か」という記事を投稿した。この記事ではまずキムについて解説し、シリコンバレー揺籃期のハイテク起業家で一九九〇年代の寵児だったこと、しかし実質的な成功を収めたことはなく、「いいときにいい場所にいた若くてかわいい女の子で、しゃべりがうまかった」と定義する。そして「あっという間に消えて行ったポレーゼの物語は、シェリル・サンドバーグに警告を発している」と結んでいる……。[*7]

この記事が出るまで、キムとは一度も会ったことも話したこともない。だがキムは私たち二人のために立ち上がり、記事に対して公の反論を書く。ブログを読んで「なんて悲しいことだろう、とまず感じた。女性とリーダーシップに関する限り、この二〇年間で産業も社会もすこしも進歩していない。過去にも十分調査せずステレオタイプに従って書かれた記事は多かったが、これもそうだ。この記事は事実を誤解している」とし、事実を訂正したうえで、次のように綴っている。「こうした見方があまりにも多い。このような態度は、リーダーとしての女性を馬鹿にし、貶《おとし》め、故意に過小評価する傾向の一部を形成していると言えよう」。[*8]大勢の読者がキムに同調し、ブロガーを性差別主義者と非難する声が次々に上がる。その結果、ブロガーは謝罪記事を出し、元の記事を撤回した。[*9]

キムが公の場で反論してくれたことに深く感謝している。大勢の女性がキムに続いてくれたことはもっとうれしい。だが残念ながら、いつもこうなるわけではない。とりわけジェンダー問題に絡む女性の言動は、同性から賛同を得られない傾向が強い。マリッサの産休に関する非難をしたのも、ほとんどが女性だった。同じようなことは私も経験している。世間は揉め事に興味津々で、とりわけ女同士の喧嘩は大好きである。メディアは女性が他の女性を攻撃すると嬉々として報道し、はやし立て、問題の本質から逸脱してしまう。「彼女はこう言った」「彼女はああ言った」という話題に堕してしまったら、もう私たちはみな敗者なのである。

社会運動は、決まって内部の意見対立に悩まされる。その一因は、支持者が熱くなりすぎて、些細な点での意見の不一致が大問題と化すことにあると言えよう。女性運動家のベティ・フリーダンが愚かにもグロリア・スタイネムと手を組もうとしなかったこと、いや、握手さえ拒んだことは有名である。どちらも女性の権利の拡大に多大な貢献をした。だが二人が力を合わせたら、もっと多くを成し遂げられたにちがいない。

平等の問題に深い関心をもっている人は大勢いる。私たちは意見の相違を解消すべく努力しなければならないが、どうしても一致しない部分はそういうものとしてひとまず棚上げし、共通の目標に目を向けるべきではないだろうか。議論するなということではない、もっと建設的な議論をしましょう、ということである。マリッサのケースで言えば、彼女の画期的な業績に注目するほうがずっといい。マリッサのおかげで、他の企業も妊娠中の女性を高い地位に指名するようになるかもしれないし、妊娠中の女性も希望と野心をもちつづけられるようになるかもしれない。マリッサの評価を貶めることは、私たち全員を貶めることにつながる。

女性が上をめざすとき、立ちはだかる障害の一つがすでに上にいる女性だったということがある。これは悲しいことだが、事実である。先行世代の女性は、ある一つの組織で高い地位に昇れる女性は一人しかいない、と思い込む傾向がある。実際、そういうケースが多かったことはたしかだ。名ばかりの平等主義がまかり通っていた時代には、女性は連帯して不公平なシステムに立ち向かうのではなく、同じ部屋にいる同性の同僚を競争相手とみなしがちだった。野心が敵意に火をつけ、上をめざそうとする女性は同性から無視されたり、足を引っ張られたり、妨害されたりした。

一九七〇年代にはこうした現象はごくありふれており、高い地位に抜擢された女性はよく「女王蜂」と表現された。男性の多い産業でトップに上り詰め、自分の地位を利用して他の女性を「働き蜂」に使う女性は、とくにそうである。それは、単に保身のためでもあれば、男尊女卑社会で自分の時代が来たのだという意識の顕示でもあった。この意味で、女王蜂のふるまいは性差別の原因を作ると同時に、性差別の結果でもあったと言えよう。女王蜂は女性の地位が低いという問題を自分一人の問題と捉え、自分の価値を誇示するために男性とだけ付き合いたがった。また女王蜂にとっては現状維持のメリットが大きいため、他の女性の昇進に否定的なケースが多かった。[*10]
残念なことに、「偉くなれる女は一人だけ」という見方は今日もまだ消えていない。女は女と競争しなければならないなどという前提はナンセンスなのに、いまだにそう信じている人がいる。女性が同性の同僚にとくに辛口で、仕事への熱意、意欲、リーダーシップに疑義を提出することもめずらしくない。[*11]ある調査によれば、博士課程を指導する女性の大学教授は、男子学生のほうが将来の仕事への意識が高いと思い込みがちだという。しかし学生の回答を見る限りでは、とくに男女の差は認められなかった。[*12]また他の調査では、成功した女性は性差別の問題意識が低くなりがちだということがわかった。とくに、ジェンダー・バイアスの強い環境で成功した女性ほど、そうなりやすいという。[*13]
女性が女性の足を引っ張るなど、考えただけでも胸が痛む。元国務長官のマデリン・オルブライトは、「地獄には、女を助けない女が落ちる場所がある」と言った。[*14]女性のこうした行為は、単に相手を苦しめるだけでは済まない。女性に対する女性の辛辣な評価は客観的とみなされ、男性による評価より信用できるとみなされがちである。[*15]言い換えれば、女性によるジェンダー・バイアスは正当なものとみなされる傾向がある。女性が女性に対してバイアスをもっているはずがない、というわけだ。だが、そうとは限らない。女性は、多くの場合そうと気づかないまま、女性を軽視する風潮を自分の中に取り込み、無意識に態度に表している。だから、女性は性差別の犠牲者であると同時に、加害者にもなり得る。

こうした状況が変わってきたことを示す明るい兆しはある。最近の調査では「高い能力をもつ」女性は協調的で、七三％が同性に手を差し伸べ、能力開発に力を貸しているという結果が出ている。[*16] 私が仕事絡みで知り合った女性も、ほぼ例外なくそうだった。私自身、マッキンゼーでインターンをしていた頃、花形コンサルタントのダイアナ・ファレルにずいぶんと助けてもらった。知り合ったきっかけは、コロラドで開かれた全社的な会議にパネリストとして出席していたダイアナと、たまたま鉢合わせしたことである――えー、トイレで。私たちは手を洗いながらおしゃべりし、仲よくなり、以来ダイアナは頼もしい相談相手になってくれた。数年後、グーグルへの転職に賛成してくれた数少ない一人がダイアナである。

互いに助け合う女性が増えれば増えるほど、それは女性全体のためになる。一つの共同体として行動すれば、大きな結果を生み出せるからだ。二〇〇四年にメリルリンチの四人の女性エグゼクティブが月一回の昼食会を始めた。四人で集まって成果を共有し、悩みを打ち明け、ビジネス上のアイデアを話し合う。そして職場に戻ると、仲間の業績を宣伝し、賞賛した。自分の自慢はできなくても、人の自慢なら上手にできるという女性の特徴を生かしたわけである。その結果、四人は順調に昇進し、取締役や執行役員クラスに昇格している。[*17] 女王蜂がいなくなって、ミツバチの群れは強くなった。

もちろん、誰もがこんな具合に同性からのサポートを得られるわけではない。しかし奇妙なことに、私たち女性は同性に助けてもらえるものと思い込みがちだ。大方の女性は、男性からのサポートは当てにしていないが、女性なら、同性のよしみで手を貸してくれるだろうと思っている。しかし女性は協力的で同性を助けるという思い込みは、一種のバイアスである。私は以前、ある女性役員に嫌われていると感じたことがある。彼女は私のいないところで私やチームに対する不満を口にし、直接説明を求めても、それについて話そうとしなかった。初めて彼女に会ったときに、きっと一緒にいろいろな改革をできると期待していただけに、協力的でないどころか敵対的だとわかったときには、単にがっかりするのではなく、裏切られたと感じてしまったものである。

シャロン・ミアーズは、こうした感情を抱く理由を次のように説明してくれた。じつは職場では、男も女も女性にあたたかさややさしさを求め、自分のために時間を割いてくれることを期待する。このように女性に過大な期待をかけるので、それに相手が応えてくれないと、怒ってしまうというわけである。「女性エグゼクティブが女に冷たいとか意地悪だとか非難される大きな理由の一つは、ここにあるのではないかと思う」とシャロンは話す。「つまり私たちは、女性の上司と男性の上司に対して、ダブル・スタンダード（対象によって異なる二重基準）をもっているようだ」

いまにして思えば、件《くだん》の女性役員がもし男性だったら、私はやはり腹を立てたにしても、裏切られたとまでは感じなかったにちがいない。もう、ダブル・スタンダードは捨てなければいけない。不当な扱いや失礼なふるまいは、男だから、女だから、という理由で許すべきでもなければ、過剰に反応すべきでもない。私たちは、男か女かを問わず誰にでも、プロフェッショナルなふるまいと、願わくは親切を期待したい。

平等な世界を求める行動には、ぜひとも男性にも参加してもらわなければいけない。男性の多くは、女性に劣らず、性差別の問題を懸念している。ハーバード大学ケネディ公共政策大学院の学生だったクナル・モディは、二〇一二年に「仕事と家庭の両立と男性」と題する論文を書いた。この中でクナルは「アメリカ企業の業績と株主利益を高めたければ、男性は、最も有能な若い労働者（その多くは女性である）がキャリアアップをめざせるよう、積極的な役割を果たさなければならない……男性はいますぐに取り組むべきだ。上に立って擁護するというような姿勢であってはならない。それではこの問題は、何か親切な行為のようになってしまう。だがこの取り組みは、けっして母や妻や娘のためではない、われわれ自身や企業のためであり、ひいては国家の未来のためである」と男性に呼びかけている。[*18]

クナルのメッセージに拍手を贈りたい。とりわけ、男性に積極的な関与を求めている点に。あらゆる世代の男性が、リーダーの比率を変えるべく、積極的な役割を果たしてほしい。それは、いますぐにも始められる。女性が有能であれば採用し、昇進させればよい。そういう女性が見つからないというなら、人材募集、メンター、スポンサーなどに投資し、女性が必要な経験を積めるようにする必要がある。

女対男の聖戦は真の平等にはつながらないし、女対女の聖戦も同じである。カリフォルニア大学ヘイスティングス法科大学院の法学教授ジョーン・ウィリアムズは、これを「ジェンダー戦争」と呼ぶ。この戦争はあちこちで展開されているが、何かと注目を集めているのは母親戦争だろう。つまり、「家の外で働く母親」対「家の中で働く母親」の戦争である。ウィリアムズ教授が指摘するとおり、「それぞれに対する社会的期待が真っ向から対立するため、集団のアイデンティティをかけた戦いになりやすく、この戦争は泥沼化する。職場では、必要なときにいつでも仕事上の要求に応じられる人間が理想とされ、家庭では、子供が必要とするときにいつでも応じられるのがよい母親だとされる。働く女性が職場の理想に忠実であろうとすれば、自分が家にいなくても子供はとびきりいい子でちゃんと育っているのだと示さなければならない。理想の労働者であることを断念し、仕事を完全に辞めるか出世をあきらめるなら、それが家族のために必要だしいいことでもあると示さなければならない。いずれにせよ理想に届かずジレンマに悩みながら暮らしているので、つい相手のあら探しをすることになる」[*19]

ウィリアムズ教授は正しい。複数の選択肢が存在する場合、全員が同じ選択をすることはまずない。しかし機会コスト（Aを選んでBを捨てた場合、Bから得られたはずの利益）は必ず存在するのだから、自分の選択に完全に満足している女性はおそらくいないだろう。少なくとも私は知らない。その結果、自分とはちがう選択をした人に、不用意に過剰反応することになりやすい。罪悪感と自信のなさから自分の決断に疑いを抱き、ちがう道を選んだ人に不合理な怒りを覚えてしまう。

名門女子大バーナード・カレッジの学長であるデボラ・スパーは、二〇一二年六月にアトランティック誌に寄稿してこの複雑な心境を綴り、成功した女性の多くがなぜ罪悪感を覚えるのかを分析している。スパーによれば、女性は「そうと自覚はしていなくとも、フェミニストが掲げたたいまつを自分たちはたしかに引き継いだことを示したいと考えている。さまざまな挑戦を可能にしてくれた祖母や母親の世代をがっかりさせたくないと思っている。だが深い意味で、私たちは失敗していると言わざるを得ない。女性解放運動は、女性が働くことに罪悪感を感じさせるつもりではなかった。誰がうまく子育てをしているか、誰が上手に結婚生活を切り盛りしているか、誰が睡眠時間を減らしてまですべてをこなしているか、などということで私たちを競い合わせるつもりもなかった。あの運動がめざしたのは、私たちを解放することだったはずだ。単に選択肢を与えるだけでなく、自分はまちがっているのではないかと始終悩まずにその選択をできるようにすることだったはずだ[20]」。

いわゆる専業主婦は私に罪悪感を感じさせ、ときに怖じ気づかせる。無言の非難を受けていると感じる瞬間があるし、おそらく向こうも、こちらが無言の非難をしていると感じる瞬間があることだろう。だが罪悪感や自信のなさをひとまず忘れられたときには、私は感謝の気持ちでいっぱいになる。だってそうだろう、こうした母親たちは、もてる能力を学校や非営利団体や地域のために使ってくれているのである。聖パトリックの日に緑のＴシャツのことを思い出させてくれたあのママも、学校と地域で熱心なボランティアとして活躍中だ。彼女のおかげで大勢の人が助かっている。

社会は長いあいだ、無報酬で働く人々の貢献を過小評価してきた。私の母は、それを身に沁みて感じてきた一人である。母は一七年にわたり、母親として、また旧ソ連で迫害されているユダヤ人を救う組織の代表として、フルタイム以上の働きをしてきた。地球の反対側で迫害されている人々の命が助かれば、それで自分の努力は報われているのだ、と母は話す。だが近所の人たちから見れば、母の活動は「重要な仕事」でも「まともな仕事」でもなかった。母は「ただの専業主婦」とみなされていた。これは、子供を育てるとか、人権擁護のために奔走するといった無報酬だがきわめてまっとうな仕事を貶める見方と言わざるを得ない。

自分の選択に心安らかでいたい、周囲からも認めてもらいたい、と誰もが思っている。だから、いますぐお互いに認め合おう。家の外で働く母親は、家の中で働く母親も重要な仕事をしているのだと認めよう。家の中で働く母親は、家の外で働く母親の選択を尊重しよう。

数年前に海軍兵学校を訪れたとき、潜水艦に乗り組むという女性の一人に会うことができた。潜水艦に女性士官が乗り組むのは米海軍史上初めてのことである。「男でない士官」であることのリスクを考えて、彼女は緊張しきっていた。実際に乗ってみてどうだったか、あとで教えてほしいと頼むと、一年後にじつに率直なメールをくれた。「正直に言うと、私は妨害をされたり軽視されたりするのではないかと覚悟していました。でも、そんなことは何一つ起きなかった。乗り組んだ瞬間から敬意を払われました。私は乗組員の一員として任務を全うできた、と誇りをもって言うことができます」。だが残念なことに、思わぬところで怒りを買ってしまったという。海軍軍人の妻たちだった。「歓迎」ディナーの席上では「筋金入りのフェミニスト」呼ばわりされ、「女にもできると証明したかったのだろう」と決めつけられ、なぜこの職業を選んだのか、プライベートはどうしているのか、等々と質問攻めに遭ったという。「私はショックを受けました。じつに不快な質問に答えなければならなかったのです。でも最善を尽くし、一歩も引きませんでした。最後はみんな納得して、今度は夫を質問攻めにしたんです！」

もうこんなことは終わりにしなければならない。ジェンダー戦争などというものはすぐに打ち切って、恒久的な平和に持ち込む必要がある。真の平等が実現するのは、男も女もあのしぶといステレオタイプに囚われなくなったときだ。自分とは違う選択をした人に非難されていると感じて心を乱されているようでは、私たちはみな負けている。なんとかしてこの悪循環を断ち切ろう。

シャロン・ミアーズがこんな話をしてくれた。PTAの集まりで、子供たちが自分の親を全員に紹介するというイベントがあったのだそうだ。シャロンの長女のサミーは、まず父親を紹介した。「これがパパのスティーブです。スティーブはお家をつくります。えーと、建築家のようなものです。それから、歌が大好きです」。次にシャロンを紹介した。「これがママのシャロンです。本を書きます。ずーっと仕事をしているので、学校に迎えに来たことはありません」。シャロンの名誉のために書き添えると、この説明を聞いても全然罪悪感は感じなかったという。「世間の期待というものに腹が立ったわ。そんなものがあるから、自分の母親がそれに適っていないと子供心に居心地悪く感じてしまう」と彼女は話している。

だから目標は、この種の社会的期待が存在しなくなることである。父親が迎えに来て母親が働いているのがもっとあたりまえになれば、男の子にとっても女の子にとっても選択肢が拡がるにちがいない。そうなれば、誰もが性別からではなく、一人ひとりの希望や才能や興味に応じた期待を抱くようになるだろう。

ほとんどの女性は次世代のために社会的期待を変えることなどに注意を払う余裕はなく、一日一日を過ごすだけで精一杯だということはよくわかっているつもりだ。[*21] その一方で、多くの優秀な女性がトップをめざして奮闘し、制度的な障壁にぶつかっている現状も目の当りにしている。そしてまた多くの女性が、選択肢などありはしないと始めからあきらめていることも、知っている。こうしたことすべてが、リーマ・ボウイーのあの言葉に私を立ち帰らせる――もっと多くの女性が権力のある地位に就くことが必要だ、と。リーダーが制度や政策を変えなければならないと言えば、そうなるだろう。グーグルでは、私の直言で妊婦のための専用駐車場が設けられ、私がいなくなったあとも残っている。トップを増やすことがボトムを押し上げることにつながる。

＊

母は私ほど選択肢に恵まれてはいなかったが、父のサポートもあり、いつも一生懸命働いていた。私たちが子供だった頃は母親業とボランティアを選び、私が大学を卒業すると学校へ通って第二言語としての英語を教える資格をとり、その後一五年にわたってフルタイムで教えていた。教職は天職だというのが口癖で、「あるとき主任になって学校全体の運営をしてくれないかと打診されたのだけど、断ったわ。教室で生徒と一緒にいるほうが好きだから、と。教室こそ、私がいたい場所だった」と話している。

だが二〇〇三年に母は退職し、年老いた両親の介護をする道を選んだ。教育の現場を離れることを残念がっていたけれど、母が最優先するのはいつだって家族だったのである。祖父母が亡くなると母はまた働きはじめ、聴力を取り戻すための非営利団体を立ち上げて、騒音が原因の若年性難聴を防ぐ活動に取り組んだ。六五歳になると再び大好きな教える仕事に戻り、ワークショップを運営して小学生から高校生にいたる子供たちに教えるようになった。

母は、生涯を通じてつねに前向きに歩みつづけてきたと言えるだろう。子供を育て、両親が最後の日々を尊厳と安楽のうちに過ごせるよう気配りし、献身的で愛情あふれる妻、母、そして祖母でありつづけた。そのあいだもずっと地域や世界のために尽くした。私にとって、母はいつも勇気と刺激を与えてくれる存在である。

真に平等な社会を望む点では、母も私と変わらない。女性がいまもなお壁に突き当たっていることを母は知っているが、新しい希望も見出している。私がやってきたことを母は応援してくれ、もっとできると言ってくれる。私もそう思うし、心強いことに、これまでに出会った多くの女性もそう思っている。エネルギーと希望と自信にあふれたたくさんの女性がともにジャングルジムに登り、前の世代から引き継いできた夢を一緒にめざしている。

「女にはこれはできない、あれもできない」と考えたら、ほんとうにできない。この自己実現的な考え方を追放するのは、私たちの肩にかかっている。初めから降参し「無理だ」と思い込んだら、けっしてできない。

女性よ、大志を抱こう――そう言いたくて、この本を書いた。障害物を乗り越えて道を切り拓き、もてる力を思い切り発揮しよう。一人ひとりが自分の目標を決め、それに向かって心から楽しんで進めるようになることを願っている。そしてまた、すべての男性が職場と家庭の両方で女性の支えになり、それを楽しめるようになることを願っている。男女を問わずすべての人の能力を総動員すれば、職場の生産性は高まり、家庭はよりしあわせになり、そこで育った子供たちはもはや狭量なステレオタイプに囚われなくなるにちがいない。

多くの女性にとって、自分の会社や組織でトップになるなど、思いもよらないことだろう。私からのお願いは、それを検討対象から外したり無視したりしないでください、ということだ。もっと多くの女性が思い切って二歩も三歩も踏み出せば、現在の力関係に変化をもたらし、多くの人に道が拓けるだろう。リーダーの座に就く女性が増えれば、すべての女性の公平な処遇につながると信じている。お互いに経験を分かち合い、思いを一つにすれば、きっと制度も変えていけると信じている。

女性がトップになったら同性に手を差し伸べるという信念を鼻で笑う人がいることは、承知している。たしかに、女性のリーダーは必ずしも互いに助け合ってきたわけではない。[*22] でも私は、それに賭けるつもりだ。トップの座に就いた第一世代の女性たちは、数がきわめて少なく、散在していて、生き残るために順応するのに必死で、互いに助け合う余裕などなかった。だが現役世代の女性リーダーは、次第に声を上げはじめている。もっと多くの女性がリーダーになれば、現状への同化と順応を要求する圧力は和らぎ、女性のためにさまざまな措置を講じられるようになるだろう。女性リーダーの多い企業では、家庭と仕事の両立を容易にする措置が講じられる、役員報酬の男女格差が縮小する、中間管理職に就く女性が増える、といった好ましい結果が見られるという調査結果もすでに出ている。[*23]

先行世代が奮闘したおかげで、平等は手の届くところまで近づいている。いまはもう、リーダーの数に見られるかくも大きな差を縮めるときだ。一人の成功は、次の人の成功を容易にする。自分自身のために、他の女性のために、娘のために、そして息子のために、それをしよう。私たちの努力で、次の世代を女性リーダーの最後の世代にすることができるかもしれない。その先は、もう女性リーダーはいない、ただリーダーがいるだけだ。

グロリア・スタイネムが街頭で闘った結果、いま私たちはあたりまえのように多くの機会を享受している。グロリアは、自分たちの前に街頭運動を繰り広げたスーザン・アンソニーを引き合いに出して、こう言う。「私たちの仕事は、若い女性に感謝されてはいけない。まだまだ足りないと思うからこそ、闘いは続く」[*24]。たしかに。私たちは先行世代の成果に感謝すべきではあるが、現状に満足すべきではない。現状への不満が改革への意欲につながる。私たちは進みつづけなければならない。

この歩みは、真の平等が実現するまで続く。議会、企業、大学、病院、法律事務所、非営利団体、研究所……大小を問わずあらゆる組織で、私たちは進みつづける。平等をめざす闘いは、前の世代から引き継がれ、続く世代に委ねられることになるだろう。女性は職場でもっとリーダーシップをとれると私は信じているし、男性は家庭でもっと力を発揮できるとも信じている。そして、そのほうが世界はもっとよくなるとも信じている。組織の半分は女性が率い、家庭の半分は男性が切り回す、そんな世界だ。

そういう世界をすべての子供たちのために、そして自分の子供たちのために、私は望んでいる。息子と娘が、外の障壁にも内の障壁にも行く手を阻まれず、自分の選択に対する疑念にいつまでも悩まされることもなく自分の人生の選択を自由にできたら、どんなにいいだろう。子供を育てるという大切な仕事を息子がフルタイムでやる決心をしたら、それが尊重され応援されるようになってほしい。外で働きたいと娘が考えたら、それが尊重され応援されるだけでなく、もし成功したら好かれるようであってほしいと思う。

子供たちには、望むことをしてほしい。自分のほんとうにしたいことを見つけたら、大きく一歩踏み出し――そして進みつづけてほしい、いつまでも。

対話を続けよう

この本の目的は、ここで終わるのではなく、ここから対話を始めることにある。

ぜひリーン・イン・コミュニティ（www.facebook.com/leaninorg）に参加して、私と議論してほしい。この問題を話し合い、助け合えたらすばらしいと考えている。年齢を問わず、女性も男性も大歓迎である。

実践的な知識や個人的な経験について知りたいときは、www.leanin.org がきっと役に立つだろう。効果的な交渉術からあなたの強みを知る方法まで、たくさんのノウハウが用意されている。お望みならリーン・イン・サークルを結成してもいいし、既存のサークルに参加してもいい。リーン・イン・サークルは、仲間同士で経験を共有し、励まし合い、助言し合うための小さなグループである。

謝辞

私の考えに共感し、本書の出版に力を貸してくれたすべての人々に感謝する。

誰よりもまず感謝したいのは、ライターのネル・スコーヴェルである。講演の原稿作りにはネルの力をいつも借りている。私たちの共同作業が始まったのは、二〇一一年のことで、この年に海軍兵学校でのフォレスタル記念講演に講師として参加し、初めて「リーン・イン(Lean In)」という言葉を使った。本を書こうと考えたときから、ネルが手伝ってくれなければ書けないとわかっていた。ネルは、「ただ手伝うだけではなく全身全霊を挙げて手伝うわ」と応じてくれ、その言葉通り、こちらを最優先するために、テレビや新聞・雑誌の仕事をすべて断ってくれたのである。そして私のタイトなスケジュールに合わせるために、夜も、早朝も、週末も、休日も空けてくれた。本書で取り上げた複雑で感情的な問題を扱うのにふさわしい方法は何か、これというものが見つかるまで徹底的に試行錯誤したネルはほんとうにすばらしい。ネルの文章の力にユーモアのセンス、そして、女性のリーダーが増えれば世界はもっと平等になり、もっとよくなるという揺るぎない信念に、本書は多くを負っている。ネルの能力と献身に、そして友情に心から感謝する。読者は本書のどのページを繰っても、彼女の才能と熱意を感じることができるだろう。

社会学者のマリアンヌ・クーパーは、一年半にわたってこの本にかかりきりになってくれた。スタンフォード大学クレイマン・ジェンダー研究所に所属し、社会的不平等の専門家であるマリアンヌは、本書のための調査を陣頭指揮し、該博な知識を総動員してくれた。マリアンヌは細心の注意を払って調査に臨み、結果の統合に並々ならぬ才能を発揮した。さまざまな調査データを簡潔かつわかりやすく、説得力のある形で紹介できたのは、ひとえにマリアンヌのおかげである。彼女の明晰な思考法、深い知見、厳密な分析から学ぶことも多かった。

本書は、WMEのジェニファー・ウォルシュがいなかったら、書かれなかったかもしれない。強い確信と意志、有無を言わせぬ迫力で、ジェニファーは私に本書の執筆を迫った。これは私の人生にとって重要な意味をもつだろうと彼女は言ったが、それはまったく正しかった。始めから終わりまで見守ってくれ、励まし、助言し、迷ったときはいつも、なぜこの本が必要なのかを思い出させてくれたジェニファーに深く感謝する。

編集者のジョーダン・パヴリンはこのプロジェクトの意義を確信し、私が本気になる前から何カ月も準備に取り組んでいた。最初のアイデアに肉付けし、構成を考え、章にまとめ上げる作業を彼女に助けてもらった。一つひとつのエピソードに広がりをもたせることに気を配り、私の経験や感情をもっと語るよう助言してくれたのはジョーダンである。編集長のソニー・メータにも、万全のサポート体制を敷き、このプロジェクトをつねに最優先してくれたことに深く感謝する。

デービッド・ドレイヤーとエリック・ロンドンも、信頼できる有能なアドバイザーとして本書の執筆に尽力してくれた。大幅な構成の変更から細部の手直しにいたるまで、彼らの完璧な判断とコミュニケーションの専門知識が本書には遺憾なく発揮されている。二人はつねにポイントを押さえ、さまざまな角度から問題を検討し、すばやく、ユーモアたっぷりに助言してくれた。エリオット・シュレージ、ブランディー・バーカー、サラ・ファインバーグ、デビー・フロスト、そしてとくにアシュレー・ザンディの支援と助言にも感謝する。また、エレン・フェルドマン、エイミー・リヤンと仕事をするのは楽しかった。言葉に対する二人の厳格な姿勢、細部への注意、無限の辛抱強さにすっかり頼り切ってしまった。本書のメッセージを踏まえてリーン・イン・コミュニティの設立に情熱を注いでくれたジーナ・ビアンキーニ、レイチェル・トーマス、デビ・ヘメーターにも心から感謝する。

本書の出版にあらゆる面で携わってきたWMEのチームにも感謝したい。ジェニファーに私を紹介してすべてをスタートさせたのは、アリ・エマニュエルだ。彼の友情と、茶目っ気たっぷりの電話にお礼を言いたい。本書の国外での出版の指揮をとってくれたトレーシー・フィッシャーにも。彼女の能力と助言にはほんとうに助けられた。テレサ・ブラウン、マーガレット・リリー、キャサリン・ニシモト、ケイトリン・ムーア、ラファエラ・デ・アンジェリス、ローラ・ボナー、アンマリー・ブリュメンハーゲン、エリック・ゾーン、ミッシェル・フィーハン、レイチェル・マクギー、コービー・クロリアス、オリヴィア・シェーン、ケイトリン・マホニー、ジェニー・カモー、デービッド・ヤングにもお世話になった。

日本語版の出版に当たっては、日本経済新聞出版社の斎田久夫並びにこのプロジェクトに能力と時間を注いでくれた日経のチームに深く感謝したい。とりわけ、伊藤公一、金東洋、そして翻訳者の村井章子に深謝する。それから、洞察に富む言葉とともに序文を寄せてくださった川本裕子教授にも心から感謝する。川本教授は長年にわたり女性の地位向上に尽力し、自身も母であることとプロフェッショナルとしての成功の両方を追求してきた。彼女の聡明さ、リーダーシップ、この問題について発言する勇気はすばらしい。日本を、そして世界を変えていく大きな力になる女性だと思う。また、本書に多大な熱意を示してくれたタトル・モリ・エイジェンシーの玉置真波にも感謝する。

本書を読んだ人は、私がフィードバックを重視していることをご存知だろう。だからここで、本書の原稿にフィードバックを与えてくれた人たちに感謝したいと思う。執筆を決意した瞬間から義妹のエイミー・シェファーは深い関心をもち、本書で取り上げるべきトピックについてアイデアを出し、友達からも意見を聞き、彼女自身の体験談を話し、そして原稿を何度も読んでくれた。彼女の情熱、そしてもちろん愛と支えには、ほんとうに励まされた。

グロリア・スタイネムにはたくさんの知恵を分けてもらった。六年前に彼女と知り合えたのは、望外の幸運と言うほかない。女性が直面するさまざまな問題に関して知識を得られたのは、グロリアが辛抱強く時間を割いてくれたおかげである。女性について、さらには人間について、彼女ほど深く考えている人はなかなかいない。ひたすら公正な世界を作りたいという願いを抱き、どの問題にもユーモアと人間味をもって取り組んでいる。活動家として真の平等をめざす努力をいまも続けるかたわら、作家として短い的確な文章で問題を指摘してきた。本書でグロリアの言葉がひんぱんに引用されるのもこのためである。「内なる革命」という言葉も、彼女の著書のタイトル *Revolution from Within*（邦訳『ほんとうの自分を求めて』）からとった。引用されたグロリアの言葉には、私からの感謝と愛が込められている。

「ハフィントン・ポスト」のアリアナ・ハフィントンは、いろいろな意味で私の人生を支えてくれた人である。世界各地からニュースを取材し、文化的なトレンドを把握し、彼女ならではの洞察と知識を付け加えて提供してくれた。オプラ・ウィンフリーは、本書の執筆を励ましてくれた一人だ。プライベートな事柄について書くのを躊躇するとき、真実の力を思い出しなさい、というオプラの声が頭の中で聞こえてくる。あるいは、ほんとうに彼女からメッセージが送られてくる。国家経済会議の委員長を務めるジーン・スパーリングは、私が知っている中でいちばん多忙な人だ。にもかかわらず、本書のためにたくさんの重要な指摘をしてくれた。問題の核心をすばやく理解する点でも、公共政策や国民の生活に精通している点でも、彼の右に出る者はない。

子供時代の友達ミンディ・リビーは、最初のほうの原稿を読んでほしいと頼んだところ、家族共々訪ねて来てくれた。ミンディは文章構成の名手で、おかげでそれを後の原稿に活かすことができた。メロディー・ホブソンには、心の内にあることを書くよう、強く励まされた。メロディーは、女性であることを悪びれずに主張できる生きた見本のような人である。カレン・カーラ・シャーウッドは、女性と交渉術に関して、いくつかの重要なアイデアに肉付けする手伝いをしてくれた。それから大学時代のルームメート、キャリー・ウィーバーは、大学生だった頃、何度もレポートを手伝ってくれたのと同じように、本書の執筆でも幾晩も徹夜して手伝ってくれた。親友で、かつ文章の達人であるキャリーにしかできないことである。

そして、ときに締め切りに追われながら原稿を読み、所感を寄せてくれたたくさんの人たちにも深く感謝する。ステファニー・フランダース、モリー・グラハム、ラリー・サマーズ、ビル・マッキベン、ティナ・ベネット、スコットとクリア・ティエルニー、アマンダ・マッコール、ジャミ・パッセー、ミッシェル・エバースマン、スティーブン・ポール、ダイアナ・ファレル、アダム・フリード、フィル・ダッチ、マルヌ・レビン、ジョエル・カプラン、エリック・アントナウ、ローナ・ボレンシュタイン、マーカス・バッキンガム、マイケル・グリムス、アンナ・フィーラー、キム・スコット、キム・ジャバル、キャロル・ガイトナー、ドン・グラハム、ザンダー・ルリー、マイケル・バオーン、ほんとうにありがとう。

本書の土台となっているさまざまな調査に協力してくれた大勢の人にも感謝したい。マリアンヌ・クーパーに紹介してくれ、彼女がこのプロジェクトに全力投球できるようサポートしてくれたスタンフォード大学ジェンダー研究所のシェリー・コレルとローリー・マッケンジー。本書を世界中の読者に向けて発信できるよう、海外の調査を引き受けてくれたスタンフォード大学大学院国際比較教育プログラムの博士課程で学ぶマナ・ナカガワ。五年以上前からジェンダー問題について直々に教えてくれたスタンフォード大学ビジネススクール教授のデボラ・グルーエンフェルド。ＮＩＣＨＤによる乳幼児と発達に関する調査でお世話になったハーバード大学教育大学院の学院長キャスリーン・マッカートニー。目標設定と幸福の調査について教えてくれたスタンフォード大学ビジネススクール教授のジェニファー・アーカー。休暇中に数時間におよぶ電話に応じ、交渉に関する調査結果を説明してくれたハーバード大学教授のハナ・ライリー・ボウルズ。ハイディ／ハワード実験を懇切丁寧に説明してくれたスタンフォード大学ビジネススクール教授のフランシス・フリン。『五〇対五〇を手に入れるには』のために何年もかけた調査の結果を気前よく教えてくれたシャロン・ミアーズ。多くの調査の詳細を提供してくれた調査機関カタリストの上級調査主任クリスティーヌ・シルヴァ。ジェンダーとキャリア指向に関するピューの調査結果について説明してくれたピュー社会・人口動態調査プロジェクトの調査主任を務めるキム・パーカー。みなさんに心から感謝する。それから、サーベイモンキーの調査担当副社長フィル・ガーランドにも。フィルは統計分析に手腕を発揮してくれただけでなく、原稿を読んで示唆に富む指摘をしてくれた。

アイコニックのディヴェシュ・マカン、ジフレン・ブリッテンハムのギャリー・スティッフェルマンにもお礼を言いたい。ネルがこのプロジェクトにかかり切りになるのをサポートしてくれたジル・ジレットとクリス・サナガスティンにも感謝する。

それから、TEDでの講演をはじめ、私の講演を聴いてメールや手紙を下さったすべての方々、自分自身の経験や悩みや成功体験を教えてくれたみなさんには特別に感謝したい。みなさんの反応がなかったら、とてもこの問題について声を上げつづけ、まして本を書くことなど、とうていできなかった。勇気や元気が足りなくなったとき、私はみなさんからのメールや手紙を読み返している。

キャリアの中で私にチャンスを与え、教え導いてくれた多くの人にも感謝する。卒論では助言を、卒業後には最初の仕事を与えてくれ、以来ずっと人生の師であるラリー・サマーズ。最初の上司であり、データを踏まえたうえで真実を語ることを教えてくれたラント・プリチェット。まったく経験不足の私をグーグルに採用し、その後何年も支えつづけてくれたエリック・シュミット、ラリー・ペイジ、セルゲイ・ブリン、オミッド・コーデスタニ。世銀でインド派遣団に私を加えてくれたリチャード・スコールニク、サリム・ハベイブ、マリア・クラーク。大学時代に経済学部で女性のためのグループをスタートさせた私を助けてくれたダグ・エルメンドルフ。仕事の重大な節目にさしかかるたびに、貴重なアドバイスをしてくれたドン・グラハム、パット・ミッチェル、ジョン・ドエル、ダン・ローゼンワイグ、マイケル・リントン、ボブ・イーガー、ハワード・シュルツ、ボブ・ルービンに感謝する。リーダーシップについて、また率直であること、責任をもつことの意味を教えてくれたフレッド・コフマンにも。

そして、フェイスブックのすばらしい人たちと毎日一緒に働ける私は、このうえないしあわせ者である。一〇年以上も私のそばにいつもいてくれるカミーユ・ハート。私がやれることの多くは、カミーユの卓越した専門知識、判断力、効率のおかげである。そして同僚のクリス・コックス、マイク・シュローファー、エリオット・シュレージ、デービッド・エバースマン、テッド・ユリオット、リビー・リフラー、チャールトン・ゴルソン、ケリー・ホフマン、アニカ・フラゴット、エリック・アントナウ、デービッド・フィッシャー、ローリー・ゴーラー、ダン・ローズ。みんなが高い目標と課題をもって私にぶつかり、友情を示し、支えてくれるおかげで、毎日が充実している。マーク・ザッカーバーグは私に生涯一度のチャンスをくれ、以来、私に刺激を与えつづけ、しかもサポートを惜しまない。人生の航路をどう決めるか、怖がらなければ何ができるか――日々身をもってそれを教えてくれるのが、マークである。

今回のプロジェクトでも、他のことでも、大切な友人たちが応援してくれたことにほんとうに感謝している。子供時代の友達であるイブ・グリーンバーグ、ミンディ・リビー、ジャミ・パシー、ベス・レディッシュ、エリーズ・シェック、パム・シュレブレニク、ブルック・ローズ、メール・サファーシュタイン、エイミー・トラッター、ありがとう。大人になってからの親友キャリー・ウィーバー、マルヌ・レビン、フィル・ダッチ、ケイティとスコット・ミティック、クレイグとキルスティン・ネヴィル・マニング、アダム・フリード、ジョエル・カプラン、クリアとスコット・ターニー、キム・ジャバル、ローナ・ボレンシュタイン、デービッド・ロウィー、チャマス・パリハピティヤ、ザンダー・ルリー、キム・ケーティング、ダイアナ・ファレル、スコット・ピアソン、ローリー・タリングティン、ラリー・ブリリアントにもありがとうを。

家族は私の人生の支えである。父ジョエルと母アデル、弟のデービッド、妹のミッシェル、義母のポーラ・ゴールドバーグ、義妹のエイミー・シェファー、義弟のマルク・ボドニック、そしてロブとレスリー・ゴールドバーグ、名付け娘のエリーズ・ガイトナーに深い愛と感謝を捧げる。

本書では真のパートナーシップを奨めているが、本書自体も真のパートナーシップの賜物である。ネルの夫コリン・サマーズは、建築家のキャリアをスローダウンさせて育児を引き受けている。ネルの仕事を応援する彼の姿勢は、二〇年この方一度たりとも揺らいだことはない。今回のプロジェクトへの貢献も多大で、原稿を読んでくれただけでなく、食事のたびに内容を話題にし、ネルがかかりきりになっているあいだは学校行事に何度も一人で参加してくれた。子育てには母親のほうが向いているといった意見を誰かが口にするたびに、ネルはこう言う。父親だって母親に劣らぬ愛情と献身と喜びをもって育児ができることを、自分はこれ以上ないくらいよく知っている、と。

マリアンヌの夫スコット・セイウェルは、このプロジェクトに当初乗り気でなかった妻に参加を強く奨めてくれた。私からオファーがあったとき、じつはマリアンヌは自分の本を書く予定だったうえ、二番目の赤ちゃんの食物アレルギーがひどくて夜よく眠れないという問題も抱えていた。スコットは、そんなことはどうにでもなると言い張り、自分の仕事と睡眠時間を調整してみごとに乗り切ったのである。彼は単に協力するだけでなく、マリアンヌの仕事に心からの熱意を示してくれた。

そして最後に、すばらしい夫、デーブ・ゴールドバーグにありがとうと言いたい。デーブは私の最高の友で、いちばん近しい助言者で、熱心な親で、生涯の恋人である。本を書くことになれば、二人で一緒に過ごす時間が犠牲になることを私たちはよく承知していた。だから本書を書くことは、私の決心であると同時に彼の決心でもあったと言えるだろう。私が書き進めるあいだずっと、彼は支えてくれた。いつも通りの忍耐と、鋭い洞察と、そしてユーモアと愛情をもって。

*24 *Gloria: In Her Own Words*, HBO documentary, directed by Peter Kunhardt (2011).

Failing Its Families: Lack of Paid Leave and Work-Family Supports in the US (2011), http://www.hrw.org/sites/default/files/reports/us0211webwcover.pdf; and Ellen Bravo, "'Having It All?'—The Wrong Question to Ask for Most Women," Women's Media Center, June 26, 2012, http://www.womensmediacenter.com/feature/entry/having-it-allthe-wrong-question-for-most-women.

*22　Nicholas D. Kristof, "Women Hurting Women," *New York Times*, September 29, 2012, http://www.nytimes.com/2012/09/30/opinion/sunday/kristof-women-hurting-women.html?_r=0.

*23　米雇用均等委員会（EEOC）が1990-2003年に2万社以上を対象に行った調査のデータを分析すると、経営幹部クラスに昇格する女性の比率が高まると、その企業では中間管理職の女性の比率も大幅に上昇することがわかった。また、女性幹部が増えると低い地位の女性の昇進にプラス効果があるものの、この効果は時が経つにつれて薄れることもわかった。以下を参照されたい。 Fiden Ana Kurtulus and Donald Tomaskovic-Devey, "Do Female Top Managers Help Women to Advance? A Panel Study Using EEO-1 Records," *The Annals of the American Academy of Political and Social Science* 639, no. 1 (2012): 173–97. アメリカ企業800社以上を対象に行われた調査では、役員報酬委員会に加わる女性が増えると、役員報酬における男女格差は縮小することがわかった。ただし、女性がCEOに就任しても、給与の男女格差は減らないという。以下を参照されたい。Taekjin Shin, "The Gender Gap in Executive Compensation: The Role of Female Directors and Chief Executive Officers," *The Annals of the American Academy of Political and Social Science* 639, no. 1 (2012): 258–78. アメリカの大企業72社を対象に行われた調査では、 1980年代から1990年代前半にかけてやや低い地位の管理職に就く女性の比率が高まった企業では、 1994年には仕事と家庭の両立を指向する人事方針が定められ、 1999年には上級管理職に占める女性の比率が高まったことがわかった。以下を参照されたい。 George F. Dreher, "Breaking the Glass Ceiling: The Effects of Sex Ratios and Work-Life Programs on Female Leadership at the Top," *Human Relations* 56, no.5 (2003): 541–62.

*16 Sarah Dinolfo, Christine Silva, and Nancy M. Carter, *High Potentials in the Leadership Pipeline: Leaders Pay It Forward*, Catalyst (2012), 7, http://www.catalyst.org/publication/534/42/high-potentials-in-the-pipeline-leaders-pay-it-forward.

*17 Janet Aschkenasy, "How a 'Good Old Girls' Network at Merrill Advanced the Careers of Four Women," Wall Street Technology Association, July 16, 2012, http://news.wsta.efinancialcareers.com/newsandviews_item/wpNewsItemId-106965.

*18 Kunal Modi, "Man Up on Family and Workplace Issues: A Response to Anne-Marie Slaughter," *The Huffington Post*, July 12, 2012, http://www.huffingtonpost.com/kunal-modi/.

*19 Joan Williams, "Slaughter vs. Sandberg: Both Right," *The Huffington Post*, June 22, 2012, http://www.huffingtonpost.com/joan-williams/ann-marie-slaughter_b_1619324.html.

*20 Debora Spar, "Why Do Successful Women Feel So Guilty?," *The Atlantic*, June 28, 2012, http://www.theatlantic.com/business/archive/2012/06/why-do-successful-women-feel-so-guilty/259079/.

*21 働く母親の40%は病気休暇と有給休暇を保障されておらず、約50%は子供が病気になっても休むことができない（Institute for Women's Policy Research 2007）。産休中にいくらかの給与が保障されている女性は約半分にすぎない（Laughlin 2011）。このような政策は、重大な結果を招いている。有給休暇を取得できない世帯は、借金を背負い込み、貧困状態に陥る可能性が高い（Human Rights Watch 2011）。弾力性の高いパートタイム就労では、基本的な福利厚生が保障される週40時間労働に達しないことが多い（Bravo 2012）。多くの企業の就業基準はいまだに硬直的で不公平であり、子供のいる女性に不利になっている。以下を参照されたい。Institute for Women's Policy Research, *Women and Paid Sick Days: Crucial for Family Well-Being*, fact sheet, February 2007; Lynda Laughlin, *Maternity Leave and Employment Patterns of First-Time Mothers: 1961–2008*, U.S. Census Bureau, Current Population Reports, P70–128 (October 2011), 9, http://www.census.gov/prod/2011pubs/p70-128.pdf; Human Rights Watch,

Belle Derks et al., "Gender-Bias Primes Elicit Queen Bee Behaviors in Senior Policewomen," *Psychological Science* 22, no. 10 (2011): 1243–49; and Belle Derks et al., "Do Sexist Organizational Cultures Create the Queen Bee?," *British Journal of Social Psychology* 50, no. 3 (2011): 519–35.

＊11 Elizabeth J. Parks-Stamm, Madeline E. Heilman, and Krystle A. Hears, "Motivated to Penalize: Women's Strategic Rejection of Successful Women," *Personality and Social Psychology Bulletin* 34, no. 2 (2008): 237–47; Rocio Garcia-Retamero and Esther López-Zafra, "Prejudice Against Women in Male-Congenial Environments: Perceptions of Gender Role Congruity in Leadership," *Sex Roles* 55, nos. 1–2 (2006): 51–61; David L. Mathison, "Sex Differences in the Perception of Assertiveness Among Female Managers," *Journal of Social Psychology* 126, no. 5 (1986): 599–606; and Graham L. Staines, Carol Tavris, and Toby E. Jayaratne, "The Queen Bee Syndrome," *Psychology Today* 7 (1974): 55–60.

＊12 Naomi Ellemers et al., "The Underrepresentation of Women in Science: Differential Commitment or the Queen Bee Syndrome?" *British Journal of Social Psychology* 43, no. 3 (2004): 315–38. 女性の昇進に現在より障害物の多かった時代に育った古い世代の女性教授は、女子学生に対するジェンダー・バイアスが最も強い。このことは、女王蜂的な行動が性差別の結果であることを暗示している。

＊13 Katherine Stroebe et al., "For Better or For Worse: The Congruence of Personal and Group Outcomes on Target's Responses to Discrimination," *European Journal of Social Psychology* 39, no. 4 (2009): 576–91.

＊14 Madeleine K. Albright, Women in the World Summit, March 8, 2012, http://www.thedailybeast.com/articles/2012/03/09/women-in-the-world-highlights-angelina-jolie-madeline-albright-more-video.html.

＊15 Derks et al., "Do Sexist Organizational Cultures Create the Queen Bee?," 519–35; Robert S. Baron, Mary L. Burgess, and Chuan Feng Kao, "Detecting and Labeling Prejudice: Do Female Perpetrators Go Undetected?," *Personality and Social Psychology Bulletin* 17, no. 2 (1991): 115–23.

Opting Out? Why Women Really Quit Careers and Head Home (Berkeley: University of California Press, 2007); and Joan Williams, *Unbending Gender: Why Family and Work Conflict and What to Do About It* (Oxford: Oxford University Press, 2000).

*2　デボラ・グルーエンフェルド教授と筆者とが2012年6月26日に行った討論による。

*3　Patricia Sellers, "New Yahoo CEO Mayer is Pregnant," CNNMoney, July 16, 2012, http://postcards.blogs.fortune.cnn.com/2012/07/16/mayer-yahoo-ceo-pregnant/.

*4　"German Family Minister Slams Yahoo! CEO Mayer," *Spiegel* Online International, August 1, 2012, http://www.spiegel.de/international/germany/german-government-official-criticizes-yahoo-exec-for-short-maternity-leave-a-847739.html.

*5　Kara Swisher, "Kara Swisher at Garage Geeks," YouTube video, 9:33 minutes, posted by ayeletknoff, August 1, 2012, http://www.youtube.com/watch?v=jFtdsRx2frI&feature=youtu.be.

*6　1人の女性が全女性の代表とみなされる傾向や、女性が少ないことがステレオタイプにつながる理由については、以下を参照されたい。Rosabeth Moss Kanter, *Men and Women of the Corporation*, 2nd ed. (New York: Basic Books, 1993).

*7　"Sheryl Sandberg Is the Valley's 'It' Girl—Just Like Kim Polese Once Was" と題する記事は、以下の末尾部分で閲覧できる。Eric Jackson, "Apology to Sheryl Sandberg and to Kim Polese [Updated]," *Forbes*, May 23, 2012, http://www.forbes.com/sites/ericjackson/2012/05/23/apology-sheryl-sandberg-kim-polese/.

*8　Kim Polese, "Stop Comparing Female Execs and Just Let Sheryl Sandberg Do Her Job," *Forbes*, May 25, 2012, http://www.forbes.com/sites/carolinehoward/2012/05/25/stop-comparing-female-execs-and-just-let-sheryl-sandberg-do-her-job/.

*9　Jackson, "Apology to Sheryl Sandberg and to Kim Polese [Updated]."

*10　女王蜂シンドローム研究に関する論評は、以下を参照されたい。

まくとれない、少数派が多数派と違う意見を言いにくい、といった理由で損なわれることが多い、とKochanらは指摘する。したがって、多様性に富むチームが機能するためには、信頼関係の醸成や多様な意見に寛容な環境づくりが必要だという。以下を参照されたい。Jessica Canning, Maryam Haque, and Yimeng Wang, *Women at the Wheel: Do Female Executives Drive Start-Up Success?*, Dow Jones and Company (September 2012), http://www.dowjones.com/collateral/files/WomenPE_report_final.pdf; Cedric Herring, "Does Diversity Pay? Race, Gender, and the Business Case for Diversity," *American Sociological Review* 74, no. 2 (2009): 208–24; Elizabeth Mannix and Margaret A. Neale, "What Difference Makes a Difference? The Promise and Reality of Diverse Teams in Organizations," *Psychological Science in the Public Interest* 6, no. 2 (2005): 31–55; and Thomas Kochan et al., "The Effects of Diversity on Business Performance: Report of the Diversity Research Network," *Human Resource Management* 42, no. 1 (2003): 3–21.

*14　シンシア・ホーガンから筆者宛の2012年3月30日のメールによる。

*15　より許容的な学習環境の整備をめざすハーバード・ビジネススクールの試みに関する情報は、筆者が2012年3月23日に同校を訪問した際に提供された。

*16　Sean Alfano, "Poll: Women's Movement Worthwhile," CBS News, February 11, 2009, http://www.cbsnews.com/2100-500160_162-965224.html.

11

*1　「選択のレトリック」すなわち、イデオロギー、家庭、制度面の障害物により仕事と家庭の両立が困難な現状でも、女性は働くか働かないかの選択を自由にできるという見方が蔓延している。これについては、以下を参照されたい。David Cotter, Joan M. Hermsen, and Reeve Vanneman, "The End of the Gender Revolution? Gender Role Attitudes from 1977 to 2008," *American Journal of Sociology* 117, no. 1 (2011): 259–89; Pamela Stone,

E. Phelan, Corinne A. Moss-Racusin, and Laurie A. Rudman, "Competent Yet Out in the Cold: Shifting Criteria for Hiring Reflect Backlash Toward Agentic Women," *Psychology of Women Quarterly* 32, no. 4 (2008): 406–13. 客観性に関する過剰な自信とジェンダー・バイアスの関係を調べた研究としては、以下も参照されたい。 Eric Luis Uhlmann and Geoffrey L. Cohen, "'I Think It, Therefore It's True': Effects of Self-Perceived Objectivity on Hiring Discrimination," *Organizational Behavior and Human Decision Processes* 104, no. 2 (2007): 207–23.

*10　Sreedhari D. Desai, Dolly Chugh, and Arthur Brief, "Marriage Structure and Resistance to the Gender Revolution in the Workplace," Social Science Research Network (March 2012). http://papers.ssrn.com/sol3/papers.cfm?abstract_id=2018259. この研究では、「伝統的な」結婚をしている男性と同じく、「やや伝統的な」結婚（妻がパートタイムで働いている）をしている男性も、職場の女性に否定的な態度を示しがちであることがわかった。

*11　善意ある性差別主義者については、以下を参照されたい。Peter Glick and Susan T. Fiske, "The Ambivalent Sexism Inventory: Differentiating Hostile and Benevolent Sexism," *Journal of Personality and Social Psychology* 70, no. 3 (1996): 491–512.

*12　Melissa Korn, "Choice of Work Partner Splits Along Gender Lines," *Wall Street Journal*, June 6, 2012, http://online.wsj.com/article/SB10001424052702303506404577448652549105934.html.

*13　ダウ・ジョーンズの2012年の報告書によれば、ベンチャー・キャピタルの後ろ盾を得られた成功しているスタートアップでは、後ろ盾のないスタートアップに比べ、女性エグゼクティブの比率が高いという（前者が7.1%、後者が3.1%）。またHerring (2009) でも、人種や性別が多様な組織のほうが、売上高や利益などの業績が相対的によいことがわかった。ただしKochan et al. (2003) では、人種や性別の多様性が業績に直接影響を与えるとは認められなかった。しかし多様性のあるチームは、視点やスキルやアプローチが多彩であるため、多様性の乏しいチームを上回る可能性は秘めているという。ただしせっかくの可能性も、コミュニケーションがう

男性応募者には行われなかった。他の研究でも、採用担当者は性別や人種がステレオタイプから外れる応募者がいる場合、こうした応募者に不利になるように採用基準を微妙に変えることがわかっている。たとえばPhelan et al. (2008) は、管理職の採用において野心的な応募者（有能、自信がある、目標が高い）と協調的な応募者（控えめ、和を重んじる）に適用される雇用基準を調査した。その結果、「あらゆる応募者について、協調性よりも能力が重視される。ただし野心的な女性応募者の場合には、協調性が重視される」ことがわかった。Phelanらは、「採用担当者は差別を正当化するために、野心的な女性の強み（能力）から、このタイプの女性に欠けがちな特性（協調性）へと雇用基準を変えた」と結論づけている。

Uhlmann and Cohenによれば、警察署長採用実験において、男性に有利なバイアスをもっていたのはおおむね男性の審査官だった。男女いずれの審査官も男性に有利な雇用基準を設定してはいたが、男性のほうがより強くバイアスが表れていたという。面接・試験後の評価では、男性応募者と女性応募者の成績が同じだった場合、男性審査官は男性応募者に高得点を与えたが、女性審査官は同等に評価した。女性研究の教授採用実験では、バイアスが強く表れたのは女性審査官のほうだった。女性審査官は、女性応募者に有利になるよう採用基準を調整した。さらに重要なのは、応募者の性別を知る前に採用基準の遵守を強く要請した場合、審査官は男女ともに、採用評価においてジェンダー・バイアスを示さなかったことである。このことから、差別を減らすには、応募者との面接前に明快な基準を定めておくべきだと結論できる。

この研究では、審査官は自分が採用したいタイプ（性別）の経験や経歴に合わせて採用基準を調整しがちであることもわかった。とりわけ男女どちらかに固有とされている仕事では、「好ましい資質」を使って差別を正当化することがある。自分は客観的だと自信のある人ほど、警察署長採用実験で強いバイアスを示したことから、Uhlmannらは、「このタイプの審査官は、実際には男性にとって適切な採用基準を設定したにもかかわらず、自分は適切な人材を採用したと自信をもつのではないか」と推測している（p.478）。なおUhlmannらは、女性研究の教授採用実験については、自信とバイアスに関する調査は行っていない。以下も参照されたい。Julie

Review 90, no. 4 (2000): 715–41.

＊7　経済学者のClaudia GoldinとCecilia Rouseは、アメリカの一流オーケストラの雇用慣行を調査した。その結果、応募者の演奏だけ聴いて姿は見られないようにするブラインド・オーディションに変更すると、女性差別は減ったという。Goldinらは、新規採用者に占める女性の比率増の約30%は、ブラインド方式への変更で説明できると推定している。以下を参照されたい。Goldin and Rouse, "Orchestrating Impartiality," 715–41.

＊8　Emily Pronin, Thomas Gilovich, and Lee Ross, "Objectivity in the Eye of the Beholder: Divergent Perceptions of Bias in Self Versus Others," *Psychological Review* 111, no. 3 (2004): 781–99; Emily Pronin, Daniel Y. Lin, and Lee Ross, "The Bias Blind Spot: Perceptions of Bias in Self Versus Others," *Personality and Social Psychology Bulletin* 28, no. 3 (2002): 369–81.

＊9　Eric Luis Uhlmann and Geoffrey L. Cohen, "Constructed Criteria: Redefining Merit to Justify Discrimination," *Psychological Science* 16, no. 6 (2005): 474–80. この調査の結果を一言で言えば、男性が何らかの特徴や条件を備えている場合、そうした特徴を持ち合わせていない場合に比べ、その特徴が重要な採用基準となる、ということである。一般的に女性特有とされている「家庭を大事にする」とか「子供がいる」といった特徴であっても、男性がこの特徴を備えている場合には、そうでないときより重要な採用基準とみなされる。このようなえこひいきは、女性応募者に対しては行われない。たとえば学歴について言うと、女性応募者の学歴がきわめて高い場合、そうでない場合と比べ、高学歴は重要な採用基準ではなくなる。ただし、この逆えこひいき現象は統計的に有意な水準には達していない。

この調査では、一般に男の仕事あるいは女の仕事とされている職業で採用をする場合、採用担当者は、好ましい性が持ち合わせている可能性の高い経験や条件を採用基準に設定する傾向があることもわかった。たとえば男の仕事とされている警察署長の採用では、男性応募者に有利な基準が設定される。Uhlmannらが女の仕事とされている女性研究の教授採用実験を行ったところ、女性応募者が有利になった。具体的には、女性応募者が女性研究に関する受賞歴をもっている場合には、それが重要な採用基準となり、もっていない場合には、それは重視されない。こうしたえこひいきは、

documents/LeaveThemSmiling_RuddAakerNorton12-16-11.pdf.
*35 Mary C. Curtis, "There's More to Sheryl Sandberg's Secret," *Washington Post*, April 4, 2012, http://www.washingtonpost.com/blogs/she-the-people/post/theres-more-to-sheryl-sandbergs-secret/2012/04/04/gIQAGhZsvS_blog.html.

10

*1 Gloria Steinem, "In Defense of the 'Chick-Flick,'" *Alternet*, July 6, 2007, http://www.alternet.org/story/56219/gloria_steinem%3A_in_defense_of_the_'chick_flick'.
*2 Marianne Cooper, "The New F-Word," *Gender News*, February 28, 2011, http://gender.stanford.edu/news/2011/new-f-word.
*3 Susan Faludi, *Backlash: The Undeclared War Against American Women* (New York: Crown, 1991).
*4 Richard H. Thaler and Cass R. Sunstein, *Nudge: Improving Decisions About Health, Wealth, and Happiness* (New Haven, CT: Yale University Press, 2008).
*5 Corinne A. Moss-Racusin et al., "Science Faculty's Subtle Gender Biases Favor Male Students," *Proceedings of the National Academy of Sciences of the United States of America* 109, no. 41 (2012): 16474–79.
*6 求職者に関する調査は、以下を参照されたい。Rhea E. Steinpreis, Katie A. Anders, and Dawn Ritzke, "The Impact of Gender on the Review of Curricula Vitae of Job Applicants and Tenure Candidates: A National Empirical Study," *Sex Roles* 41, nos. 7–8 (1999): 509–28. ジェンダー・バイアスと奨学金については、以下を参照されたい。Christine Wennerås and Agnes Wold, "Nepotism and Sexism in Peer Review," *Nature* 387 (1997): 341–43. オーケストラ奏者のオーディションについては、以下を参照されたい。Claudia Goldin and Cecilia Rouse, "Orchestrating Impartiality: The Impact of 'Blind' Auditions on Female Musicians," *The American Economic*

照されたい。 Jane Waldfogel, "Parental Work Arrangements and Child Development," *Canadian Public Policy* 33, no. 2 (2007): 251–71.

子供の世話を両親がするか、他の人がするかに関しては、研究は一致して、誰がするかよりも世話の質が問題だと指摘している。子供は、個々のニーズに対する心配りと対応を必要とする。この問題に関しては、以下を参照されたい。 Jane Waldfogel, *What Children Need* (Cambridge, MA: Harvard University Press, 2006).

*29 National Institute of Child Health and Human Development, *Findings for Children up to Age 4½Years*; National Institute of Child Health and Human Development Early Child Care and Research Network, "Fathers' and Mothers' Parenting Behavior and Beliefs as Predictors of Children's Social Adjustment and Transition to School," *Journal of Family Psychology* 18, no. 4 (2004): 628–38.

*30 NICHD Early Child Care and Research Network, "Child-Care Effect Sizes," 113.

*31 英国で行われた1万1000人の子供を対象にした調査では、最も高い幸福感を示したのは、両親が共に外で働いている家庭の子供だった。母親の教育水準と世帯所得を考慮した数字では、共稼ぎ世帯の子供、とくに女の子は、多動症、悲観症などの行動上の問題を示すことが最も少なかった。以下を参照されたい。 Anne McMunn et al., "Maternal Employment and Child Socio-Emotional Behavior in the UK: Longitudinal Evidence from the UK Millennium Cohort Study," *Journal of Epidemiology & Community Health* 66, no. 7 (2012): 1–6.

*32 Robin W. Simon, "Gender, Multiple Roles, Role Meaning, and Mental Health," *Journal of Health and Social Behavior* 36, no. 2 (1995): 182–94.

*33 Marie C. Wilson, *Closing the Leadership Gap: Add Women, Change Everything* (New York: Penguin, 2007), 58.

*34 Melanie Rudd, Jennifer Aaker, and Michael I. Norton, "Leave Them Smiling: How Small Acts Create More Happiness than Large Acts," working paper (2011), http://faculty-gsb.stanford.edu/aaker/pages/

*25 Sharon Hays, *The Cultural Contradictions of Motherhood* (New Haven, CT: Yale University Press, 1996).
*26 The NICHD Early Child Care Research Network, ed., *Child Care and Child Development: Results from the NICHD Study of Early Child Care and Youth Development* (New York: Guilford, 2005).
*27 National Institute of Child Health and Human Development, *Findings for Children up to Age 41/2 Years*,The NICHD Study of Early Child Care and Youth Development, NIH Pub. No. 05-4318 (2006), 1, http://www.nichd.nih.gov/publications/pubs/upload/seccyd_06.pdf.
*28 Ibid. 以下も参照されたい。NICHD Early Child Care Research Network, "Child-Care Effect Sizes for the NICHD Study of Early Child Care and Youth Development," *American Psychologist* 61, no.2 (2006): 99–116. アメリカの研究によると、状況によっては、母親が育児に長時間を費やした場合、子供が問題のあるふるまい（癇癪を起こす、口答えするなど）を示す確率が高いという。こうした問題は、質の高い育児環境では起きる確率が低く、また6年生になる頃にはおおむね弱まる。この調査を主宰したハーバード大学教育大学院のKathleen McCartney教授は「母親が育児に使った時間の影響は、どの基準から見ても小さい。長時間の育児に伴うリスクと母親の就労のメリット（育児の抑圧が減る、収入が増えるなど）を天秤にかける必要がある」と述べている（筆者宛メール、2012年2月26日）。調査結果に関する分析は、以下を参照されたい。 Kathleen McCartney et al., "Testing a Series of Causal Propositions Relating Time in Child Care to Children's Externalizing Behavior," *Development Psychology* 46, no. 1 (2010): 1–17. 母親の就労と子供の発達に関するメタ分析は、以下を参照されたい。 Wendy Goldberg et al., "Maternal Employment and Children's Achievement in Context: A Meta-Analysis of Four Decades of Research," *Psychological Bulletin* 134, no. 1 (2008): 77–108.

大多数のデータは母親の就労が幼児の発達に悪影響をおよぼさないことを示しているものの、生後1年での就労では一部の乳児に認知能力の発達遅れや問題行動が見られたという。赤ちゃんが受ける世話の質に両親が注意を払うといった配慮をすれば、悪影響は緩和される。以下を参

*22 Sarah Perez, "80% of Americans Work 'After Hours,' Equaling an Extra Day of Work Per Week," *Techcrunch,* July 2, 2012, http://techcrunch.com/2012/07/02/80-of-americans-work-after-hours-equaling-an-extra-day-of-work-per-week/.

*23 Bronwyn Fryer, "Sleep Deficit: The Performance Killer," *Harvard Business Review* 84, no. 10 (2006): 53–59, http://hbr.org/2006/10/sleep-deficit-the-performance-killer. 睡眠不足が認知能力に与える影響については、以下を参照されたい。 Paula A. Alhola and Paivi Polo-Kantola, "Sleep Deprivation: Impact on Cognitive Performance," *Neuropsychiatric Disease and Treatment* 3, no. 5 (2007): 553–67; and Jeffrey S. Durmer and David F. Dinges, "Neurocognitive Consequences of Sleep Deprivation," *Seminars in Neurology* 25, no. 1 (2005): 117–29.

*24 Suzanne M. Bianchi, John P. Robinson, and Melissa A. Milkie, *The Changing Rhythms of American Family Life* (New York: Russell Sage Foundation, 2006), 74–77. この研究では、両親が育児に使う時間数を調べた。その結果、2000年には働く母親もそうでない母親も、1975年よりそれぞれ約6.5時間多く育児に費やしていることがわかった。これらの結果を踏まえ、著者らは「すべての母親に育児時間を増やすよう駆り立てる文化的変化が起きたかのようだ」と述べている(p.78)。このような増加の大きな原因は、両親が育児と娯楽を結びつける傾向で説明できるという。具体的には「子供の世話を娯楽と結びつけるか、または親の娯楽に子供を含める」傾向がある(p.85)。こうした傾向の結果、大人だけの娯楽は減り、子供と過ごす時間を確保するために、プライベートな時間を犠牲にしてでも自由な時間を子供のために使おうとする両親が増えている。2009年に行われた調査では、フルタイムで働く母親は働いていない母親に比べて余暇活動(テレビ視聴、地域の活動、社交など)に当てる時間が少なく、合計で週10時間も余暇時間が少ないことがわかった。一方、妻がフルタイムで働いている夫と、そうでない夫とを比較したところ、余暇時間にはほとんど差がなかった。以下を参照されたい。Melissa A. Milkie, Sara B. Raley, and Suzanne M. Bianchi, "Taking on the Second Shift: Time Allocations and Time Pressures of U.S. Parents with Preschoolers," *Social Forces* 88, no. 2 (2009): 487–517.

Men and Women, 25–54, with Children, 1979–2010, by Income Fifth," *The State of Working America*, http://stateofworkingamerica.org/chart/swa-income-table-2-17-annual-hours-work-married/. 1年を52週とすると、子供のいる中位所得層の既婚の男女の労働時間数は、2010年には1979年より428時間（週8.6時間）増えた。

アメリカでは、一部のグループの仕事が多すぎる一方で、他のグループ、とくに低所得・低技能の労働者には十分な仕事がない。この現象について社会学者は、教育水準の高い労働者と低い労働者のあいだで労働時間の二極化が加速していると見る。くわしくは、以下を参照されたい。Arne L. Kallenberg, *Good Jobs, Bad Jobs: The Rise of Polarized and Precarious Employment Systems in the United States, 1970s to 2000s* (New York: Russell Sage Foundation, 2011), 152–54; and Jerry A. Jacobs and Kathleen Gerson, *The Time Divide: Work, Family, Gender Inequality* (Cambridge, MA: Harvard University Press, 2004).

*19　Peter Kuhn and Fernando Lozano, "The Expanding Workweek? Understanding Trends in Long Work Hours among U.S. Men, 1979–2006," *Journal of Labor Economics* 26, no. 2 (2008): 311–43; Cynthia Fuchs Epstein and Arne L. Kalleberg, eds., *Fighting for Time: Shifting Boundaries of Work and Social Life* (New York: Russell Sage Foundation, 2004).

*20　Sylvia Ann Hewlett and Carolyn Buck Luce, "Extreme Jobs: The Dangerous Allure of the 70-Hour Workweek," *Harvard Business Review* 84, no. 12 (2006): 51.

*21　1990年代以降、ヨーロッパの多くの福祉国家で、共稼ぎ世帯を支援するために政府が労働時間の規制を導入した。そして2000年までに、ドイツ、オランダ、ルクセンブルク、フランス、ベルギーで標準的な労働時間は週40時間以内と定められている。アメリカは、先進国の中で労働時間が最も長いと指摘されている。以下を参照されたい。Janet C. Gornick and Marcia K. Meyers, "Supporting a Dual-Earner/Dual-Career Society: Policy Lessons from Abroad," in *A Democracy that Works: The Public Dimensions of the Work and Family Debate*, eds. Jody Hemann and Christopher Beem (New York: The New Press, forthcoming).

in 'Good' and 'Bad' Part-Time Jobs: Different Problems, Same Result," *Gender & Society* 22, no. 6 (2008): 752–77.

*14 Nicholas Bloom et al., "Does Working from Home Work? Evidence from a Chinese Experiment" (July 2012), http://www.stanford.edu/~nbloom/WFH.pdf. 最近の研究では、メールやファックスを活用した在宅勤務には、労働時間の増加や社員に対する過剰な要求などマイナス面もあることが確認されている。以下を参照されたい。 Mary C. Noonan and Jennifer L. Glass, "The Hard Truth about Telecommuting," *Monthly Labor Review* 135, no. 6 (2012): 38–45.

*15 最近の研究は、長時間労働は生産性の低下を招くことを示している。ハーバード・ビジネススクールのLeslie A. Perlow教授によれば、ボストン・コンサルティング・グループのコンサルタントに労働時間の短縮を強制したところ、生産性は向上したという。週1回のノー残業デーを実現するにはチーム内の率直なコミュニケーションが必要であり、そうすれば仕事の分担がより効率的になることがわかった。また教授は、計画を立てて情報交換するようチームに促したところ、残業をしない日に互いにカバーし合うことができた。こうした比較的小さな改革のおかげで、仕事に対する満足度も家庭との両立に関する満足度も高まったという。コンサルタント本人も査定者も実績を以前より高く評価し、退職者数も減った。チーム内のコミュニケーションは改善された。さらに、残業を減らしたコンサルタントの大半が、長時間労働を続けている同僚よりクライアントに提供する価値が高まったと感じている。以下を参照されたい。 Leslie Perlow, *Sleeping with Your Smartphone: How to Break the 24/7 Habit and Change the Way You Work* (Boston: Harvard Business Review Press, 2012).

*16 Colin Powell with Tony Koltz, *It Worked For Me: In Life and Leadership* (New York: HarperCollins, 2012), 40.

*17 Joan C. Williams and Heather Boushey, *The Three Faces of Work-Family Conflict: The Poor, The Professionals, and the Missing Middle*, Center for American Progress and Center for WorkLife Law (January 2010), 7. http://www.americanprogress.org/issues/2010/01/three_faces_report.html.

*18 Economic Policy Institute, "Chart: Annual Hours of Work, Married

Psychoanalytic Study," *The Psychoanalytic Quarterly* 76, no. 2 (2007): 482.

＊10　1996年のウェルズリー大学卒業式におけるノーラ・エフロンのスピーチ。http://new.wellesley.edu/events/commencementarchives/1996commencement.

＊11　Robyn J. Ely and Deborah L. Rhode, "Women and Leadership: Defining the Challenges," in *Handbook of Leadership Theory and Practice*, ed. Nitin Nohria and Rakesh Khurana (Boston: Harvard Business School Publishing, 2010), 377–410; Deborah L. Rhode and Joan C. Williams, "Legal Perspectives on Employment Discrimination," in *Sex Discrimination in the Workplace: Multidisciplinary Perspectives*, ed. Faye J. Crosby, Margaret S. Stockdale, and S. Ann Ropp (Malden, MA: Blackwell, 2007), 235–70; and Ann Crittenden, *The Price of Motherhood: Why the Most Important Job in the World Is Still the Least Valued* (New York: Metropolitan Books, 2001).

＊12　Pamela Stone, *Opting Out? Why Women Really Quit Careers and Head Home* (Berkeley: University of California Press, 2007); Leslie A. Perlow, "Boundary Control: The Social Ordering of Work and Family Time in a High-Tech Corporation," *Administrative Science Quarterly* 43, no. 2 (1998): 328–57; and Arlie Russell Hochschild, *The Time Bind: When Work Becomes Home and Home Becomes Work* (New York: Metropolitan Books, 1997). カリフォルニア大学ヘイスティングス法科大学院の法学教授でCenter for WorkLife Lawを創設し所長を務めるJoan Williamsは、こうしたペナルティーを「労働柔軟性の汚点」と呼ぶ。

＊13　Jennifer Glass, "Blessing or Curse? Work-Family Policies and Mother's Wage Growth over Time," *Work and Occupations* 31, no. 3 (2004): 367–94; and Mindy Fried, *Taking Time: Parental Leave Policy and Corporate Culture* (Philadelphia: Temple University Press, 1998). 労働形態の柔軟性のタイプにもよるが、非専門職の女性も厳しいペナルティーに直面する。たとえばWebber and Williams (2008) によれば、専門職および低賃金労働者という2グループの母親について調べたところ、どちらのグループもパートタイプ就労ではペナルティー（賃金の低下、降格、左遷など）を受けていた。以下を参照されたい。Gretchen Webber and Christine Williams, "Mothers

9

*1 Sharon Poczter, "For Women in the Workplace, It's Time to Abandon 'Have it All' Rhetoric," *Forbes*, June 25, 2012, http://www.forbes.com/sites/realspin/2012/06/25/for-women-in-the-workplace-its-time-to-abandon-have-it-all-rhetoric/.

*2 U.S. Census Bureau, "Table FG1 Married Couple Family Groups, by Labor Force Status of Both Spouses, and Race and Hispanic Origin of the Reference Person," America's Families and Living Arrangements, Current Population Survey, Annual Social and Economic Supplement (2011), http://www.census.gov/hhes/families/data/cps2011.html.

*3 U.S. Census Bureau, "Table FG10 Family Groups," America's Families and Living Arrangements, Current Population Survey, Annual Social and Economic Supplement (2011), http://www.census.gov/hhes/families/data/cps2011.html. 18歳以下の子供のいる世帯について計算した。

*4 2011年の報告では、入手可能な最新の2007年のデータが使用されている。以下を参照されたい。 Organisation for Economic Co-operation and Development (OECD), "Families are changing," in *Doing Better for Families*, OECD Publishing, (OECD 2011), http://www.oecd.org/els/familiesandchildren/47701118.pdf.

*5 Ministry of Health, Labour and Welfare, "Changes and Trends of Household Constitution," (2012), http://www.mhlw.go.jp/bunya/shakaihosho/seminar/dl/02_97-03-1.pdf.

*6 Tina Fey, *Bossypants* (New York: Little, Brown, 2011), 256.

*7 Gloria Steinem, "Gloria Steinem on Progress and Women's Rights," interview by Oprah Winfrey, Oprah's Next Chapter, YouTube video, 3:52 minutes, April 16, 2012, published by Oprah Winfrey Network, http://www.youtube.com/watch?v=orrmWHnFjqI&feature=relmfu.

*8 Beth Saulnier, "Meet the Dean," *Weill Cornell Medicine Magazine*, Spring 2012, 25.

*9 Jennifer Stuart, "Work and Motherhood: Preliminary Report of a

Future: An Action Plan for a Lifetime of Happiness, Health, and Financial Security (New York: Broadway Books, 2009).
*35 Constance T. Gager and Scott T. Yabiku, "Who Has the Time? The Relationship Between Household Labor Time and Sexual Frequency," *Journal of Family Issues* 31, no. 2 (2010): 135–63; Neil Chethik, *VoiceMale: What Husbands Really Think About Their Marriages, Their Wives, Sex, Housework, and Commitment* (New York: Simon & Schuster, 2006); and K. V. Rao and Alfred DeMaris, "Coital Frequency Among Married and Cohabitating Couples in the United States," *Journal of Biosocial Science* 27, no. 2 (1995): 135–50.
*36 Sanjiv Gupta, "The Consequences of Maternal Employment During Men's Childhood for Their Adult Housework Performance," *Gender & Society* 20, no. 1 (2006): 60–86.
*37 Richard W. Johnson and Joshua M. Wiener, *A Profile of Frail Older Americans and Their Care Givers*, Occasional Paper Number 8, The Retirement Project, Urban Institute (February 2006), http://www.urban.org/UploadedPDF/311284_older_americans.pdf.
*38 Gloria Steinem, "Gloria Steinem on Progress and Women's Rights," interview by Oprah Winfrey, Oprah's Next Chapter, YouTube video, 3:52 minutes, April 16, 2012, published by Oprah Winfrey Network, http://www.youtube.com/watch?v=orrmWHnFjqI&feature=relmfu.
*39 成人約1000人を対象に行われたこの調査では、40代の男性の80%が「自分のスキルと能力を最大に使わなければならないような困難な仕事」をすることがきわめて重要だと答えた。20代と30代の男性は、82%が「家族とともに過ごす時間がとれるような仕事」であることがきわめて重要だと答えた。以下を参照されたい。Radcliffe Public Policy Center, *Life's Work: Generational Attitudes Toward Work and Life Integration* (Cambridge, MA: Radcliffe Public Policy Center, 2000).

た。以下を参照されたい。Bureau of Labor Statistics, *Wives Who Earn More Than Their Husbands, 1987–2010*, 1988–2011 Annual Social and Economic Supplements to the Current Population Survey, http://webcache.googleusercontent.com/search?q=cache:r-eatNjOmLsJ:www.bls.gov/cps/wives_earn_more.xls+&cd=7&hl=en&ct=clnk&gl=us; 日本についての統計は、以下を参照されたい。Meiji Yasuda Seikatsu Fukushi Kenkyujyo, "Fourth Examination of Marriage and Childbearing," (2008), http://www.myilw.co.jp/life/enquete/pdf/07_04.pdf#search=%27%E5%85%B1%E7%A8%BC%E3%81%8E%27.

*30 The Cambridge Women's Pornography Cooperative, *Porn for Women* (San Francisco: Chronicle Books, 2007).

*31 Scott Coltrane, "Research on Household Labor: Modeling and Measuring Social Embeddedness of Routine Family Work," *Journal of Marriage and Family* 62, no. 4 (2000): 1208–33.

*32 Lynn Price Cook, "'Doing' Gender in Context: Household Bargaining and Risk of Divorce in Germany and the United States," *American Journal of Sociology* 112, no. 2 (2006): 442–72.

*33 Scott Coltrane, *Family Man: Fatherhood, Housework, and Gender Equality* (Oxford: Oxford University Press, 1996).

*34 家庭における収入と交渉力に関する研究は、以下を参照されたい。Frances Woolley, "Control Over Money in Marriage," in *Marriage and the Economy: Theory and Evidence from Advanced Industrial Societies*, ed. Shoshana A. Grossbard-Shechtman and Jacob Mincer (Cambridge: Cambridge University Press, 2003), 105–28; and Leora Friedberg and Anthony Webb, "Determinants and Consequences of Bargaining Power in Households," NBER Working Paper 12367 (July 2006), http://www.nber.org/papers/w12367. 女性の就労と離婚に伴う財政不安の緩和に関しては、以下を参照されたい。Matthew McKeever and Nicholas H. Wolfinger, "Reexamining the Economic Costs of Marital Disruption for Women," *Social Science Quarterly* 82, no. 1 (2001): 202–17. 女性と寿命と財政安定性に関しては、以下を参照されたい。Laura L. Carstensen, *A Long Bright* http://www.americanprogress.org/issues/2010/01/three_faces_report.html.

*25 Laurie A. Rudman and Kris Mescher, "Penalizing Men Who Request a Family Leave: Is Flexibility Stigma a Femininity Stigma?," *Journal of Social Issues*, forthcoming.

*26 Jennifer L. Berhdahl and Sue H. Moon, "Workplace Mistreatment of Middle Class Workers Based on Sex, Parenthood, and Caregiving," *Journal of Social Issues*, forthcoming; Adam B. Butler and Amie Skattebo, "What Is Acceptable for Women May Not Be for Men: The Effect of Family Conflicts with Work on Job-Performance Ratings," *Journal of Occupational and Organization Psychology* 77, no. 4 (2004): 553–64; Julie Holliday Wayne and Bryanne L. Cordeiro, "Who Is a Good Organizational Citizen? Social Perception of Male and Female Employees Who Use Family Leave," *Sex Roles* 49, nos. 5–6 (2003): 233–46; and Tammy D. Allen and Joyce E. A. Russell, "Parental Leave of Absence: Some Not So Family-Friendly Implications," *Journal of Applied Social Psychology* 29, no. 1 (1999): 166–91.

*27 2011年に家で育児に専念した親のうち、父親は3.4%だった。以下を参照されたい。U.S. Census Bureau, "Table SHP-1 Parents and Children in Stay-at-Home Parent Family Groups: 1994 to Present," America's Families and Living Arrangements, Current Population Survey, Annual Social and Economic Supplement (2011), http://webcache.googleusercontent.com/search?q=cache:ffg107mTTwAJ:www.census.gov/population/socdemo/hh-fam/shp1.xls+&cd=3&hl=en&ct=clnk&gl=us. 主夫の社会的孤立に関する研究のレビューは以下を参照されたい。 Harrington, Van Deusen, and Mazar, *The New Dad*, 6.

*28 「主夫」をした父親207人を調査したところ、約45%が、他の大人からネガティブな意見や反応を受けたと回答した。こうした否定的な意見や反応の大半は、専業主婦によるものだという。以下を参照されたい。Aaron B. Rochlen, Ryan A. McKelley, and Tiffany A. Whittaker, "Stay-At-Home Fathers' Reasons for Entering the Role and Stigma Experiences: A Preliminary Report," *Psychology of Men & Masculinity* 11, no. 4 (2010): 282.

*29 2010年には、共稼ぎ世帯の29.2%で妻の収入が夫より多かっ

*20　一時的労働不能保険プログラムを用意して出産に有給休暇を与えている5州は、カリフォルニア、ハワイ、ニュージャージー、ニューヨーク、ロードアイランドである。カリフォルニアとニュージャージーは、このほかに母親・父親どちらが使ってもよい有給休暇6週間を用意している。ワシントン州は父親に有給育児休暇を与える法律を可決したが、予算上の制約から施行にいたっていない。以下を参照されたい。 National Partnership for Women & Families, *Expecting Better: A State-by-State Analysis of Laws That Help New Parents* (May 2012).

*21　大企業でホワイトカラー職に就く子供のいる男性約1000人を対象に行われた調査では、約75%が出産時に1週間以下の休暇しかとっておらず、16%がまったく休暇をとっていないことがわかった。以下を参照されたい。 Brad Harrington, Fred Van Deusen, and Beth Humberd, *The New Dad: Caring, Committed and Conflicted*, Boston College, Center for Work & Family (2011): 14–15. カリフォルニア州で新たに制定された有給産前・産後休暇政策に関する報告によると、この制度を利用した父親がとった休暇の中央値は3週間だった。以下を参照されたい。 Eileen Applebaum and Ruth Milkman, *Leaves That Pay: Employer and Worker Experiences with Paid Family Leave in California*, Center for Economic and Policy Research (January 2011), 18.

*22　European Parliament, "The Cost of Childcare in EU Countries: Transversal Analysis Part 1 of 2," Policy Department, Economic and Scientific Policy (2006), http://www.europarl.europa.eu/document/activities/cont/201107/20110718ATT24321/20110718ATT24321EN.pdf.

*23　Organisation for Economic Co-operation and Development (OECD), "PF2.1: Key Characteristics of Parental Leave Systems," OECD Family Database, Social Policy Division, Directorate of Employment, Labour and Social Affairs (2011), http://www.oecd.org/els/socialpoliciesanddata/PF2.1_Parental_leave_systems%20-%20updated%20%2018_July_2012.pdf.

*24　Joan C. Williams and Heather Boushey, *The Three Faces of Work-Family Conflict: The Poor, The Professionals, and the Missing Middle*, Center for American Progress and Center for WorkLife Law (January 2010), 54–55,

(2008): 153–58.

*17 Elisabeth Duursma, Barbara Alexander Pan, and Helen Raikes, "Predictors and Outcomes of Low-Income Fathers' Reading with Their Toddlers," *Early Childhood Research Quarterly* 23, no. 3 (2008): 351–65; Joseph H. Pleck and Brian P. Masciadrelli, "Paternal Involvement in U.S. Residential Fathers: Levels, Sources, and Consequences," in *The Role of the Father in Child Development*, ed. Michael E. Lamb (Hoboken, NJ: John Wiley & Sons, 2004): 222–71; Ronald P. Rohner and Robert A. Veneziano, "The Importance of Father Love: History and Contemporary Evidence," *Review of General Psychology* 5, no. 4 (2001): 382–405; W. Jean Yeung, "Fathers: An Overlooked Resource for Children's Educational Success," in *After the Bell—Family Background, Public Policy, and Educational Success*, ed. Dalton Conley and Karen Albright (London: Routledge, 2004), 145–69; and Lois W. Hoffman and Lise M. Youngblade, *Mother's at Work: Effects on Children's Well-Being* (Cambridge: Cambridge University Press, 1999).

*18 子供の感情・社会面の発達に父親が与える影響については、以下を参照されたい。 Rohner and Veneziano, "The Importance of Father Love," 392.

*19 Robyn J. Ely and Deborah L. Rhode, "Women and Leadership: Defining the Challenges," in *Handbook of Leadership Theory and Practice*, ed. Nitin Nohria and Rakesh Khurana (Boston: Harvard Business School Publishing, 2010), 377–410; and Deborah L. Rhode and Joan C. Williams, "Legal Perspectives on Employment Discrimination," in *Sex Discrimination in the Workplace: Multidisciplinary Perspectives*, ed. Faye J. Crosby, Margaret S. Stockdale, and S. Ann Ropp (Malden, MA: Blackwell, 2007), 235–70. フォーチュン100社のうち53社を対象に行われた調査では、73.6%の企業が母親には有給の産前・産後休暇または一時的労働不能休暇を用意しているが、父親に用意している企業は32.1%にとどまった。以下を参照されたい。 Joint Economic Committee of the U.S. Congress, *Paid Family Leave at Fortune 100 Companies: A Basic Standard but Still Not a Gold Standard* (March 2008), 6.

Families (May 2003), http://www.contemporaryfamilies.org/work-family/fampolicy.html; Organisation for Economic Co-operation and Development (OECD), "PF2.1: Key Characteristics of Parental Leave Systems," OECD Family Database, Social Policy Division, Directorate of Employment, Labour and Social Affairs (2011), http://www.oecd.org/social/familiesandchildren/37864482.pdf; and Rebecca Ray, Janet C. Gornick and John Schmitt, "Who Cares? Assessing Generosity and Gender Equality in Parental Leave Policy Designs in 21 Countries, *Journal of European Social Policy* 20, no.3(2010): 196-216.

*9　Maria Shriver, "Gloria Steinem," *Interview*, July 15, 2011, http://www.interviewmagazine.com/culture/gloria-steinem/.

*10　母親の管理者意識に関する研究は、以下を参照されたい。 Sarah J. Schoppe-Sullivan et al., "Maternal Gatekeeping, Coparenting Quality, and Fathering Behavior in Families with Infants," *Journal of Family Psychology* 22, no. 3 (2008): 389–90.

*11　Sarah M. Allen and Alan J. Hawkins, "Maternal Gatekeeping: Mothers' Beliefs and Behaviors That Inhibit Greater Father Involvement in Family Work," *Journal of Marriage and Family* 61, no.1 (1999): 209.

*12　Richard L. Zweigenhaft and G. William Domhoff, *The New CEOs: Women, African American, Latino and Asian American Leaders of Fortune 500 Companies* (Lanham, MD: Rowman & Littlefield, 2011), 28–29.

*13　James B. Stewart, "A C.E.O.'s Support System, a k a Husband," *New York Times*, November 4, 2011, http://www.nytimes.com/2011/11/05/business/a-ceos-support-system-a-k-a-husband.html?pagewanted=all.

*14　Pamela Stone, *Opting Out? Why Women Really Quit Careers and Head Home* (Berkeley: University of California Press, 2007), 62.

*15　Stewart, "A C.E.O.'s Support System."

*16　Michael E. Lamb, *The Role of the Father in Child Development* (Hoboken, NJ: John Wiley & Sons, 2010); and Anna Sarkadi et al., "Fathers' Involvement and Children' Developmental Outcomes: A Systematic Review of Longitudinal Studies," *Acta Paediatrica* 97, no. 2

Social Indicators Research 101, no.2(2010): 295-304.

*4　1965-2000年に、子供のいる既婚男性が育児に費やす時間はアメリカでは約3倍に、家事に費やす時間は2倍以上に増えた。1965年には育児に費やす時間は週2.6時間だったが、2000年には同6.5時間になった。増加の大半は1985年以降に起きている。また1965年には、子供のいる既婚男性が家事に費やす時間は週4.5時間だったが、2000年には同10時間になった。家事に費やす時間が大幅に増えたのは1965-85年であり、1985年以降はほとんど増えていない。以下を参照されたい。Suzanne M. Bianchi, John P. Robinson, and Melissa A. Milkie, *Changing Rhythms of American Family Life* (New York: Russell Sage Foundation, 2006). 20カ国を対象に行われたHook (2006)の調査によると、1965-2003年に会社員の既婚男性が無給の家事労働を行う時間数は増加し、週約6時間となった。以下を参照されたい。Jennifer L. Hook, "Care in Context: Men's Unpaid Work in 20 Countries, 1965–2003," *American Sociological Review* 71, no. 4 (2006): 639–60.

*5　Letitia Anne Peplau and Leah R. Spalding, "The Close Relationships of Lesbians, Gay Men, and Bisexuals," in *Close Relationships: A Sourcebook*, ed. Clyde A. Hendrick and Susan S. Hendrick (Thousand Oaks, CA: Sage, 2000), 111–24; and Sondra E. Solomon, Esther D. Rothblum, and Kimberly F. Balsam, "Money, Housework, Sex, and Conflict: Same-Sex Couples in Civil Unions, Those Not in Civil Unions, and Heterosexual Married Siblings," *Sex Roles* 52, nos. 9–10 (2005): 561–75.

*6　Lynda Laughlin, *Who's Minding the Kids? Child Care Arrangements: Spring 2005 and Summer 2006*, U.S. Census Bureau, Current Population Reports, P70–121 (August 2010), 1. この問題に関する論評は、以下を参照されたい。K. J. Dell'Antonia, "The Census Bureau Counts Fathers as 'Child Care,'" *New York Times*, February 8, 2012, http://parenting.blogs.nytimes.com/2012/02/08/the-census-bureau-counts-fathers-as-child-care/.

*7　Laughlin, *Who's Minding the Kids?*, 7–9.

*8　Rachel Henneck, "Family Policy in the US, Japan, Germany, Italy and France: Parental Leave, Child Benefits/Family Allowances, Child Care, Marriage/Cohabitation, and Divorce," *Council on Contemporary*

(November 2011), http://faculty.haas.berkeley.edu/wolfram/Papers/OptOut_ILRRNov11.pdf.

*13 1979、1984、1989、1994年のイェール大学卒業生を対象にした調査は、2000年に実施された。資料は以下による。Louise Story, "Many Women at Elite Colleges Set Career Path to Motherhood," *New York Times*, September 20, 2005, http://www.nytimes.com/2005/09/20/national/20women.html?pagewanted=all.

*14 Amy Sennett, "Work and Family: Life After Princeton for the Class of 2006" (July 2006), http://www.princeton.edu/~paw/archive_new/PAW05-06/15-0719/features_familylife.html.

*15 Hewlett and Luce, "Off-Ramps and On-Ramps," 46.

*16 Stephen J. Rose and Heidi I. Hartmann, *Still a Man's Labor Market: The Long-Term Earnings Gap*, Institute for Women's Policy Research (2004), 10, http://www.aecf.org/upload/publicationfiles/fes3622h767.pdf.

*17 Ibid.

*18 Hewlett and Luce, "Off-Ramps and On-Ramps," 46.

*19 OECD, "Figure 13.3: The Price of Motherhood is High Across OECD Countries: Gender Pay Gap by Presence of Children, 25-44 Years Old," *Closing the Gender Gap: Act Now*, (OECD Publishing: 2012), http://dx.doi.org/10.1787/9789264179370-en

8

*1 Melissa A. Milkie, Sara B. Raley, and Suzanne M. Bianchi, "Taking on the Second Shift: Time Allocations and Time Pressures of U.S. Parents with Preschoolers," *Social Forces* 88, no. 2 (2009): 487–517.

*2 Scott S. Hall and Shelley M. MacDermid, "A Typology of Dual Earner Marriages Based on Work and Family Arrangements," *Journal of Family and Economic Issues* 30, no. 3 (2009): 220.

*3 Kimberly Fisher and John Robinson, "Daily Life in 23 countries,"

*11　Youngjoo Cha, "Reinforcing Separate Spheres: The Effect of Spousal Overwork on Men's and Women's Employment in Dual-Earner Households," *American Sociological Review* 75, no. 2 (2010): 318. この調査でも、子供をもつ女性の退職率は、夫の労働時間数が週60時間を上回る場合、50時間未満の場合に比べ112%も高いことがわかった。

*12　2007年にハーバード・ビジネススクールの卒業生を対象に行われた調査の結果は、Career and Professional Development Office at Harvard Business School to the author on October 15, 2012による。1981、1985、1991年の卒業生のうち子供が2人以上いる人を対象に行われた別の調査では、男性の90%以上が正社員として就業していたのに対し、女性は38%にすぎなかった。調査結果は、ハーバード・ビジネススクールMyra M. Hart教授から2012年9月23日にメールで受け取った。これらの調査結果は、女性の回答率が男性に比べて非常に低かったことに影響されている可能性がある。またこれらの調査では、正社員として雇用されていない場合に何をしているのか、回答者に説明を求めていない。たとえ正社員として就業していなくても、非営利団体や地域の活動をしている場合、あるいは役員になっている場合があり得る。また女性は男性に比べ、退職や休職の理由を子育て、個人的目標、家族としての責任と結びつける傾向が強い点に注意が必要である。女性のキャリアパスについて、くわしくは以下を参照されたい。Lisa A. Mainiero and Sherry E. Sullivan, "Kaleidoscope Careers: An Alternate Explanation for the 'Opt-Out' Revolution," *The Academy of Management Executive* 19, no. 1 (2005): 106–23.

なお別の調査では、女性の就業率が職業によって大きく異なることが判明した。1988-91年にハーバード大学を卒業した女性を対象にした調査では、卒業15年後に子供のいる既婚女性のうち就業率が最も高いのは医学博士号をもつ女性で、就業率は94.2%に達した。同じ条件で他の学位取得者の場合には、就業率は低くなり、医学以外の博士号取得者は85.5%、法学博士77.6%、MBA71.7%だった。この調査結果から、職業文化が女性の就業率に重大な影響を与えていると考えられる。以下を参照されたい。Jane Leber Herr and Catherine Wolfram, "Work Environment and 'Opt-Out' Rates at Motherhood Across Higher-Education Career Paths"

*6 Organisation for Economic Co-operation and Development (OECD), "Chart LMF1.2B: Maternal Employment Rates by Age of Youngest Child, 2009," OECD Family Database, Social Policy Division, Directorate of Employment, Labour and Social Affairs, http://www.oecd.org/els/familiesandchildren/38752721.pdf.

*7 David Cotter, Paula England, and Joan Hermsen, "Moms and Jobs: Trends in Mothers' Employment and Which Mothers Stay Home," in *Families as They Really Are*, ed. Barbara J. Risman (New York: W.W. Norton, 2010), 416–24. 夫が下位所得層（男性の所得の下位25パーセンタイル）に属す場合、妻は家庭にとどまる選択をする可能性が最も高い。その次に家庭にとどまる率が高いのは、夫が最上位所得層（男性の所得の上位5パーセンタイル）に属す場合である。

*8 The National Association of Child Care Resource & Referral Agencies, *Parents and the High Cost of Child Care: 2010 Update* (2010), 1, http://eyeonkids.ca/docs/files/cost_report_073010-final.pdf.

*9 Child Care Aware of America, *Parents and the High Cost of Child Care: 2012 Report* (2012), 7, http://www.naccrra.org/sites/default/files/default_site_pages/2012/cost_report_2012_final_081012_0.pdf.

*10 欧州連合（EU）では、保育施設の大半は公営である。ただし世帯の負担は、国によりばらつきが大きい。私立施設に多くを依存する国では、入園はしやすい一方で、世帯の負担が重くなる。政府が中心になって保育を提供する国では、相当程度の補助金が出るため世帯の負担は小さいものの、支給対象年齢に制限がある。くわしくは以下を参照されたい。European Parliament, "The Cost of Childcare in EU Countries: Transversal Analysis Part 1 of 2," Policy Department, Economic and Scientific Policy (2006), http://www.europarl.europa.eu/document/activities/cont/201107/20110718ATT24321/20110718ATT24321EN.pdf ; and European Parliament, "The Cost of Childcare in EU Countries: Country Reports, Part 2 of 2," Policy Department, Economic and Scientific Policy (2006), http://www.europarl.europa.eu/document/activities/cont/201107/20110718ATT24319/20110718ATT24319EN.pdf.

A *Gender Reversal on Career Aspirations*, Pew Research Center (April 2012), http://www.pewsocialtrends.org/2012/04/19/a-gender-reversal-on-career-aspirations/. 18-31歳を対象に行われた最近の調査では、女性は男性より「結婚願望」が強いことが確かめられた。以下を参照されたい。Judith E. Owen Blakemore, Carol A. Lawton, and Lesa Rae Vartanian, "I Can't Wait to Get Married: Gender Differences in Drive to Marry," *Sex Roles* 53, nos. 5–6 (2005): 327–35. ただし例外もある。大学生を対象に行われた調査Mindy J. Erchull et al., "Well . . . She Wants It More: Perceptions of Social Norms About Desires for Marriage and Children and Anticipated Chore Participation," *Psychology of Women Quarterly* 34, no. 2 (2010): 253–60によれば、結婚願望に男女差は認められなかった。

*3 仕事満足度と離職率については、以下を参照されたい。Petri Böckerman and Pekka Ilmakunnas, "Job Disamenities, Job Satisfaction, Quit Intentions, and Actual Separations: Putting the Pieces Together," *Industrial Relations* 48, no. 1 (2009): 73–96; and Brooks et al., "Turnover and Retention Research: A Glance at the Past, a Closer Review of the Present, and a Venture into the Future," *The Academy of Management Annals* 2, no. 1 (2008): 231–74.

*4 Caroline O'Connor, "How Sheryl Sandberg Helped Make One Entrepreneur's Big Decision," *Harvard Business Review* Blog Network, September 26, 2011, http://blogs.hbr.org/cs/2011/09/how_sheryl_sandberg_helped_mak.html.

*5 子供のいない女性の就業率は約80%だが、子供のいる女性では70.6%である。男性の場合、子供をもつと逆に就業率が上がる。子供のいない男性の就業率は約86%だが、子供のいる男性では94.6%である。就業率のデータは、24-44歳の男女のうち、18歳以下の子供がいる男女といない男女の数字に基づいている。Bureau of Labor Statistics, "Table 6A: Employment Status of Persons by Age, Presence of Children, Sex, Race, Hispanic or Latino Ethnicity, and Marital Status, Annual Average 2011," Current Population Survey, Employment Characteristics, unpublished table (2011).

Algorithm," *Harvard Business Review* 90, no. 6 (2012): 86–94; and Bill George et al., "Discovering Your Authentic Leadership," *Harvard Business Review* 85, no. 2 (2007): 129–38.

7

*1　この問題に関する調査の結果、一般に若い女性は仕事とプライベートの両立に強い意欲をもつ一方で、それは困難だと考えていることがわかった。以下を参照されたい。 Janelle C. Fetterolf and Alice H. Eagly, "Do Young Women Expect Gender Equality in Their Future Lives? An Answer from a Possible Selves Experiment," *Sex Roles* 65, nos. 1–2 (2011): 83–93; Elizabeth R. Brown and Amanda B. Diekman, "What Will I Be? Exploring Gender Differences in Near and Distant Possible Selves," *Sex Roles* 63, nos. 7–8 (2010): 568–79; and Linda Stone and Nancy P. McKee, "Gendered Futures: Student Visions of Career and Family on a College Campus," *Anthropology & Education Quarterly* 31, no. 1 (2000): 67–89.

*2　Lesley Lazin Novack and David R. Novack, "Being Female in the Eighties and Nineties: Conflicts between New Opportunities and Traditional Expectations Among White, Middle Class, Heterosexual College Women," *Sex Roles* 35, nos. 1–2 (1996): 67.

この調査によれば、結婚か仕事の二者択一を強制した場合、男子学生の18%、女子学生の38%が結婚を選んだ。また、男子学生の67%、女子学生の49%が仕事を選んだ。注目すべきは、男子学生の22%、女子学生の15%がどちらも選択せず、その大半は両立させたいと答えたことである。Novackらは、「男性の多くは結婚か仕事かを選ぶ必要はないと考えている。これはおそらく、これまで両方を実現できていたからだろう」と述べている。最近ピュー・リサーチセンターが18-34歳の若年層を対象に行った調査によると、「よい結婚をすること」が「人生でとりわけ重要なことの一つ」だと答える女性が1997年以降増えているのに対し、そう答える男性は減っているという。以下を参照されたい。 Eileen Patten and Kim Parker,

*9　Ibarra, Carter, and Silva, "Why Men Still Get More Promotions than Women," 80–85.

6

*1　Denise L. Loyd et al., "Expertise in Your Midst: How Congruence Between Status and Speech Style Affects Reactions to Unique Knowledge," *Group Processes & Intergroup Relations* 13, no. 3 (2010): 379–95; and Lawrence A. Hosman, "The Evaluative Consequences of Hedges, Hesitations, and Intensifiers: Powerful and Powerless Speech Styles," *Human Communication Research* 15, no. 3 (1989): 383–406. 権力と行動の関係については、以下を参照されたい。 Dacher Keltner, Deborah H. Gruenfeld, and Cameron Anderson, "Power, Approach, Inhibition," *Psychological Review* 110, no. 2 (2003): 265–84. ジェンダーと対話については、以下を参照されたい。 Cecilia L. Ridgeway and Lynn Smith-Lovin, "The Gender System and Interaction," *Annual Review of Sociology* 25, no. 1 (1999): 202–3.

*2　Bell Leadership Institute, *Humor Gives Leaders the Edge* (2012), http://www.bellleadership.com/pressreleases/press_template.php?id=15.

*3　カリフォルニア大学経営学教授Kimberly D. Elsbachの調査によると、職場で女性が泣いた場合、大半は同僚から否定的な反応を示されるという。ただし、家族の死や離婚などの個人的な事情であれば許される。会議中に泣くとか、仕事のプレッシャーから、あるいは意見や命令に同意できないという理由から泣くのは、「プロフェッショナルらしくない」「仕事の進行に支障を来す」「弱い」さらには「演技過剰」とみなされる。くわしくは以下を参照されたい。 Jenna Goudreau, "Crying at Work, a Woman's Burden," *Forbes*, January 11, 2011, http://www.forbes.com/sites/jennagoudreau/2011/01/11/crying-at-work-a-womans-burden-study-men-sex-testosterone-tears-arousal/.

*4　Marcus Buckingham, "Leadership Development in the Age of the

ー（多くは女性やマイノリティー）に比べ、メンティーにより多くのチャンスを与えられる。調査の結果、男性、とくに白人男性は、女性（またはマイノリティーの男性）よりもメンターとしての影響力が大きいことがわかった。Catalystの調査によると、専門職に就いている男性の78%がCEOまたはシニア・エグゼクティブにメンターをしてもらっているのに対し、女性は69%だった。高い地位のメンターを得ている人は昇進が速いので、この差は女性にとって不利になる。以下を参照されたい。Ibarra, Carter, and Silva, "Why Men Still Get More Promotions than Women," 80–85. また以下も参照されたい。George F. Dreher and Taylor H. Cox Jr., "Race, Gender, and Opportunity: A Study of Compensation Attainment and the Establishing of Mentoring Relationships," *Journal of Applied Psychology* 81, no. 3 (1996): 297–308.

*4　高い教育を受けたホワイトカラー職を対象にしたHewlett et al.の調査によると、男性の19%がスポンサーを得ているが、女性は13%だった。以下を参照されたい。Hewlett et al., *The Sponsor Effect*, 8–11. 高い潜在性をもつ男女を対象に2010年に行われた研究によると、男性に比べて女性は「メンター過剰で、スポンサー不足」だった。以下を参照されたい。Ibarra, Carter, and Silva, "Why Men Still Get More Promotions than Women," 80–85.

*5　Romila Singh, Belle Rose Ragins, and Phyllis Tharenou, "Who Gets a Mentor? A Longitudinal Assessment of the Rising Star Hypothesis," *Journal of Vocational Behavior* 74, no. 1 (2009): 11–17; and Tammy D. Allen, Mark L. Poteet, and Joyce E. A. Russell, "Protégé Selection by Mentors: What Makes the Difference?," *Journal of Organizational Behavior* 21, no. 3 (2000): 271–82.

*6　Alvin W. Gouldner, "The Norm of Reciprocity: A Preliminary Statement," *American Sociological Review* 25, no. 2 (1960): 161–78.

*7　Tammy D. Allen, Mark L. Poteet, and Susan M. Burroughs, "The Mentor's Perspective: A Qualitative Inquiry and Future Research Agenda," *Journal of Vocational Behavior* 51, no. 1 (1997): 86.

*8　Hewlett et al., *The Sponsor Effect*, 35.

5

*1　メンターはメンティーにアドバイス、サポート、フィードバックを与える。スポンサーは高い地位に就いている人物で、その影響力や権力を行使してメンティーを売り込む。具体的には現在の実力以上の仕事に推薦したり、昇進の後押しをしたりする。メンターとスポンサーのちがいについてのくわしい説明は、以下を参照されたい。Herminia Ibarra, Nancy M. Carter, and Christine Silva, "Why Men Still Get More Promotions than Women," *Harvard Business Review* 88, no. 9 (2010): 80–85; and Sylvia Ann Hewlett et al., *The Sponsor Effect: Breaking Through the Last Glass Ceiling,* a *Harvard Business Review* Research Report (December 2010): 5–7.

*2　さまざまな調査の結果、メンターやスポンサーを得た人は仕事での成功率が高いことが判明した（高い報酬を得る、昇進の回数が多い、仕事満足度が高い、キャリア形成意欲が高い、など）。以下を参照されたい。Tammy D. Allen et al., "Career Benefits Associated with Mentoring for Protégés: A Meta-Analysis," *Journal of Applied Psychology* 89, no. 1 (2004): 127–36. 学位以上をもつホワイトカラー数千人を調査した結果、スポンサーがいる人は、男女を問わずやや実力以上の地位を強気に要求し、昇給を獲得する可能性が高いことがわかった。スポンサーをもつ男性回答者の56%が昇進を要求し、49%が昇給を要求した。これに対してスポンサーをもたない男性回答者で昇進を要求したのは43%、昇給は37%にとどまった。スポンサーをもつ女性回答者の44%が昇進を要求し、38%が昇給を要求した。これに対してスポンサーをもたない女性回答者で昇進を要求したのは36%、昇給は30%にとどまった。くわしくは以下を参照されたい。Hewlett et al., *The Sponsor Effect*, 9–11.

*3　メンターに関して女性が直面する問題点については、以下を参照されたい。Kimberly E. O'Brien et al., "A Meta-Analytic Investigation of Gender Differences in Mentoring," *Journal of Management* 36, no. 2 (2010): 539–40. 一般に、男性と女性はメンターからほぼ同程度の助言・指導を受けているが、得られるメリットは同じではない。たとえば、大きな権力をもち、組織内での影響力が大きいメンター（多くは白人男性）は、権力の小さいメンタ

Choice and the Division of Challenging Tasks Between Men and Women," *Group & Organization Management* 34, no. 5 (2009): 563–89では、男女のペアが仕事の分担について協議する場合、より困難でやり甲斐のある仕事をとるのは男性であることが判明した。また、「女性は守ってあげる必要がある」といったステレオタイプな見方が女性の挑戦を阻んでいることを示す調査もある。以下を参照されたい。 Eden B. King et al., "Benevolent Sexism at Work: Gender Differences in the Distribution of Challenging Developmental Experiences," *Journal of Management* 38, no. 6 (2012): 1835–66.

*7 Georges Desvaux, Sandrine Devillard-Hoellinger, and Mary C. Meaney, "A Business Case for Women," *The McKinsey Quarterly* (September 2008): 4, http://www.rctaylor.com/Images/A_Business_Case_for_Women.pdf.

*8 ロイズTSBでも、実績基準からすれば昇進適格者は男性より女性が8%多いにもかかわらず、女性社員は自分から昇進を求めない傾向があるという。 Desvaux, Devillard-Hoellinger, and Meaney, "A Business Case for Women," 4を参照されたい。主にイギリスとオーストラリアの大学で行われた調査では、女性のほうが昇進の要求をためらう傾向が強く、その理由としてしばしば能力不足や経験不足を挙げることがわかった。以下を参照されたい。 Anne Ross-Smith and Colleen Chesterman, "'Girl Disease': Women Managers' Reticence and Ambivalence Towards Organizational Advancement," *Journal of Management & Organization* 15, no. 5 (2009): 582–95; Liz Doherty and Simonetta Manfredi, "Women's Progression to Senior Positions in English Universities," *Employee Relations* 28, no. 6 (2006): 553–72; and Belinda Probert, "'I Just Couldn't Fit It In': Gender and Unequal Outcomes in Academic Careers," *Gender, Work and Organization* 12, no. 1 (2005): 50–72.

*9 Hannah Seligson, "Ladies, Take off Your Tiara!," *The Huffington Post*, February 20, 2007, http://www.huffingtonpost.com/hannah-seligson/ladies-take-off-your-tiar_b_41649.html.

Gneezy, "Gender Differences in Preferences," *Journal of Economic Literature* 47, no. 2 (2009): 448–74; and Catherine C. Eckel and Phillip J. Grossman, "Men, Women, and Risk Aversion: Experimental Evidence," in *Handbook of Experimental Economics Results*, vol. 1, ed. Charles R. Plott and Vernon L. Smith (Amsterdam: North Holland, 2008), 1061–73.

*3 Centers for Disease Control and Prevention, *Drowning Risks in Natural Water Settings*, http://www.cdc.gov/Features/dsDrowningRisks/.

*4 Karen S. Lyness and Christine A. Schrader, "Moving Ahead or Just Moving? An Examination of Gender Differences in Senior Corporate Management Appointments," *Gender & Organization Management* 31, no. 6 (2006): 651–76. この研究は、ウォール・ストリート・ジャーナル紙で報道された952件の重役指名発表を調べたものである。分析結果によると、女性の新しい仕事は、同等の男性に比べ、前職と似通っているケースが多い。また女性は別会社に移るケースが少ない。スタッフ部門の女性は、男性に比べ、ライン部門や前職とは異なる分野に移るケースが少ない。これらの点を考えると、女性の異動は男性に比べ、変化から得られるメリットが小さいと言えよう。

*5 Londa Schiebinger, Andrea Davies, and Shannon K. Gilmartin, *Dual-Career Academic Couples: What Universities Need to Know,* Clayman Institute for Gender Research, Stanford University (2008), http://gender.stanford.edu/sites/default/files/DualCareerFinal_0.pdf; Kimberlee A. Shauman and Mary C. Noonan, "Family Migration and Labor Force Outcomes: Sex Differences in Occupational Context," *Social Forces* 85, no. 4 (2007): 1735–64; and Pam Stone, *Opting Out? Why Women Really Quit Careers and Head Home* (Berkeley: University of California Press, 2007).

*6 Irene E. De Pater et al., "Challenging Experiences: Gender Differences in Task Choice," *Journal of Managerial Psychology* 24, no.1 (2009): 4–28. この研究では、ビジネススクールの学生100名のインターンシップ体験について調べた。調査によると、インターンの自由裁量の余地が大きい職場で、非常な努力をしたり困難を乗り越えたりした経験をしたと報告した回答者は、男性のほうが女性より多かった。 Irene E. De Pater et al., "Individual Task

の職場にいる場合、女性がチーム重視の発言（たとえば、「チームが力を合わせることが重要だと思います」のように）をすると、影響力が増すことが確かめられた。

＊21　Bowles and Babcock, "How Can Women Escape the Compensation Negotiation Dilemma?" 1–17.

＊22　Linda Babcock and Sara Laschever, *Ask for It: How Women Can Use the Power of Negotiation to Get What They Really Want* (New York: Bantam Dell, 2008), 253.

＊23　「にこにこキッパリ」スタイルについてのくわしい説明とアドバイスは、以下を参照されたい。 Linda Babcock and Sara Laschever, *Ask for It*, 251–66.

＊24　E. B. Boyd, "Where Is the Female Mark Zuckerberg?," *San Francisco*, December 2011, http://www.modernluxury.com/san-francisco/story/where-the-female-mark-zuckerberg.

＊25　Jessica Valenti, "Sad White Babies with Mean Feminist Mommies," Jessica Valenti blog, June 19, 2012, http://jessicavalenti.tumblr.com/post/25465502300/sad-white-babies-with-mean-feminist-mommies-the.

4

＊1　Bureau of Labor Statistics, *Number of Jobs Held, Labor Market Activity, and Earnings Growth Among the Youngest Baby Boomers: Results from a Longitudinal Study* (July 2012), http://www.bls.gov/news.release/pdf/nlsoy.pdf. この報告書によると、 1957-64年生まれの平均的なアメリカ人は、18-46歳のあいだに11.3件の仕事を経験するという。その半分の仕事は18-24歳で経験する。

＊2　女性が男性よりリスク回避傾向が強いことに関しては、以下を参照されたい。 Marianne Bertrand, "New Perspectives on Gender," in *Handbook of Labor Economics*, vol. 4B, ed. Orley Ashenfelter and David Card (Amsterdam: North Holland, 2010), 1544–90; Rachel Croson and Uri al. (2005)によれば、自分のためでなく他人のために交渉する場合には、女性はがぜん力を発揮するという。以下を参照されたい。 Deborah A. Small et al., "Who Goes to the Bargaining Table? The Influence of Gender and Framing on the Initiation of Negotiation," *Journal of Personality and Social Psychology* 93, no. 4 (2007): 600–613; and Hannah Riley Bowles et al., "Constraints and Triggers: Situational Mechanics of Gender in Negotiation," *Journal of Personality and Social Psychology* 89, no. 6 (2005): 951–65.

*14　Babcock and Laschever, *Women Don't Ask*, 1–2.

*15　Emily T. Amanatullah and Catherine H. Tinsley, "Punishing Female Negotiators for Asserting Too Much . . . Or Not Enough: Exploring Why Advocacy Moderates Backlash Against Assertive Female Negotiators," *Organizational Behavior and Human Decision Processes* 120, no. 1 (2013): 110-22; and Hannah Riley Bowles, Linda Babcock, and Lei Lai, "Social Incentives for Gender Differences in the Propensity to Initiate Negotiations: Sometimes It Does Hurt to Ask," *Organizational Behavior and Human Decision Processes* 103, no. 1 (2007): 84–103.

*16　Emily T. Amanatullah and Michael W. Morris, "Negotiating Gender Roles: Gender Differences in Assertive Negotiating Are Mediated by Women's Fear of Backlash and Attenuated When Negotiating on Behalf of Others," *Journal of Personality and Social Psychology* 98, no. 2 (2010): 256–67; and Bowles et al., "Constraints and Triggers," 951–65.

*17　Bowles, Babcock, and Lai, "Social Incentives for Gender Differences," 84–103.

*18　Hannah Riley Bowles and Linda Babcock, "How Can Women Escape the Compensation Negotiation Dilemma? Relational Accounts Are One Answer," *Psychology of Women Quarterly*, article in press (2012), 2, http://dx.doi.org/10.1177/0361684312455524.

*19　Ibid, 1–17.

*20　Cecilia L. Ridgeway, "Status in Groups: The Importance of Motivation," *American Sociological Review* 47, no. 1 (1982): 76–88. 男性中心

れたい。 Heilman et al., "Penalties for Success," 416–27.

*9　Laurie A. Rudman, "Self-Promotion as a Risk Factor for Women: The Costs and Benefits of Counterstereotypical Impression Management," *Journal of Personality and Social Psychology* 74, no. 3 (1998): 629–45; Laurie A. Rudman and Peter Glick, "Feminized Management and Backlash Toward Agentic Women: The Hidden Costs to Women of a Kinder, Gentler Image of Middle-Managers," *Journal of Personality and Social Psychology* 77, no. 5 (1999): 1004–10; and Laurie A. Rudman and Peter Glick, "Prescriptive Gender Stereotypes and Backlash Toward Agentic Women," *Journal of Social Issues* 57, no. 4 (2001): 743–62.

*10　フランク・フリン教授と筆者とが2011年6月22日に行った討論による。

*11　Madeline E. Heilman and Julie J. Chen, "Same Behavior, Different Consequences: Reactions to Men's and Women's Altruistic Citizenship Behaviors," *Journal of Applied Psychology* 90, no. 3 (2005): 431–41.

*12　Catalyst, *The Double-Bind Dilemma for Women in Leadership: Damned if You Do, Doomed if You Don't* (July 2007), 1, http://www.catalyst.org/file/45/the%20double-bind%20dilemma%20for%20women%20in%20leadership%20damned%20if%20you%20do,%20doomed%20if%20you%20don%E2%80%99t.pdf.

*13　Linda Babcock and Sara Laschever, *Women Don't Ask* (New York: Bantam Books, 2007), 1–4; Linda Babcock et al., "Gender Differences in the Propensity to Initiate Negotiations," in *Social Psychology and Economics*, ed. David De Cremer, Marcel Zeelenberg, and J. Keith Murnighan (Mahwah, NJ: Lawrence Erlbaum, 2006), 239–59; and Fiona Greig, "Propensity to Negotiate and Career Advancement: Evidence from an Investment Bank that Women Are on a 'Slow Elevator,'" *Negotiation Journal* 24, no. 4 (2008): 495–508. さまざまな調査によると、一般に、男性のほうが女性より交渉を選ぶことが多く、その結果として多くの実りを手にしている。だが交渉の状況によってはちがう傾向も認められる。 Small et al. (2007)によれば、「交渉」ではなく「お願い」であれば、性差はなくなるという。またBowles et

"Role Congruity Theory of Prejudice Toward Female Leaders," *Psychological Review* 109, no. 3 (2002): 573–98; Madeline E. Heilman, "Description and Prescription: How Gender Stereotypes Prevent Women's Ascent up the Organizational Ladder," *Journal of Social Issues* 57, no. 4 (2001): 657–74; and Cecilia L. Ridgeway, "Gender, Status, and Leadership," *Journal of Social Issues* 57, no. 4 (2001): 637–55. 実力のある女性がとくに嫌われやすいのは、従来男性の領分と考えられてきた分野で成功した場合であることに注意されたい。

*4 Cyndi Kernahan, Bruce D. Bartholow, and B. Ann Bettencourt, "Effects of Category-Based Expectancy Violation on Affect-Related Evaluations: Toward a Comprehensive Model," *Basic and Applied Social Psychology* 22, no. 2 (2000): 85–100; and B. Ann Bettencourt et al., "Evaluations of Ingroup and Outgroup Members: The Role of Category-Based Expectancy Violation," *Journal of Experimental Social* Psychology 33, no. 3 (1997): 244–75.「期待理論」として知られるこの問題に関する研究では、人を評価するときに、その人が属すと考えられる集団のステレオタイプに基づいて評価しがちであることが確かめられている。期待に背く行動をとる人に私たちはすぐに気づき、通常以上に厳しく評価しやすい。

*5 Shankar Vendantam, "'Nicer Sex' Image at Play in Politics," *Chicago Tribune*, November 13, 2007, http://articles.chicagotribune.com/2007-11-13/news/0711120690_1_female-leaders-women-and-leadership-social-psychologist.

*6 Ken Auletta, "A Woman's Place: Can Sheryl Sandberg Upend Silicon Valley's Male-Dominated Culture?," *The New Yorker*, July 11, 2012, http://www.newyorker.com/reporting/2011/07/11/110711fa_fact_auletta?currentPage=all.

*7 デボラ・グルーエンフェルド教授と筆者とが2012年6月22日に行った会話による。

*8 Madeline E. Heilman et al. (2004)の調査によると、有能な社員の中でも、好かれない人は好かれる人に比べ、組織内で有利な立場（出世コースに乗る、早く昇給するなど）に推薦されにくくなる。くわしくは以下を参照さ

Tolerance," *Psychological Science* 21, no. 10 (2010): 1363–68.

*13 Bianca Bosker, "Cisco Tech Chief Outlines the Advantages of Being a Woman in Tech," *The Huffington Post*, October 27, 2011, http://www.huffingtonpost.com/2011/10/27/cisco-chief-technology-officer-woman-in-tech_n_1035880.html.

*14 Claire Cain Miller, "For Incoming I.B. M. Chief, Self-Confidence Is Rewarded," *New York Times*, October 27, 2011, http://www.nytimes.com/2011/10/28/business/for-incoming-ibm-chief-self-confidence-rewarded.html.

*15 Caroline Howard, "The World's 100 Most Powerful Women: This Year It's All About Reach," *Forbes*, August 24, 2011, http://www.forbes.com/sites/carolinehoward/2011/08/24/the-worlds-100-most-powerful-women-this-year-its-all-about-reach/.

3

*1 調査の説明と分析結果は、フランク・フリン教授と筆者とが2011年6月22日に行った討論の中で提供された。

*2 ケーススタディは以下を参照されたい。Kathleen McGinn and Nicole Tempest, *Heidi Roizen*, Harvard Business School Case Study #9-800-228 (Boston: Harvard Business School Publishing, 2009).

*3 Madeline E. Heilman and Tyler G. Okimoto, "Why Are Women Penalized for Success at Male Tasks?: The Implied Communality Deficit," *Journal of Applied Psychology* 92, no. 1 (2007): 81–92; Madeline E. Heilman et al., "Penalties for Success: Reactions to Women Who Succeed at Male Gender-Typed Tasks," *Journal of Applied Psychology* 89, no. 3 (2004): 416–27; and Madeline E. Heilman, Caryn J. Block, and Richard F. Martell, "Sex Stereotypes: Do They Influence Perceptions of Managers?" *Journal of Social Behavior and Personality* 10, no. 6 (1995): 237–52. 関連した問題に対する有益なレビューは、以下を参照されたい。Alice H. Eagly and Steven J. Karau,

しい謙虚さを示さなかった場合のネガティブな結果を恐れる、女性はもともと自分のことを控えめに言う習慣がついている、他人のプライドを傷つけないよう配慮している、などが挙げられている。こうした人間関係への配慮から、女性は自慢していると思われるのを避けるため、あるいは自分より不出来な人が居心地の悪い思いをしないようにするために、自己評価を下げるのだという。女性が自己評価をする場合、その相手の性別も影響することがわかっている。プライドの高い男性の前では、女性は一段と過小評価する傾向がある。たとえば自分の成績が悪かったことを気にしている夫の前では、自分の大学時代の成績を低めに言う。ただし、こうした個別のケースに関する調査結果にはかなりのばらつきがある。くわしくは以下を参照されたい。Heatherington, Townsend, and Burroughs, "'How'd You Do on That Test?,'" 161–77; and Laurie Heatherington, Andrea B. Burns, and Timothy B. Gustafson, "When Another Stumbles: Gender and Self-Presentation to Vulnerable Others," *Sex Roles* 38, nos. 11–12 (1998): 889–913.

*9 Tomi-Ann Roberts and Susan Nolan-Hoeksema, "Sex Differences in Reactions to Evaluative Feedback," *Sex Roles* 21, nos. 11–12 (December 1989): 725–47; and Maria Johnson and Vicki S. Helgeson, "Sex Differences in Response to Evaluative Feedback: A Field Study," *Psychology of Women Quarterly* 26, no. 3 (2002): 242–51.

*10 Sylvia Beyer, "Gender Differences in Causal Attributions by College Students of Performance on Course Examinations," *Current Psychology* 17, no. 4, (1998): 354. ネガティブな自己評価の結果については、以下を参照されたい。Sylvia Beyer and Edward M. Bowden, "Gender Differences in Self-Perception: Convergent Evidence from Three Measures of Accuracy and Bias," *Personality and Social Psychology Bulletin* 23, no. 2 (1997): 169.

*11 Nicole Perlroth and Claire Cain Miller, "The $1.6 Billion Woman, Staying on Message," *New York Times*, February 4, 2012, http://www.nytimes.com/2012/02/05/business/sheryl-sandberg-of-facebook-staying-on-message.html?pagewanted=all.

*12 Dana R. Carney, Amy J. C. Cuddy, and Andy J. Yap, "Power Posing: Brief Nonverbal Displays Affect Neuroendocrine Levels and Risk final-web.pdf.

*6　Working Group on Student Experiences, *Study on Women's Experiences at Harvard Law School* (Cambridge, MA: Working Group on Student Experiences, February 2004), http://www.law.harvard.edu/students/experiences/FullReport.pdf. 以下の項目について、自分をクラスの上位5分の1にいると位置づけた学生の比率は、男子学生のほうが女子学生より高かった。法的推論（男子33%対女子15%）、定量的推論（40%対11%）、すばやい決断（28%対17%）、要約する力（23%対18%）、口頭での議論（24%対13%）、調査能力（20%対11%）、コンセンサスの醸成（27%対21%）、説得力（20%対12%）。倫理問題に関してのみ、女子学生の比率が高かった（女子26%対男子25%）。

*7　他人の前で女性がくだす自己評価については、以下を参照されたい。Kimberly A. Daubman, Laurie Heatherington, and Alicia Ahn, "Gender and the Self-Presentation of Academic Achievement," *Sex Roles* 27, nos. 3–4 (1992): 187–204; Laurie Heatherington et al., "Two Investigations of 'Female Modesty' in Achievement Situations," *Sex Roles* 29, nos. 11–12 (1993): 739–54; and Laurie Heatherington, Laura S. Townsend, and David P. Burroughs, "'How'd You Do on That Test?' The Effects of Gender on Self-Presentation of Achievement to Vulnerable Men," *Sex Roles* 45, nos. 3–4 (2001): 161–77. 男性的な仕事に就いた女性の自己評価に関する分析は、以下を参照されたい。Sylvia Beyer, "The Effects of Gender, Dysphoria, and Performance Feedback on the Accuracy of Self-Evaluations," *Sex Roles* 47, nos. 9–10 (2002): 453–64.

*8　Sylvia Beyer, "Gender Differences in Causal Attributions by College Students of Performance on Course Examinations," *Current Psychology* 17, no. 4 (1998): 346–58. さまざまな調査は、女性が自分のスキル、能力、実績を男性より低めに評価しがちであることを示してきた。とりわけ男性的とされる仕事について、この傾向が強い。とはいえ調査方法によっては、女性は自分を妥当に評価し、男性は過大評価しがちだという結論にいたったものもある。女性の自己評価が低めになりがちな理由としては、自信がない、ジェンダーのステレオタイプに従って女性らしい謙虚さを示す、女性ら

を対象に行われた最近の調査は、この症状は女性に圧倒的に多いという結果になった。インポスター・シンドロームに関する多くの研究が、女性はこの症状に男性よりひんぱんに陥り、症状もより深刻なため、影響を受けやすいと結論づけている。この症状を巡る議論は、以下を参照されたい。Gina Gibson-Beverly and Jonathan P. Schwartz, "Attachment, Entitlement, and the Imposter Phenomenon in Female Graduate Students," *Journal of College Counseling* 11, no. 2 (2008): 120–21; and Shamala Kumar and Carolyn M. Jagacinski, "Imposters Have Goals Too: The Imposter Phenomenon and Its Relationship to Achievement Goal Theory," *Personality and Individual Differences* 40, no. 1 (2006): 149. 最近の調査については、以下を参照されたい。Gregor Jöstl et al., "When Will They Blow My Cover? The Imposter Phenomenon Among Austrian Doctoral Students," *Zeitschrift für Psychologie* 220, no. 2 (2012): 109–20; Loretta Neal McGregor, Damon E. Gee, and K. Elizabeth Posey, "I Feel Like a Fraud and It Depresses Me: The Relation Between the Imposter Phenomenon and Depression," *Social Behavior and Personality* 36, no. 1 (2008): 43–48; and Kathy Oriel, Mary Beth Plane, and Marlon Mundt, "Family Medicine Residents and the Imposter Phenomenon," *Family Medicine* 36, no. 4 (2004): 248–52. 最初の研究は以下を参照されたい。Pauline Rose Clance and Suzanne Ament Imes, "The Imposter Phenomenon in High Achieving Women: Dynamics and Therapeutic Intervention," *Psychotherapy: Theory, Research and Practice* 15, no. 3 (1978): 241–47.

*3　"Tina Fey—From Spoofer to Movie Stardom," *The Independent*, March 19, 2010, http://www.independent.co.uk/arts-entertainment/films/features/tina-fey—from-spoofer-to-movie-stardom-1923552.html.

*4　S. Scott Lind et al., "Competency-Based Student Self-Assessment on a Surgery Rotation," *Journal of Surgical Research* 105, no. 1 (2002): 31–34.

*5　Jennifer L. Lawless and Richard L. Fox, *Men Rule: The Continued Under-Representation of Women in U.S. Politics* (Washington, D.C.: Women & Politics Institute, American University School of Public Affairs, January 2012), http://www.american.edu/spa/wpi/upload/2012-Men-Rule-Report-

Reality," *Harvard Review of Psychology* 12, no.3 (2004): 158–64; Rosalind Chait Barnett and Janet Shibley Hyde, "Women, Men, Work, and Family: An Expansionist Theory," *American Psychologist* 56, no. 10 (2001): 781–96; and Rosalind Chait Barnett and Caryl Rivers, *She Works/He Works: How Two-Income Families are Happy, Healthy, and Thriving* (Cambridge, MA: Harvard University Press, 1998).

*39 Cheryl Buehler and Marion O'Brian, "Mothers' Part-Time Employment: Associations with Mother and Family Well-Being," *Journal of Family Psychology* 25, no. 6 (2011): 895–906; Rebekah Coley et al., "Maternal Functioning, Time, Money: The World of Work and Welfare," *Children and Youth Services Review* 29, no. 6 (2007): 721-41; Leslie Bennetts, *The Feminine Mistake: Are We Giving Up Too Much?* (New York: Hyperion, 2007); Lynne P. Cook, "'Doing' Gender in Context: Household Bargaining and the Risk of Divorce in Germany and the United States," *American Journal of Sociology* 112, no. 2 (2006): 442–72; and Barnett, "Women and Multiple Roles,"158–64.

*40 このフレーズを最初に使ったのは『チーズはどこへ消えた?』のスペンサー・ジョンソンである。以下を参照されたい。 Spencer Johnson, *Who Moved My Cheese? An A-mazing Way to Deal with Change in Your Work and in Your Life* (New York: Putnam, 1998), 48.

2

*1 Peggy McIntosh, "Feeling Like a Fraud," Wellesley Centers for Women working paper no. 18, (Wellesley, MA: Stone Center Publications, 1985).

*2 インポスター・シンドロームに関する1970年代後半の研究では、この症状に陥りやすいのは高い能力を備えた女性だと結論づけられていた。その後1980年代、1990年代の研究では意見が割れており、1970年代の研究結果を支持する研究者もいれば、男性も女性に劣らずこうした不安を抱くと指摘する研究者もいる。大学生、博士課程の学生、外来診療の勤務医

Nalini Ambady, "Stereotype Susceptibility: Identity Salience and Shifts in Quantitative Performance," *Psychological Science* 10, no. 1 (1999): 80–83.
*29 Jenessa R. Shapiro and Amy M. Williams, "The Role of Stereotype Threats in Undermining Girls' and Women's Performance and Interest in STEM Fields," *Sex Roles* 66, nos. 3–4 (2011): 175–83.
*30 Goux, *Millennials in the Workplace*, 32.
*31 Sarah Jane Glynn, *The New Breadwinners: 2010 Update*, Center for American Progress (April 2012), 2, http://www.americanprogress.org/issues/labor/report/2012/04/16/11377/the-new-breadwinners-2010-update/. 2009年には、母親の41.4%が一家の主な稼ぎ手で、22.5%が稼ぎ手の1人だった。
*32 Heather Boushey, "The New Breadwinners," in *The Shriver Report: A Woman Nation Changes Everything*, ed. Heather Boushey and Ann O'Leary, A Report by Maria Shriver and the Center for American Progress (October 2009), 34, http://www.americanprogress.org/issues/women/report/2009/10/16/6789/the-shriver-report/.
*33 Mark Mather, *U.S. Children in Single-Mother Families*, Population Reference Bureau, Data Brief (May 2012).
*34 Janet C. Gornick and Marcia K. Meyers, "Supporting a Dual-Earner/Dual-Career Society: Policy Lessons from Abroad," in *A Democracy that Works: The Public Dimensions of the Work and Family Debate*, eds. Jody Hemann and Christopher Beem (New York: The New Press, forthcoming).
*35 Human Rights Watch, *Failing Its Families: Lack of Paid Leave and Work-Family Supports in the US* (February 2011), http://www.hrw.org/sites/default/files/reports/us0211webwcover.pdf.
*36 Ellen Bravo, "'Having It All?'—The Wrong Question for Most Women," *Women's Media Center*, June 26, 2012, http://www.womensmediacenter.com/feature/entry/having-it-allthe-wrong-question-for-most-women.
*37 Sharon Meers and Joanna Strober, *Getting to 50/50: How Working Couples Can Have It All by Sharing It All* (New York: Bantam Books, 2009).
*38 Rosalind Chait Barnett, "Women and Multiple Roles: Myths and

Altermatt, Jasna Javanovic, and Michelle Perry, "Bias or Responsivity? Sex and Achievement-Level Effects on Teachers' Classroom Questioning Practices," *Journal of Educational Psychology* 90, no. 3 (1998): 516–27; Myra Sadker, David Sadker, and Susan Klein, "The Issue of Gender in Elementary and Secondary Education," *Review of Research in Education* 17 (1991): 269–334; and Roberta M. Hall and Bernice R. Sandler, *The Classroom Climate: A Chilly One for Women?* (Washington, D.C.: Association of American Colleges, 1982).

*27 Riley Maida, "4 Year Old Girl Questions Marketing Strategies," YouTube Video, 1:12 minutes, posted by Neuroticy 2, December 28, 2011, http://www.youtube.com/watch?v=P3mTTIoB_oc.

*28 Kelly Danaher and Christian S. Crandall, "Stereotype Threat in Applied Settings Re-Examined," *Journal of Applied Social Psychology* 38, no. 6 (2008): 1639–55. アドバンスト・プレースメント（大学への飛び級入試）での微積分テストの成績に注目してジェンダーとステレオタイプ・スレットの関係を分析した結果、著者らは、性別を問う質問がテストの最初でなく最後にあったら、女子生徒は4763人多く合格していただろうと推定している。ステレオタイプ・スレットと女性の成績に関する研究は、以下を参照されたい。 Catherine Good, Joshua Aronson, and Jayne Ann Harder, "Problems in the Pipeline: Stereotype Threat and Women's Achievement in High-Level Math Courses," *Journal of Applied and Developmental Psychology* 29, no. 1 (2008): 17–28.

「白人男性は跳躍力がない」から「アジア人のほうが数学は得意である」にいたるまで、ステレオタイプにはありとあらゆるものが存在するが、これらは実際の成績のみならず成績評価にも影響を与えてきた。以下を参照されたい。Jeff Stone, Zachary W. Perry, and John M. Darley, "'White Men Can't Jump': Evidence for the Perceptual Confirmation of Racial Stereotypes Following a Basketball Game," *Basic and Applied Social Psychology* 19, no. 3 (1997): 291–306; Jeff Stone et al., "Stereotype Threat Effects on Black and White Athletic Performance," *Journal of Personality and Social Psychology* 77, no. 6 (1999): 1213–27; and Margaret Shih, Todd L. Pittinsky, and

and Play Behavior," 127–37; and Gretchen S. Lovas, "Gender and Patterns of Language Development in Mother-Toddler and Father-Toddler Dyads," *First Language* 31, no. 1 (2011): 83–108.

*22 Emily R. Mondschein, Karen E. Adolph, and Catherine S. Tamis-Le Monda, "Gender Bias in Mothers' Expectations About Infant Crawling," *Journal of Experimental Child Psychology* 77, no. 4 (2000): 304–16.

*23 Clearfield and Nelson, "Sex Differences in Mother's Speech and Play Behavior," 127–37. 4つの会場で800近い世帯を対象に行われた他の調査では、4会場のうち3会場で、男児のほうが女児より勝手に歩き回ることを容認されていた。以下を参照されたい。G. Mitchell et al., "Reproducing Gender in Public Places: Adults' Attention to Toddlers in Three Public Places," *Sex Roles* 26, nos. 7–8 (1992): 323–30.

*24 Emma Gray, "Gymboree Onesies: 'Smart Like Dad' for Boys, 'Pretty Like Mommy' for Girls," *The Huffington Post*, November 16, 2011, http://www.huffingtonpost.com/2011/11/16/gymboree-onesies_n_1098435.html.

*25 Andrea Chang, "JC Penney Pulls 'I'm Too Pretty to Do Homework' Shirt," *Los Angeles Times* blog, August 31, 2011, http://latimesblogs.latimes.com/money_co/2011/08/jcpenney-pulls-im-too-pretty-to-do-homework-shirt.html.

*26 学校におけるジェンダー・バイアスや男女の差異については、過去40年間にさまざまな長期的研究が行われている。結論を言うと、先生は女子より男子に注意を向ける傾向が強い。男子は教室での存在感が強い。とはいえ、調査対象（生徒の年齢、教科の内容、生徒の学力水準）にもよるが、一部の調査では、教室における教師のふるまいや生徒とのやりとりで男女差はあまり見られなかった。またごく少数ながら、女子のほうが先生の注意を引いているという結果が出たものもあった。くわしくは、以下を参照されたい。Robyn Beaman, Kevin Wheldall, and Carol Kemp, "Differential Teacher Attention to Boys and Girls in the Classroom," *Educational Review* 58, no. 3 (2006): 339–66; Susanne M. Jones and Kathryn Dindia, "A Meta-Analytic Perspective on Sex Equity in the Classroom," *Review of Educational Research* 74, no. 4 (2004): 443–71; Ellen Rydell

下を参照されたい。Madeline E. Heilman and Tyler G. Okimoto, "Why Are Women Penalized for Success at Male Tasks? The Implied Communality Deficit," *Journal of Applied Psychology* 92, no. 1 (2007): 81–92; Madeline E. Heilman et al., "Penalties for Success: Reactions to Women Who Succeed at Male Gender-Typed Tasks," *Journal of Applied Psychology* 89, no. 3 (2004): 416–27; Alice H. Eagly and Steven J. Karau, "Role Congruity Theory of Prejudice Toward Female Leaders," *Psychological Review* 109, no. 3 (2002): 573–98; and Madeline E. Heilman, "Description and Prescription: How Gender Stereotypes Prevent Women's Ascent up the Organizational Ladder," *Journal of Social Issues* 57, no. 4 (2001): 657–74.

*19　Gayle Tzemach Lemmon, "We Need to Tell Girls They Can Have It All (Even If They Can't)," *The Atlantic*, June 29, 2012, http://www.theatlantic.com/business/archive/2012/06/we-need-to-tell-girls-they-can-have-it-all-even-if-they-cant/259165/.

*20　調査に対する論評は、以下を参照されたい。May Ling Halim and Diane Ruble, "Gender Identity and Stereotyping in Early and Middle Childhood," in *Handbook of Gender Research in Psychology: Gender Research in General and Experimental Psychology*, vol. 1, ed. Joan C. Chrisler and Donald R. McCreary (New York: Springer, 2010), 495–525; Michael S. Kimmel and Amy Aronson, eds., *The Gendered Society Reader*, 3rd ed. (Oxford: Oxford University Press, 2008); and Campbell Leaper and Carly Kay Friedman, "The Socialization of Gender," in *Handbook of Socialization: Theory and Research*, ed. Joan E. Grusec and Paul D. Hastings (New York: Guilford Press, 2007), 561–87.

*21　Melissa W. Clearfield and Naree M. Nelson, "Sex Differences in Mother's Speech and Play Behavior with 6, 9, and 14-Month-Old Infants," *Sex Roles* 54, nos. 1–2 (2006): 127–37. 調査では、両親は男の赤ちゃんより女の赤ちゃんに多く話しかけることがわかった。また、母親は、女の赤ちゃんとは複雑な感情を込めた会話する傾向があり、かつおしゃべりや手助けによるコミュニケーションをよくとることもわかった。くわしくは、以下を参照されたい。Clearfield and Nelson, "Sex Differences in Mother's Speech

「笑われたくない、怒られたくない、いばっていると思われたくない、嫌われたくない」を挙げている。以下を参照されたい。 Girl Scout Research Institute, *Change It Up: What Girls Say About Redefining Leadership* (2008), 19, http://www.girlscouts.org/research/pdf/change_it_up_executive_summary_english.pdf.

*14 Samantha Ettus, "Does the Wage Gap Start in Kindergarten?," *Forbes*, June 13, 2012, http://www.forbes.com/sites/samanthaettus/2012/06/13/kindergarten-wage-gap/.

*15 選挙に立候補する実力が十分にあると認められた男女を対象にした調査では、実際に立候補を考えているのは男性の62%に対し、女性は46%にとどまった。この調査では、将来公職選挙に立候補したいと考えているのは、男性の22%、女性の14%であることもわかった。また、自分は立候補する「資格が十分にある」と考えている男性は、女性より60%も多かった。以下を参照されたい。 Jennifer L. Lawless and Richard L. Fox, *Men Rule: The Continued Under-Representation of Women in U.S. Politics* (Washington, D.C.: Women & Politics Institute, American University School of Public Affairs, January 2012), http://www.american.edu/spa/wpi/upload/2012-Men-Rule-Report-final-web.pdf.

*16 中学生・高校生4000人以上を対象に行われた調査では、将来の職業において「リーダーになる」ことが「きわめて重要」または「かなり重要」だと答えたのは、男子の37%、女子の22%だった。また、「一国一城の主になる」ことが「きわめて重要」または「かなり重要」だと答えたのは、男子の51%、女子の37%だった。以下を参照されたい。 Deborah Marlino and Fiona Wilson, *Teen Girls on Business: Are They Being Empowered?*, The Committee of 200, Simmons College School of Management (April 2003), 21, http://www.simmons.edu/som/docs/centers/TGOB_report_full.pdf.

*17 Jenna Johnson, "On College Campuses, a Gender Gap in Student Government," *Washington Post*, March 16, 2011, http://www.washingtonpost.com/local/education/on-college-campuses-a-gender-gap-in-student-government/2011/03/10/ABim1Bf_story.html.

*18 積極的な女性がどのように社会的規範に反するかに関する研究は、以

Choices," *Sex Roles* 65, nos. 3–4 (2011): 243–58.

*9 Linda Schweitzer et al., "Exploring the Career Pipeline: Gender Differences in Pre-Career Expectations," *Relations Industrielles* 66, no. 3 (2011): 422–44. この調査は、カナダの中等教育を終了した生徒2万3413人を対象に行われた。調査の結果、卒業後3年以内にマネジャー・レベルになりたいと答えたのは男子で10%、女子ではわずか5%だった。

*10 Hewlett and Luce, "Off-Ramps and On-Ramps," 48. この調査は高度な資格をもつ男女を対象に行われたもので、男性の半数近くが自分を「きわめて野心的」または「かなり野心的」と評したのに対し、女性でそう答えたのは3分の1程度だった。自分を「きわめて野心的」と答えた女性の比率は、会社員(43%)、法務・医療従事者(51%)のあいだでとくに高かった。

*11 Eileen Patten and Kim Parker, *A Gender Reversal on Career Aspirations*, Pew Research Center (April 2012), http://www.pewsocialtrends.org/2012/04/19/a-gender-reversal-on-career-aspirations/.

若い女性が若い男性より仕事上の成功を重視しているというこの調査結果は、学歴を考慮すると覆る。たしかに40歳以下の大卒者に限れば、男女のあいだに大きな差はない。しかし大卒者以外の40歳以下の場合には、男女で大きな差が出る。この調査結果は標本サイズが小さいため、取り扱いには注意を要する。

*12 ミレニアル世代とは、一般に1980-2000年生まれの人々を指す。

*13 ミレニアル世代を対象に行われたこの調査では、「どんな仕事に就くとしても、そこでトップの座をめざす」という文章が自分に「きわめてよく当てはまる」と答えたのは、男性の36%、女性では25%だった。以下を参照されたい。 Darshan Goux, *Millennials in the Workplace*, Bentley University Center for Women and Business (2012), 17–25, http://www.bentley.edu/centers/sites/www.bentley.edu.centers/files/centers/cwb/millennials-report.pdf.

2008年にガールスカウトによって行われた調査では、リーダー願望や自分をリーダーと考える傾向で男女差は認められなかった。ただしこの調査では、女の子が社会的反感を買うことを懸念していることがわかった。女の子の3分の1は自分はリーダーになりたくないと答えたが、その理由としてジェンダーの位置づけの結果、女性は仕事上の業績をさほど重視しない、女性は昇進の機会があまりない仕事を割り当てられることが多く、こうした不利な配属の結果として出世欲が減退する、などだ。これらについての研究は、以下を参照されたい。Litzsky and Greenhaus, "The Relationship Between Gender and Aspirations to Senior Management," 637–59. 女性の教育と職業選択に関しては、以下を参照されたい。Jacquelynne S. Eccles, "Understanding Women's Educational and Occupational Choices: Applying the Eccles et al. Model of Achievement-Related Choices," *Psychology of Women Quarterly* 18, no. 4 (1994): 585–609. 配属がいかに意欲を左右するかについては、以下を参照されたい。Naomi Casserir and Barbara Reskin, "High Hopes: Organizational Position, Employment Experiences, and Women's and Men's Promotion Aspirations," *Work and Occupations* 27, no. 4 (2000): 438–63; and Rosabeth Moss Kanter, *Men and Women of the Corporation*, 2nd ed. (New York: Basic Books, 1993).

*8 Alison M. Konrad et al., "Sex Differences and Similarities in Job Attribute Preferences: A Meta-Analysis," *Psychological Bulletin* 126, no. 4 (2000): 593–641; and Eccles, "Understanding Women's Educational and Occupational Choices, 585–609. 高度な資格をもつ女性を対象に行われた調査では、重要な仕事上の目標として「権力のある地位」を選んだ回答者はわずか15%にとどまった。以下を参照されたい。Sylvia Ann Hewlett and Carolyn Buck Luce, "Off-Ramps and On-Ramps: Keeping Talented Women on the Road to Success," *Harvard Business Review* 83, no. 3 (2005): 48. どんな仕事を好むかに関する調査では、困難だがやりがいがある、他人に対する権力と影響力を伴う、大きな責任を伴う、リスクテークを必要とする、大きな業績や昇進のチャンスがある、社会的地位が高いと特徴づけられる仕事を好む比率は、男性が女性を上回った。女性が好むのは、他人を助ける、自分自身のスキル開発や能力向上につながる、家族と過ごす時間が確保できると特徴づけられる仕事だった。この問題に関する最近の調査研究は、以下を参照されたい。Erica S. Weisgram, Lisa M. Dinella, and Megan Fulcher, "The Role of Masculinity/Femininity, Values, and Occupational Value Affordances in Shaping Young Men's and Women's Occupational

Relationship Between Gender and Aspirations to Senior Management," *Career Development International* 12, no. 7 (2007): 637–59。

上位12校のMBAプログラムを1981-95年に卒業した人を対象に行われた調査では、「幹部職に就きたいと思っている」ことに強く同意または同意した女性は44%にとどまったのに対し、男性は60%に達した。以下を参照されたい。 Catalyst, Center for the Education of Women at the University of Michigan, and University of Michigan Business School, *Women and the* MBA。マッキンゼー・リポートによると、歳をとるにつれて、女性の出世欲は男性より早く衰えるという。またこのリポートは、どの年齢でも「男性は女性より多くの責任を引き受けようとし、結果に対して多くの影響力をもっている」と結論づけている。以下を参照されたい。 Joanna Barsh and Lareina Yee, *Special Report: Unlocking the Full Potential of Women in the U.S. Economy*, McKinsey & Company (April 2011), 6, http://www.mckinsey.com/Client_Service/Organization/Latest_thinking/Unlocking_the_full_potential.aspx.

以上のように、ほとんどの調査では男性のほうが出世欲が強いという結果が出ているが、注目すべき例外が、2004年にCatalystが実施した調査である。これは、フォーチュン1000社で働く女性のシニア・リーダー700人、男性のシニア・リーダー250人を対象に行われた。この調査によると、CEOレベルの地位をめざす意欲は、男女でさほど差がなかった（女性の55%、男性の57%）。この調査では、ライン部門とスタッフ部門いずれも女性のほうが男性よりCEOになりたいと答えた人が多かった。以下を参照されたい。Catalyst, *Women and Men in U.S. Corporate Leadership: Same Workplace, Different Realities?* (2004), 14–16, http://www.catalyst.org/publication/145/women-and-men-in-us-corporate-leadership-same-workplace-different-realities.

女性のほうが意欲に乏しい理由は、さまざまな観点から説明されている。性格的にリーダーに向かない（リーダーの条件として男性的な資質が要求されることが多い）、ハードルが高いと女性自身が感じてしまう、女性は家庭より仕事を優先したがらない、幹部クラスの仕事の特徴である高い報酬、権力、社会的地位などに女性は男性ほど重きを置かない、社会的な

*7　調査回答者の4000人は14企業の社員で、そのほとんどはフォーチュン500社またはそれと同等の規模の企業である。以下を参照されたい。Joanna Barsh and Lareina Yee, *Unlocking the Full Potential of Women at Work*, McKinsey & Company (April 2012), 7, http://www.mckinsey.com/careers/women/~/media/Reports/Women/2012%20WSJ%20Women%20in%20the%20Economy%20white%20paper%20FINAL.ashx.

出世欲に関する調査のほとんどは、男女の差が大きいことを示している。つまり、経営幹部になりたいという欲望は男性のほうがはるかに強い。2003年にFamily and Work Institute、 CatalystおよびボストンＯ・カレッジCenter for Work & Familyが行った調査では、 CEOまたは共同経営者をめざすと答えたのは男性では19%だったが、女性では9%にとどまった。また経営陣に加わりたいと答えたのは男性の54%に対し、女性は43%だった。さらに、何らかの理由から自分の目標を低めに修正したと答えたエグゼクティブは全体の25%いたが、男女別に見ると、女性は34%、男性は21%だった。目標を低くした理由としては、男女ともに「自分個人の生活や家庭生活に犠牲を強いることになる」が最も多く、 67%に達した。このほかに興味深い点として、いわゆる「ガラスの天井」はほとんどなくなっていないと感じた女性は、そう感じなかった女性より目標を下げる傾向が強かった。くわしくは、以下を参照されたい。 Families and Work Institute, Catalyst, Center for Work & Family at Boston College, *Leaders in a Global Economy: A Study of Executive Women and Men* (January 2003), 4, http://www.catalyst.org/publication/80/leaders-in-a-global-economy-a-study-of-executive-women-and-men.

ビジネススクールの学生を対象に2003年に行われた調査では、男子学生の81%が経営トップの座をめざすと答えたのに対し、女子学生は67%にとどまった。以下を参照されたい。Gary N. Powell and D. Anthony Butterfield, "Gender, Gender Identity, and Aspirations to Top Management," *Women in Management Review* 18, no. 1 (2003): 88–96.

修士課程に登録した企業の管理職および独立専門職を対象に2007年に行われた調査でも、幹部職をめざす意欲は女性のほうが乏しいことがわかった。以下を参照されたい。 Barrie Litzsky and Jeffrey Greenhaus, "The

下も参照されたい。 Claudia Goldin and Lawrence F. Katz, "Transitions: Career and Family Life Cycles of the Educational Elite," *American Economic Review: Papers & Proceedings* 98, no. 2 (2008): 363–69; Marianne Bertrand, Claudia Goldin, and Lawrence F. Katz, "Dynamics of the Gender Gap for Young Professionals in the Financial and Corporate Sectors," *American Economic Journal: Applied Economics* 2, no. 3 (2010): 228–55; and Catalyst, Center for the Education of Women at the University of Michigan, University of Michigan Business School, *Women and the MBA: Gateway to Opportunity* (2000).

*2　ジュディス・ロダンと筆者とが2011年5月19日に行った会話による。

*3　National Center for Education Statistics, "Table 283: Degrees Conferred by Degree-Granting Institutions, by Level of Degree and Sex of Student: Selected Years, 1869-70 through 2021-22," *Digest of Education Statistics* (2012), http://nces.ed.gov/programs/digest/d12/tables/dt12_283.asp.

*4　2010年のデータは、入手可能な最新の調査報告である2012年版から抽出した。大学または高等教育の水準は、国際教育分類基準に従った。タイプAの高等教育は、おおむね理論中心のプログラムで、先進的な研究プログラムや高度なスキルを擁する職業に就く準備をさせることが狙いである。この種のプログラムは大学で行われることが多く、通常は3-4年間またはそれ以上である。タイプBの高等教育は、タイプAより短く、より実用的、技術的、職業的なスキルを身につけさせ、卒業後すぐにも就職できるようにすることをめざす。ここで挙げたのは、タイプBの数字である。日本では、タイプBを修了する女性の数は男性を上回るが、タイプAを修了する女性の数は男性を下回る。以下を参照されたい。 Organization for Economic Co-operation and Development (OECD), *Education at a Glance 2012: OECD Indicators*, OECD Publishing, http://dx.doi.org/10.1787/eag-2012-en.

*5　Hanna Rosen, *The End of Men: And the Rise of Women* (New York: Riverhead Books, 2012).

*6　Debra Myhill, "Bad Boys and Good Girls? Patterns of Interaction and Response in Whole Class Teaching," *British Educational Research Journal* 28, no. 3 (2002): 350.

www/socdemo/ASA2010_Kreider_Elliott.pdf; Bureau of Labor Statistics, "Changes in Men's and Women's Labor Force Participation Rates," The Editor's Desk, January 10, 2007, http://www.bls.gov/opub/ted/2007/jan/wk2/art03.htm; and Bureau of Labor Statistics, *Women in the Labor Force: A Datebook*, report 1034 (December 2011), http://www.bls.gov/cps/wlf-databook-2011.pdf.

これほど大勢の女性、とくに母親が働くようになると、男性と比較した場合の格差が目につく。高学歴の男女を対象にした複数の調査では、卒業後の就業率、就業時間ともに男性が女性を上回ることがわかった。とりわけ子供がいる場合にこの傾向が強い。ハーバード大学の学生3グループ（1969-72年、79-82年、89-92年）を対象に行われた調査では、卒業15年後に正社員として通年雇用されている比率は男性が90-94%だったのに対し、女性は60-63.5%にとどまった。子供が2人いる女性の場合にはこの比率はさらに低く、41-47%となっている（Goldin and Katz 2008）。シカゴ大学ブース・ビジネススクールの1990-2006年の卒業生を対象に行われた調査では、卒業時に正社員として通年雇用される比率は男性が92-94%、女性が89%だった。しかし女性の場合、この比率は年々下がっていき、卒業6年後には78%、9年後には69%、10年後には62%になってしまう。子供がいる場合には、この比率はもっと下がる。卒業後10年以上が経過すると、子供のいる女性で正社員として通年雇用されているのは、ほぼ半数にすぎない。卒業後のどの年をとっても、就労していない男性はわずか1%、パートタイム就労も2-4%程度なのに対し、卒業後10年以上が経過すると、就労していない女性は17%、パートタイム就労は22%に達する。残るわずかなパーセンテージは、男女ともに就労日数が年間52週に達していない。またこの調査では、子供のいる女性は平均的な男性に比べ週労働時間数が24%少なく、子供のいない女性も同3.3%少ないことがわかった（Bertand, Goldin, and Katz 2010）。

上位12校のMBAプログラムを1981-95年に卒業した人を対象に2000年に行われた調査では、正社員就業率は男性95%に対し、女性は71%にとどまった。卒業から年数が経つほど、女性の正社員就業率は低下する（Catalyst, Center for the Education of Women at the University of Michigan, University of Michigan Business School, 2000）。くわしくは、以

1

*1　既婚で子供のいる大卒白人女性の離職率は、1981年に25.2%だったのが1993年には16.5%と最低水準に達し、その後2005年には21.3%に上昇している。1990年代半ば以降、このグループでは離職率が上昇基調にあったが、近年では落ち着いており、30-40年前の水準に戻ることはなさそうだ（Stone and Hernandez 2012）。この離職率の推移は、1960年代以降の全女性の就業率とおおむね重なっている。1960年代から90年代にかけて女性の労働参加率は劇的に上昇し、1999年にピークの60%を記録したあと、ゆるやかに下がった（Bureau of Labor Statistics 2007 and 2011）。この女性の就業パターンと呼応して1993年に離職率は最低水準に達し、1999年から2002年にかけて急上昇するが、これは女性の合計就業率が下がりはじめた時期と一致している（Stone and Hernandez 2012）。したがって、近年における子供のいる既婚大卒白人女性の就業率の低下は、他のグループ（子供のいない女性など）の就業率の低下とも一致しているはずだ。どのグループの推移も、部分的には労働市場の低迷と関係があると考えられるからである（Boushey 2008）。しかしこの就業率の全般的な落ち込みにもかかわらず、大卒女性の労働参加率は、子供のいる女性の中では最も高い（Stone and Hernandez 2012）。アメリカ統計局の最近の調査によると、ヒスパニック系で低学歴の若い女性は家庭にとどまる率が高いことがわかった（Kreider and Elliott 2010）。女性の離職率と労働参加率に関しては、以下も参照されたい。 Pamela Stone and Lisa Ackerly Hernandez, "The Rhetoric and Reality of 'Opting Out,'" in *Women Who Opt Out: The Debate over Working Mothers and Work-Family Balance*, ed. Bernie D. Jones (New York: New York University Press, 2012), 33–56; Heather Boushey, "'Opting Out?' The Effect of Children on Women's Employment in the United States," *Feminist Economics* 14, no. 1 (2008): 1–36; Rose M. Kreider and Diana B. Elliott, "Historical Changes in Stay-at-Home Mothers: 1969–2009," paper presented at the Annual Meeting of the American Sociological Association, Atlanta, GA, August 2010, http://www.census.gov/population/

れるので、より正確だと考えている。さらに多くの場合、男性のほうが女性より労働時間数が長いので、この差で給与格差の一部は説明できるという。その一方で、ボーナスや年金など多様な報酬が含まれるので、年間所得中央値のほうが好ましいという学者もいる。重要なのは、どちらの方法をとっても、女性の報酬は男性より低いことである。最近の年間所得中央値では女性の報酬は男性1ドルにつき77セント、週間所得中央値では同82セントにとどまっている。

*13　Marlo Thomas, "Another Equal Pay Day? Really?," *The Huffington Post*, April 12, 2011, http://www.huffingtonpost.com/marlo-thomas/equal-pay-day_b_847021.html.

*14　2010年のデータは、入手可能な最新の資料である2012年の報告書から抽出した。給与の男女格差は、国により計測方法が異なる。ここで取り上げた数字は、正規雇用労働者の未調整総所得中間値に基づいている。以下を参照されたい。OECD, "Panel B. The Pay Gap is Higher For Incomes at the Top of the Earnings Distribution: Gender Pay Gap in Earnings for Full-Time Employees, Across the Earnings Distribution, 2010," *Closing the Gender Gap: Act Now*, (OECD Publishing: 2012), http://dx.doi.org/10.1787/9789264179370-en.

*15　社会学者のArlie Russell Hochschildが「停滞した革命」という表現を使っている。以下を参照されたい。*The Second Shift* (New York: Avon Books, 1989), 12.

*16　女性指導者の全員が女性の利益の擁護に熱心なわけではない。以下を参照されたい。Nicholas D. Kristof, "Women Hurting Women," *New York Times*, September 29, 2012, http://www.nytimes.com/2012/09/30/opinion/sunday/kristof-women-hurting-women.html?hp. 高い地位に就く女性が増えたときに、どうすればそれを活かせるかに関する研究は、11章を参照されたい。

*17　Joanna Barsh and Lareina Yee, *Special Report: Unlocking the Full Potential of Women in the U.S. Economy*, McKinsey & Company (April 2011), 6, http://www.mckinsey.com/Client_Service/Organization/Latest_thinking/Unlocking_the_full_potential.aspx.

エグゼクティブ・オフィサー、シニア・オフィサー、マネジャーが含まれる); Catalyst, *2012 Catalyst Census: Fortune 500 Women Board Directors;* and Center for American Women and Politics, "Record Number of Women Will Serve in Congress." 以下も参照されたい。 Catalyst, *Women of Color Executives: Their Voices, Their Journeys* (June 2001), http://www.catalyst.org/publication/54/women-of-color-executives-their-voices-their-journeys.

*10　European Commission, *National Factsheet: Gender Balance in Boards* (October 2012), www.google.com/url?sa=t&rct=j&q=&esrc=s&source=web&cd=6&cad=rja&ved=0CFkQFjAF&url=http://ec.europa.eu/justice/gender-equality/files/womenonboards/womenonboards-factsheet-de_en.pdf&ei=AO-yUOyvBYS7igKoooHABg&usg=AFQjCNGx1TMiB2mfY8pcGwTAV-Ao-dV7xA&sig2=W_rwUkNhOfAhpiRawWh70Q.

*11　2011年のデータは、入手可能な最新の資料である2012年の報告書から抽出した。GMI（グローバル・マーケット・インサイト）リポートでは、日経平均構成企業を含む日本企業329社を分析している。以下を参照されたい。Kimberly Gladman and Michelle Lamb, "GMI Ratings' 2012 Women on Boards Survey," (2012), http://info.gmiratings.com/Portals/30022/docs/gmiratings_wob_032012.pdf.

*12　Ariane Hegewisch, Claudia Williams, Anlan Zhang, *The Gender Wage Gap: 2011*, Fact Sheet (March 2012), http://www.iwpr.org/publications/pubs/the-gender-wage-gap-2011および Carmen DeNavas-Walt, Bernadette D. Proctor, and Jessica C. Smith, *Income, Poverty, and Health Insurance Coverage in the United States: 2010*, U.S. Census Bureau, Current Population Reports, P60-239 (Washington, D.C.: U.S. Government Printing Office, 2011), 12, http://www.census.gov/prod/2011pubs/p60-239.pdf.引用した統計は、年間所得中央値の格差に基づいて計算した。労働省連邦契約遵守プログラムでシニア・プログラム・アドバイザーを務めるPamela Coukos博士によると、最も一般的に引用される給与の男女格差は、それぞれの年間所得中央値に基づいているという。もう一つ、格差を推定する有効な方法は、男女の週間所得中央値を比較するものである。一部の学者は、週間所得のほうが合計就労時間の差が反映さ

http://www.ipu.org/wmn-e/world.htm.

*5 Center for American Women and Politics, "Women Who Will Be Serving in 2013," http://www.cawp.rutgers.edu/fast_facts/elections/2013_womenserving.php; and Center for American Women and Politics, "Record Number of Women Will Serve in Congress; New Hampshire Elects Women to All Top Posts," *Election Watch*, November 7, 2012, http://www.cawp.rutgers.edu/press_room/news/documents/PressRelease_11-07-12.pdf.

*6 Inter-Parliamentary Union, *Women in National Parliaments* (2012), http://www.ipu.org/wmn-e/arc/classif151200.htm.

*7 Patricia Sellers, "Fortune 500 Women CEOs Hits a Milestone," CNNMoney, November 12, 2012, http://postcards.blogs.fortune.cnn.com/2012/11/12/fortune-500-women-ceos-3/.

*8 Catalyst, *2012 Catalyst Census: Fortune 500 Women Executive Officers and Top Earners* (December 2012), http://www.catalyst.org/knowledge/2012-catalyst-census-fortune-500-women-executive-officers-and-top-earners. Catalystは、「エグゼクティブ・オフィサー」とは「取締役会によって選ばれ、指名された人物」で「CEOおよびその2ランク下の役職者までを含む」とし、「証券取引委員会（SEC）にエグゼクティブ・オフィサーとして登記された個人」であると定義している。以下も参照されたい。appendix 1, *Methodology Section*, *2009 Catalyst Census: Fortune 500*, http://www.catalyst.org/etc/Census_app/09US/2009_Fortune_500_Census_Appendix_1.pdf; Catalyst, *2012 Catalyst Census: Fortune 500 Women Board Directors* (December 2012), http://www.catalyst.org/knowledge/2012-catalyst-census-fortune-500-women-board-directors; and Catalyst, *Targeting Inequity: The Gender Gap in U. S. Corporate Leadership* (September 2010), http://www.jec.senate.gov/public/index.cfm?a=Files.Serve&File_id=90f0aade-d9f5-43e7-8501-46bbd1c69bb8.

*9 U.S. Equal Employment Opportunity Commission, *2011 Job Patterns for Minorities and Women in Private Industry*, 2011 EEO-1 National Aggregate Report (2011), http://www1.eeoc.gov/eeoc/statistics/employment/jobpat-eeo1/index.cfm（雇用均等委員会［EEOC］が定義する上級幹部職には、

原注

序章

＊1　International Labour Organization, *ILO Global Estimates of Forced Labour, Results and Methodology* (Geneva: ILO Publications, 2012), 13–14, http://www.ilo.org/wcmsp5/groups/public/---ed_norm/---declaration/documents/publication/wcms_182004.pdf.

＊2　Caroline Wyatt, "What Future for Afghan Woman Jailed for Being Raped?," BBC News, South Asia, January 14, 2012, http://www.bbc.co.uk/news/world-south-asia-16543036.

＊3　国務省によると、世界には独立国が195カ国ある。以下を参照されたい。U.S. Department of State, *Independent States in the World*, Fact Sheet (January 2012), http://www.state.gov/s/inr/rls/4250.htm#note3. 女性が元首が務める国の数は、女性が大統領、首相その他の指導的役割を果たしている国を抽出した。資料は、CIAの最新情報による。以下を参照されたい。Central Intelligence Agency, *Chiefs of State & Cabinet Members of Foreign Governments* (December 2012), https://www.cia.gov/library/publications/world-leaders-1/pdf-version/December2012ChiefsDirectory.pdf. ただし数字には、CIA情報に反映されていなかった最近の2カ国での選挙結果を考慮した。2013年に韓国初の女性大統領となった朴槿恵《パク・クネ》、2012年12月にスイスの大統領となったエヴェリン・ヴィトマー・シュルンプフである。ただしスイスの場合、連邦議会から推薦された7人が任期1年の交代制で大統領を務める方式となっており、2013年の大統領は男性のウエリ・マウラーとなる。ただし7人中3人は女性である（シュルンプフ、シモネッタ・ソマルガ、ドリス・ロイトハルト）。選挙の時期や頻度は国によって異なるため、女性が元首を務める国の数は、次の選挙によって変わる可能性がある。

＊4　Inter-Parliamentary Union, *Women in National Parliaments* (2012),

本書は二〇一三年六月に日本経済新聞出版社から
刊行された同名書を文庫化したものです。

シェリル・サンドバーグ
SHERYL SANDBERG

シェリル・サンドバーグは、現在フェイスブックの最高執行責任者（COO）である。フェイスブックに加わる前は、グーグルでグローバル・オンライン・セールスおよびオペレーション担当副社長、財務省首席補佐官を歴任。マッキンゼーでコンサルタント、世界銀行で調査アシスタントとして働いた経験もある。このほか、フェイスブック、ウォルト・ディズニー・カンパニー、ウィメン・フォー・ウィメン・インターナショナル、Vデイ、ONE、サーベイモンキーの取締役を務める。また、女性の目標達成を支援する「LeanIn.Org」、レジリエンスを育て逆境に立ち向かうための活動を支援する「OptionB.Org」の創設者でもある。ハーバード大学にて経済学の学位、ハーバード・ビジネススクールにて経営学修士（MBA）を取得。2人の子供とともにカリフォルニア北部に住む。

村井章子
AKIKO MURAI

翻訳家。上智大学文学部卒業。主な訳書にジャン・ティロール『良き社会のための経済学』、リチャード・P・ルメルト『良い戦略、悪い戦略』、ジェフリー・フェファー『「権力」を握る人の法則』、エリク・ブリニョルフソン、アンドリュー・マカフィー『機械との競争』、ジョン・スチュアート・ミル『ミル自伝』、ミルトン・フリードマン『資本主義と自由』、ジョン・K・ガルブレイス『大暴落1929』などがある。

日経ビジネス人文庫

LEAN IN《リーン・イン》
女性《じょせい》、仕事《しごと》、リーダーへの意欲《いよく》

2018年10月1日 第1刷発行
2025年6月13日 第6刷

著者
シェリル・サンドバーグ

訳者
村井章子
むらい・あきこ

発行者
中川ヒロミ

発 行
株式会社日経BP
日本経済新聞出版

発 売
株式会社日経BPマーケティング
〒105-8308 東京都港区虎ノ門4-3-12

ブックデザイン
アルビレオ

印刷・製本
中央精版印刷

Printed in Japan ISBN978-4-532-19876-3